Passwort Deutsch 4

Kurs- und Übungsbuch

Ernst Klett Sprachen
Stuttgart

Passwort Deutsch 4

Kurs- und Übungsbuch

von Ulrike Albrecht, Christian Fandrych (Systematische Grammatik), Gaby Grüßhaber, Uta Henningsen, Oliver Hesselmann, Angela Kilimann, Harald Knaus, Renate Köhl-Kuhn, Karen Papendieck

1. Auflage A1 5 4 3 2 | 2012 2011 2010 2009

Alle Drucke dieser Auflage können nebeneinander benutzt werden, sie sind untereinander unverändert. Die letzte Zahl bezeichnet das Jahr des Druckes.

Internet: www.klett.de, www.password-deutsch.de
E-Mail: info@passwort-deutsch.de

Projektleitung: Jürgen Keicher
Redaktion: Silvia Klötzer, Alicia Padrós, Christine Schlotter
Beratung: Dr. Evelyn Frey, Ronald Grätz
Zeichnungen: Dorothee Wolters
Fotografie: Jürgen Leupold
Layout: Andreas Kunz, Andrea Schmid
Umschlaggestaltung: Silke Wewoda
Herstellung: Katja Schüch
Satz: Lihs GmbH, Medienhaus, Ludwigsburg; Medienproduktion Isabella Helm, Herrenberg
Druck: Grafos S.A., Barcelona. Printed in Spain.
ISBN: 978-3-12-675867-3

9 783126 758673

Was ist **Passwort Deutsch**?

Unabhängig davon, welche Erfahrungen Sie bisher gesammelt haben und ob Sie im In- oder Ausland Deutsch lehren oder lernen – **Passwort Deutsch** ist das richtige Lehrwerk für Sie.

Passwort Deutsch bietet Ihnen einen direkten Zugang zur deutschen Sprache, zu Land und Leuten, zu Kultur und Kommunikation. Gezeigt wird die moderne Lebenswirklichkeit von Personen und Figuren an verschiedenen Schauplätzen in den deutschsprachigen Ländern.

Passwort Deutsch ist transparent, pragmatisch und kleinschrittig. Sie wissen an jeder Stelle, was Sie warum machen und haben alles, was Sie zur Bewältigung der Aufgaben brauchen. Die gleichmäßige Progression passt sich dem individuellen Lernrhythmus an.

Passwort Deutsch begleitet Sie in vier Bänden durch die gesamte Grundstufe. Band 5 bereitet auf das *Zertifikat Deutsch* und auf den Übergang in die Mittelstufe vor.

Passwort Deutsch integriert kommunikative, interkulturelle und handlungsorientierte Sprachvermittlungsmethoden. Ein ausgewogenes Fertigkeitentraining ist in diesem Zusammenhang genauso wichtig wie eine konsequente Wortschatz- und Grammatikarbeit.

Passwort Deutsch ist leicht zugänglich, effizient und motivierend. Mit dem kombinierten Kurs- und Übungsbuch, einem umfassenden Internet-Angebot sowie weiteren attraktiven Lehrwerkkomponenten stehen Ihnen viele Materialien und Medien zur Verfügung.

Was bietet **Passwort Deutsch**?

Kursbuch: Sechs gleichmäßig aufgebaute Lektionen à 12 Seiten • Alles für die gemeinsame Arbeit im Kurs • Vermittlung von Wortschatz und Grammatik • Aufbau der sprachlichen Fertigkeiten • Rubrik *Im Deutschkurs* für die Kurskommunikation • Grammatikübersicht am Ende jeder Lektion

Übungsbuch: Zu jeder Kursbuchlektion eine Übungsbuchlektion à 16 Seiten • Vielfältiges Angebot zur Festigung und Erweiterung des im Kurs Erlernten • Binnendifferenzierung im Unterricht • Hausaufgaben • Selbstständiges Wiederholen

Anhang: Übersichten zum Nachschlagen • Unterstützung bei der Vor- und Nachbereitung des Unterrichts • Lösungen zum Übungsbuch • Systematische Grammatik • Verbliste • Alphabetische Wortliste

Viel Erfolg und viel Spaß in der Praxis wünschen Ihnen

Autoren und Verlag

Inhaltsverzeichnis

Kursbuch

	Kursbuch	Inhalte	Grammatik	
Lektion 19 	➤ **An der Nordseeküste** ➤ Inseln im stürmischen Meer ➤ Meer erleben ➤ Seewind ➤ Der Seeräuber Klaus Störtebeker ➤ Ein Getränk aus Übersee ➤ Grammatik	Plattdeutsch • Bevölkerungsentwicklung • Sinneseindrücke beschreiben • über Naturerlebnisse sprechen • Lesestrategien • Seeräubergeschichten • Zubereitungsweisen erklären **Aussprache:** *-ng*	Nebensätze: *bevor, seit, während* • Präteritum: trennbare Verben, besondere Verben	**8**
Lektion 20 	➤ **Im Saarland** ➤ Mladen Franičs Situation ➤ Familie Laubensteins Autounfall ➤ Helmut Rivoirs Versicherungen ➤ Hilde Meiers Biografie ➤ Eingewanderte Wörter ➤ Grammatik	Ausländer in Deutschland • Verhalten bei einem Unfall • das Auto und seine Teile • Versicherungen • Geschichte und persönliche Biografie • Wörter aus anderen Sprachen **Aussprache:** Vokal oder h-Laut	*brauchen + zu* • Nebensätze: *wenn* (konditional) • Nebensätze: *damit, um … zu*	**20**
Lektion 21 	➤ **Münchner Ansichten** ➤ Zurück aus Berlin ➤ Das Oktoberfest ➤ Die Polizei berichtet ➤ Die „Lindenstraße" ➤ Das Drehbuch ➤ Grammatik	Lebensstandard und Lebensqualität • Vergleiche • das Oktoberfest • statistische Angaben • ein Polizeibericht • Rollenbiografien • ein Drehbuch schreiben **Aussprache:** *-ch*	Adjektivdeklination bei Komparativ und Superlativ • Passiv: Präsens und Präteritum • Reihenfolge der Angaben im Satz	**32**
Lektion 22 	➤ **Pontresina** ➤ Im Gesundheitszentrum ➤ Der letzte Bauer von Pontresina ➤ Fremdenverkehr ➤ Auf der Skipiste ➤ Heidi ➤ Grammatik	Vermutungen formulieren • argumentieren • Schul- und Naturmedizin • Bauern früher und heute • Arbeitsbedingungen • Wintersport • einen literarischen Text lesen **Aussprache:** *p – b, t – d, k – g*	Modale Angaben • Passiv mit Modalverben • Satzkombinationen: *zwar – aber, entweder – oder, nicht nur – sondern auch, sowohl – als auch, weder – noch*	**44**

Inhaltsverzeichnis

Kursbuch

		Inhalte	Grammatik	
Lektion 23 	➤ **Eindrücke aus Kärnten** ➤ Ludmannsdorf / Bilčovs ➤ Eine parlamentarische Demokratie ➤ Kirchtag in Villach ➤ Bräuche und Traditionen ➤ Das Wörthersee-Männchen ➤ Grammatik	Minderheiten • demokratische Strukturen • Beschreibung eines Volksfestes • Lexikonartikel: Bräuche und Feste • Religionen • eine Bildergeschichte erzählen **Aussprache:** Vokaleinsatz	Modalverben im Perfekt • *je … desto / umso* • Indefinitpronomen	**56**
Lektion 24 	➤ **Menschen in Jena** ➤ Brigitte Hamm ➤ Adrian Moll ➤ Stefan Kienecke ➤ Laura Taubald ➤ Im Zeiss-Planetarium Jena ➤ Grammatik	Aktivitäten im Alter • lesen • Klappentexte • Sport treiben • Astrologie • Geschichten erzählen **Aussprache:** Akzent, Pausen, Sprechmelodie	Präpositionen mit Genitiv: *statt, trotz, während, wegen* • Verben mit Infinitv • Vermutungen und Vorhersagen: *werden* + Infinitiv (Futur)	**68**

Übungsbuch **81**

Lektion 19 . . . . **82**
Lektion 20 . . . . **98**
Lektion 21 . . . . **114**
Lektion 22 . . . . **130**
Lektion 23 . . . . **146**
Lektion 24 . . . . **162**

Anhang **179**

Lösungen zum Übungsbuch **180**
Systematische Grammatik **193**
Liste der Verben **209**
Alphabetische Wortliste **210**
Verzeichnis der Hörtexte **225**

Arbeiten mit Passwort Deutsch

Kursbuch

Alles, was Sie für das Kursgeschehen brauchen.
Vorschläge für den Ablauf und dafür, welche Sozial- und Arbeitsformen sich für die einzelnen Aufgaben eignen, finden Sie im Lehrerhandbuch.

Aufgabennummer

In dieser Aufgabe wird etwas gehört; der Hörtext ist auf der Kurskassette/-CD

Tondatei-Nr.

1 | **Hören** | Sprechen | **Lesen** | Schreiben |

Donnerstag, der 3. Oktober: Aus einem Polizeibericht zum Oktoberfest

a) Lesen Sie die sechs Überschriften und die drei Texte. Entscheiden Sie dann, welche Überschrift (A–F) am besten zu welchem Text (1–3) passt.

Arbeitsanweisung, Impulsfrage

In dieser Aufgabe wird auch etwas gelesen

Aufgabentitel

Menüleiste: Teil der Arbeitsanweisung (Fertigkeit bzw. Technik)

2 | Hören | Sprechen | Lesen | **Schreiben** |

Schreiben und verstehen: das Passiv Präsens

Grammatik selbst entdecken

	Verb ***(werden)***		**Satzende** ( )
Das Oktoberfest	*wird*	jeden Herbst	*wiederholt* .
Jährlich	*werden*	etwa 6 bis 7 Millionen Besucher	
Das erste Fass Bier		vom Oberbürgermeister	*angestochen* .
Bis zu 1000 Personen		jedes Jahr ins Krankenhaus	

2 Das Passiv

Grammatik der Lektion im Überblick

Mehr zu diesem Grammatikthema in der systematischen Grammatik im Anhang

→ S. 202

Präsens:

	Verb ***(werden)***		**Satzende (Partizip Perfekt)**
Das Oktoberfest	wird	jeden Herbst	wiederholt.
Jährlich	werden	etwa 6 bis 7 Millionen Besucher	erwartet.

5 Das Passiv

→ L21, 22

Das Passiv bildet man mit *werden* + Partizip Perfekt.

Die systematische Grammatik fasst die grammatischen Themen des Kursbuchs in Kapiteln zusammen.

	Verb		
Das Oktoberfest	wird	jeden Herbst	
München	wurde	im Jahre 1158	gegründet.
Neulich	wurde	ich von einem Auto	angefahren.

Satzklammer

Das Passiv verändert die Perspektive. Wichtig ist meistens, **was** passiert.

4 Hören | Sprechen | Lesen | Schreiben — 7–10

Hören und sprechen: ch

In den Lektionsablauf integrierte Ausspracheübungen; der Hörtext ist auf der Kurskassette/-CD

a) „ch" wie in „ich" oder wie in „Dach"? Hören und sortiere

Übungsbuch

Alles, was Sie zur Wiederholung, Erweiterung und Differenzierung des im Kurs Erlernten verwenden können. Alle Übungen sind auch für Hausaufgaben oder zum selbstständigen Lernen geeignet; der Lösungsschlüssel im Anhang erlaubt auch die Selbstkontrolle.

Seite 37	Aufgabe 2–5

Verweis auf die Seite bzw. die Aufgaben im Kursbuch, zu denen die Übungen passen

1 Passiv Präsens. Welche Funktion hat *werden*?

Beispiel: Wie funktioniert die Übung?

Lernthema, Arbeitsanweisung

		Hilfsverb/Passiv	Vollverb
1.	Der Chef hat morgen Geburtstag. Er wird 70.	☐	☒
2.	Wird er von zu Hause abgeholt?	☐	☐
3.	Nein, er wird von seiner Tochter gefahren.	☐	☐
4.	Das Essen wird kalt!	☐	☐
5.	Die Getränke werden um 18 Uhr gebracht.	☐	☐
6.	Wenn das so weitergeht, werde ich verrückt!	☐	☐

Lektion 19 An der Nordseeküste

Friesenleed

1. Wor de Nordseewellen trecken an den Strand,
2. wor de geelen Blumen blöh'n in't gröne Land,
3. wor de Möven schriegen hell in'n Stormgebruus,
4. dor is mine Heimat, dor bün ick tu Huus.

5. Weel'n un Wogen sungen dor meen Weegenleed,
6. un de hogen Dieken kennt min Kinnerleed,
7. kennt ook all min Sehnsucht, as ich wussen weer,
8. in de Welt to fleegen, över Land un Meer.

1 Friesenlied

Hören | Sprechen | Lesen | Schreiben ⏭ 1

a) Hören Sie Friesisch, eine norddeutsche Sprache. Wie klingt das?

Das klingt wie …

☐ Deutsch ☐ Englisch ☐ Niederländisch ☐ eine andere Sprache, nämlich ______________

b) Ordnen Sie die Übersetzung den richtigen Liedzeilen zu.

Friesenlied (Übersetzung)

		Zeile
A	da ist meine Heimat, da bin ich zu Haus.	4
B	wo die gelben Blumen blühen im grünen Land,	____
C	wo die Möwen schreien hell im Sturmgebraus,	____
D	Wo die Nordseewellen ziehen an den Strand,	____
E	und die hohen Deiche kennt mein Kinderlied,	____
F	Wellen und Wogen singen da mein Wiegenlied,	____
G	in die Welt zu fliegen, über Land und Meer.	____
H	kennt auch all meine Sehnsucht, als ich aufwuchs,	____

2 Die Nordseeküste

Hören | **Sprechen** | **Lesen** | Schreiben

a) Welcher Abschnitt spricht über welchen Aspekt?

Grenzenlose Weite, Wolkenberge über endlosem Horizont, Inseln und Halligen, Dünen und Deiche, Wattenmeer und wilde Brandung, Windräder, die sich unaufhörlich drehen – das ist das Land an der Nordseeküste.

Wind und Wetter, Ebbe und Flut bestimmen den täglichen Lebensrhythmus von Mensch und Natur. Das Wattwandern von Insel zu Insel kann zu einem lebensgefährlichen Abenteuer werden, wenn man sich mit dem Gezeitenkalender nicht auskennt. Die Flut kommt oft blitzschnell, Seenebel kann in Minutenschnelle aufziehen.

Seit Urzeiten formt der Sturm dieses Land: Er zerstört, baut auf und gestaltet. Vor etwa 8000 Jahren erreichte die Nordsee ihr heutiges Becken. Der ewige Westwind hat immer wieder große Sturmfluten verursacht: Festland wurde zu Inseln; Städte, Dörfer und Höfe versanken im Meer. Bei der letzten großen Sturmflut von 1962 brachen die Nordseedeiche an 61 Stellen. Die Flut erreichte in Windeseile Hamburg. Über 300 Menschen starben, viele verloren ihr Dach über dem Kopf.

Seit Jahrhunderten versuchen die Küsten- und Inselbewohner, sich mit Deichen vor dem Meer zu schützen und ihm neues Land für die Landwirtschaft abzugewinnen. Neben den traditionellen Arbeitszweigen wie Fischfang und Fischverarbeitung, Deichbau, Landwirtschaft und Schiffsbau bestimmen heute vor allem Tourismus, Windkraftanlagen, Umweltschutzprojekte und Rettungsdienste das Arbeitsleben und die Gespräche der Küstenbewohner.

1. Geografische Besonderheiten: Zeile 1–3
2. Arbeit und Industrie: Zeile ______
3. Wattwandern: Zeile ______
4. Geschichte: Zeile ______

b) Möchten Sie gern am Meer leben? Vergleichen Sie das Leben an der Küste mit dem Leben in anderen Regionen.

An der Küste ist es fast immer windig, das gefällt mir. Und ich esse gern frischen Fisch.

Ich habe Angst vor dem Wasser, deshalb lebe ich lieber in den Bergen.

Inseln im stürmischen Meer

1

Hören | Sprechen | **Lesen** | Schreiben

Die Nordfriesischen Inseln

Lesen und ergänzen Sie bitte.

~~heißen~~ übrig gegen Tiere
denn sogar großen früher

Sylt, Föhr, Amrum, Pellworm und die Halligen – so _heißen_ die Nordfriesischen Inseln. Ihre Entstehungsgeschichte ist dramatisch. In den __________ Sturmfluten (besonders 1362 und 1634) wurden die Inseln vom Festland abgerissen. Auf den Halligen kämpfen die Menschen bis heute __________ das Meer, __________ die stürmische Nordsee überflutet im Winterhalbjahr bis zu vierzig Mal diese winzigen Inseln. Deshalb stehen die Häuser und die Ställe für die __________ auf künstlichen Hügeln, den so genannten Warften. __________ soll es bis zu 100 Halligen gegeben haben, nur noch zehn hat die Kraft des Meeres __________ gelassen. Manche Leute glauben __________, dass hier die berühmte versunkene Insel Atlantis liegt.

2

Hören | **Sprechen** | **Lesen** | Schreiben

Leben auf den Inseln

Lesen Sie die drei Inselporträts. Sprechen Sie über die Gemeinsamkeiten und Unterschiede zwischen den drei Inseln.

Hallig Gröde (ca. 16 Einwohner)
Mit seinen 16 Einwohnern ist Gröde die kleinste Gemeinde in Deutschland. Auf der 278 Hektar großen Insel gibt es einen Bürgermeister, eine Schule und eine Kirche. Die Kirche auf der „Kirchwarft" musste wegen der Sturmfluten allerdings schon sieben Mal neu aufgebaut werden. Auf der „Knudswarft" stehen vier Bauernhöfe, außerdem gibt es eine Poststelle, einen Kiosk und Gästezimmer. An „Monikas Kiosk" findet man aber nur Getränke und Kleinigkeiten. Lebensmittel müssen die Inselbewohner beim Kaufmann auf dem Festland bestellen, der die Bestellungen mit dem Postschiff auf die Hallig liefert.

Hallig Hooge (ca. 120 Einwohner)
Von den zehn Warften auf Hooge ist die „Hanswarft" mit fünfzehn Häusern die bedeutendste. Hier steht auch der „Königspesel". In diesem Gebäude übernachtete 1825 der dänische König Friedrich VI., als ein Sturm ihn an der Weiterfahrt hinderte. Heute sind die Gäste von außerhalb wichtiger denn je für Hooge, die Landwirtschaft spielt nur noch eine Nebenrolle. Man kann auf der Hallig z. B. Rad fahren, wandern, mit der Kutsche fahren und die „Kirchwarft" besuchen: Die Kirche dort besteht aus Resten mehrerer alter Kirchen, die in den großen Sturmfluten zerstört wurden.

Pellworm (ca. 1180 Einwohner)
Besucher können sich hier den Wind um die Nase wehen lassen und sich wunderbar erholen. Die Kehrseite des Lebens auf der kleinen Nordseeinsel: Die Bedingungen für Landwirtschaft sind hier ungünstig, vom Fremdenverkehr kann man nur in der kurzen Feriensaison leben und die Einwohnerzahlen gehen zurück. Schon in den 70er Jahren hat man aber Versuche zur Energiegewinnung mit Windkraft gemacht, und heute sind Umweltschutz und ökologische Produkte sehr bedeutend für die Wirtschaft von Pellworm.

3 Hören | Sprechen | Lesen | Schreiben ⏭ 2–3

Zwei Inselbewohner: Malte Hansen und Heilwig Niehoff

a) Sehen Sie die beiden Fotos an und notieren Sie Ihre Vermutungen über die Personen. Wo und wie leben sie, was sind sie von Beruf …?

b) Hören Sie die zwei Personen: Wer lebt auf welcher Insel?

c) Hören Sie noch einmal und vergleichen Sie mit Ihren Vermutungen aus 3 a.

d) Was erfahren Sie noch über die Inseln? Die folgenden Wörter helfen Ihnen.

der Briefträger — der Leuchtturm — salziges Land — heiraten — überflutete Hallig — trockene Warften — Abwechslung für Jugendliche — bei Ebbe die Post bringen

4 Hören | Sprechen | Lesen | Schreiben

Auf der Hallig Süderoog

a) Lesen Sie die Kurzinformation.

b) Was glauben Sie, wie die zwei Bewohner von Süderoog leben? Notieren Sie mit Ihrem Kurspartner Ihre Ideen und vergleichen Sie dann im Kurs.

Fläche: ca. 60 Hektar, 1 Warft.
Süderoog liegt südwestlich von Pellworm im Nationalpark Wattenmeer und darf nur im Rahmen genehmigter Führungen betreten werden.
Auf Süderoog leben zwei Personen. Sie sind die einzigen ständigen Bewohner des Nationalparks. Süderoog ist ein wichtiger Lebensraum für Vögel, die hier im Frühjahr und im Herbst in großen Scharen rasten.

5 Hören | Sprechen | Lesen | Schreiben ⏭ 4

Hören und sprechen: die Nasallaute -ng und -nk

a) Was hören Sie: -ng wie gesungen oder -nk wie versunken?

	1.	2.	3.	4.	5.	6.	7.	8.	9.	10.
-ng	X									
-nk										

b) Wo sprechen Sie den Nasallaut -nk?

1. ☐ Versichertenkarte
2. ☒ Banken
3. ☐ denken
4. ☐ ankreuzen
5. ☐ anklicken
6. ☐ pünktlich
7. ☐ Nebenkosten
8. ☐ Onkel
9. ☐ unklar

Meer erleben

1

Hören | **Sprechen** | Lesen | Schreiben

Eindrücke bei der Wattwanderung

a) Auf welchem Bild sehen Sie das Watt?

☐ Bild A: Das Meer bei Ebbe

☐ Bild B: Das Meer bei Flut

b) Versuchen Sie die Wörter den fünf Sinnen zuzuordnen.

die Luft der Strandkorb der Sand baden frieren Muscheln sammeln barfuß gehen surfen die Stille genießen beobachten segeln sich ausruhen der Wind angeln die Welle frisch nass das Meerestier weich der Ölfleck glänzend sandig liegen schreien fest die Spur die Sandwüste sichtbar salzig der Vogel …

1. hören: *Wind,* ____________________
2. sehen: ____________________
3. riechen: ____________________
4. schmecken: ____________________
5. fühlen: ____________________

c) Was kann man am Strand machen? Sprechen Sie im Kurs.

2

Hören | Sprechen | **Lesen** | Schreiben ⏭ 5

Mit Willi de Vries durch das Watt

a) Hören Sie und notieren Sie die Reihenfolge der Themen, über die er spricht.

☐ Was man im Watt sieht
[1] Was das Watt eigentlich ist
☐ Was man im Watt hört
☐ Was man im Watt fühlt
☐ Gefahren einer Wattwanderung

b) *Was ist richtig?*

1. Während das Meer sich bei Ebbe zurückzieht,
   - ☐ können Sie auf dem Meeresboden spazieren gehen.
   - ☐ ist ein Spaziergang im Watt zu gefährlich.
2. Während man durch das Watt geht,
   - ☐ hört man nur die Meereswellen.
   - ☐ kann man sogar die kleinsten Meerestiere im Sand hören.
3. Während das Meer sich zurückzieht,
   - ☐ warten Würmer, Krebse und Schnecken auf dem Sand.
   - ☐ graben sich Würmer, Krebse und Schnecken in den Sand ein.

c) *Wie beschreibt Willi de Vries das Watt? Hören Sie noch einmal, machen Sie sich Notizen und vergleichen Sie im Kurs.*

3

Hören	Sprechen	Lesen	**Schreiben**

Schreiben und verstehen: Nebensätze mit *während*

Während	das Meer sich bei Ebbe	*zurückzieht* ,	kann man im Watt wandern.
	man durch das Watt	,	hört man die Meereswellen.
	sie auf die Flut	*warten* ,	graben sich Würmer in den Sand ein.

4

Hören	**Sprechen**	Lesen	**Schreiben**

Natur erleben

a) *Beschreiben Sie einen Tag am Meer.*

1. in der Sonne liegen – die Wellen hören
2. am Strand spazieren gehen – Muscheln sammeln
3. eine Sandburg bauen – an meine Kindheit denken
4. im Strandkorb sitzen – den Vögeln beim Würmersuchen zuschauen
5. etwas essen – Sand zwischen den Zähnen schmecken
6. am Wasser entlang gehen – die salzige Luft riechen
7. barfuß gehen – den nassen Sand unter den Füßen fühlen
8. den Sonnenuntergang beobachten – die Stille genießen

1. *Während ich in der Sonne liege, höre ich die Wellen.*

2. ______________________________

b) *Welche Naturerlebnisse haben Sie schon gehabt? Erzählen Sie.*

Seewind

1

Hören | **Sprechen** | Lesen | Schreiben

Kursgespräch: Umweltschutz und Umweltschmutz

a) Welche Wörter können Sie verstehen und erklären?

alternative Energien — die Umwelt verschmutzen — Abgase (Pl.) — das Gift — umweltfeindlich — Müll und Recycling — der Smogalarm — die Umweltschutzbewegung — Energie sparen — in einer Bürgerinitiative aktiv sein — der Stromverbrauch — der Lärm — die Katastrophe — umweltschädlich — protestieren — ökologische Produkte (Pl.) ...

b) Welche Bedeutung spielt der Umweltschutz für Sie persönlich?

Ich trenne meinen Müll und bringe das Altpapier und das Altglas zum Container.

Ich glaube nicht, dass ökologische Produkte wirklich besser sind, sie sind nur teurer.

2

Hören | Sprechen | **Lesen** | Schreiben

Meinungsaustausch zum Thema Windkraft

a) Wer ist für die Windkraftenergie, wer ist dagegen?

Thilo Petersen Bevor die hässlichen Windräder hier standen, war es viel schöner bei uns. Ich bin dagegen, dass man die Windenergie verstärkt nutzt.

Frauke Müller-Jensen Ja, Sie haben Recht. Seit die Windräder laufen, will ich hier gar nicht mehr spazieren gehen. Meiner Meinung nach sind diese Apparate gefährlich. Fallen die denn wirklich nicht um, wenn so ein richtiger Sturm kommt? Seit 1962 die Sturmflut da war, wissen wir doch, dass die Natur stärker ist als der Mensch.

Birger Sonntag Unsinn, das stimmt doch gar nicht, natürlich können wir uns vor der Natur schützen. Aber wir müssen auch verantwortungsvoll mit ihr umgehen und sie gut behandeln. Strom aus Windkraftwerken ist eine gute Möglichkeit dafür.

Corinna Mensing Ja, einverstanden. Die Umweltschützer haben Recht, wenn sie sagen, dass wir erneuerbare Energiequellen nutzen müssen. Deshalb sind Windräder gut. Der Stromverbrauch steigt doch kontinuierlich an, seitdem alle Leute Computer und so haben. Also brauchen wir eher noch mehr Windräder an der Küste.

Kai Ewers Bevor es Elektrizität gab, hat man hier schon die Windenergie genutzt für Windmühlen. Diese Technik passt also sehr gut hierher, finde ich.

Jan Glodeck Das ist schon richtig, ich glaube auch, dass alternative Energiegewinnung wichtig ist. Aber bevor hier immer noch mehr Windräder laufen, sollten wir lieber versuchen Energie zu sparen.

Astrid Vanselow Sind Sie denn sicher, dass der Energieverbrauch immer weiter steigt? Ich weiß nicht. Und außerdem habe ich neulich gehört, dass man in Zukunft die Windräder draußen im Meer, viele Kilometer vor der Küste aufstellen wird. Das wäre doch sehr gut.

Wiebke Lindholm Ehrlich gesagt bin ich da anderer Meinung. Der Baulärm wird die empfindlichen Meerestiere stören, und die Windräder sind bestimmt eine große Gefahr für die Seevögel.

b) *Unterstreichen Sie alle Elemente, mit denen man Meinungen, Zustimmung oder Ablehnung ausdrücken kann.*

Ich bin dagegen, dass ______________________

____

3

Hören | Sprechen | Lesen | **Schreiben**

Schreiben und verstehen: Nebensätze mit *bevor* und *seit / seitdem*

Bevor	die Windräder hier	*standen* ,	war es viel schöner bei uns.
	immer noch mehr Windräder	,	sollten wir lieber Energie sparen.
	die Sturmflut da	*war,* ,	wissen wir das.
Seitdem	alle Leute Computer	,	steigt der Stromverbrauch.

4

Hören | **Sprechen** | Lesen | Schreiben

Diskussion auf der Bürgerversammlung: Was soll man tun?

a) *Wählen Sie ein Thema. Worüber möchten Sie diskutieren?*

1. Sie wohnen in einem kleinen Dorf. Das einzige öffentliche Verkehrsmittel ist eine Bahn, die in 15 Minuten zur nahe gelegenen Kleinstadt fährt. Nur dort kann man einkaufen, Bank- und Postgeschäfte erledigen, zum Arzt gehen usw. Die Bahnverbindung soll eingestellt werden, weil sie die Gemeinde zu viel Geld kostet.
2. Sie wohnen in einer Kleinstadt. Jeden Morgen und jeden Nachmittag gibt es auf der Hauptstraße kilometerlange Staus wegen der vielen Berufspendler, die in der nahe gelegenen Großstadt arbeiten. Die Anwohner protestieren und fordern den Bau einer Umgehungsstraße außerhalb des Ortes.
3. Sie wohnen in einer Großstadt. Die Stadtverwaltung will die Müllgebühren verdoppeln. Zu viele Bürger bringen nämlich ihren Recycling-Müll (Papier, Glas, Metall, Plastik) nicht zum Container, sondern werfen ihn in die normale Abfalltonne. Dadurch entstehen der Stadt unnötige Kosten.

b) *Übernehmen Sie eine Rolle oder denken Sie sich eine aus. Welche Position vertreten Sie? Sammeln Sie dann Argumente für Ihre Position.*

Mögliche Rollen:

1. Wiebke Lindholm, 23, Tierpflegerin im Zoo, besucht in ihrer Freizeit Segelkurse.
2. Corinna Mensing, 32, Ingenieurin, surft und chattet gern im Internet.
3. Thilo Petersen, 72, pensionierter Postbeamter, geht mindestens einmal die Woche wandern.
4. Birger Sonntag, 17, Schüler und Schulsprecher, bei Greenpeace aktiv.
5. Frauke Müller-Jensen, 47, Sozialpädagogin, singt im Kirchenchor.
6. Jan Glodeck, 51, Angestellter im Öffentlichen Nahverkehr, fährt überallhin mit dem Fahrrad.
7. Astrid Vanselow, 35, Hausfrau, liest täglich mehrere Zeitungen, wenn die Kinder in der Schule sind.
8. Kai Ewers, 60, Autohändler, sieht alle Autorennen im Fernsehen.

c) *Halten Sie eine Bürgerversammlung ab und diskutieren Sie Ihre Meinungen.*

Der Seeräuber Klaus Störtebeker

1

Hören | **Sprechen** | **Lesen** | Schreiben

Lesestrategien

Es gibt mindestens drei Arten, Texte zu lesen. Überlegen Sie im Kurs, welche Texte Sie mit welcher Strategie lesen.

Internetseite Wörterbuch Kochrezept Anzeigen Zeitung Gebrauchsanweisung Statistik Abenteuergeschichte Formular Fahrplan

1. **Globales Lesen:** Man will nur die Hauptaussagen eines Textes verstehen. Einzelheiten sind nicht wichtig.
2. **Selektives Lesen:** Man sucht in einem längeren Text nur nach den Informationen, die man gerade braucht.
3. **Detailliertes Lesen:** Man liest einen Text ganz genau und will auch Einzelheiten wissen und verstehen.

2

Hören | Sprechen | **Lesen** | Schreiben

Klaus Störtebeker, der „König der Meere“

a) Lesen Sie den Text global und entscheiden Sie: Welche Zusammenfassung passt besser?

„Gottes Freunde, aller Herren Feinde“ – so herrschte Klaus Störtebeker über die Nordsee. Zwischen 1390 und 1394 kaperte er im Auftrag der Städte Wismar und Rostock dänische Handelsschiffe in der Ostsee. Später machte er mit seinen Schiffen die Nordsee unsicher und raubte deutsche, englische und holländische Schiffe aus. Die Beute teilten sich die Seeräuber zu gleichen Teilen. Sie nannten sich deshalb „Likedeeler“ (Gleichteiler).
Wenn die Herbststürme begannen, fuhr Störtebeker mit seinen voll beladenen Schiffen in die Häfen von Emden und Marienhafe ein. Die friesischen Küstenbewohner kannten die Piraten schon und liefen ihnen freudig entgegen, denn die „Likedeeler“ brachten wertvolle Beute mit und boten sie billig an. Es gab alles, was die armen Leute sonst nicht kaufen konnten: Hamburger Bier, Gewürze, Wein und Schnaps, gesalzenes Fleisch und gesalzenen Fisch, Gold- und Silberschmuck, feine Stoffe. Wenn alle Waren verkauft waren, luden die Seeräuber zu einem großen Festessen ein. Bis tief in die Nacht brannten dann die Feuer, man aß und trank, tanzte, sang und lachte zusammen. Für die Küstenbewohner waren die Piraten gute Räuber.
Die Kaufleute von Amsterdam bis Hamburg aber hassten den „König der Meere“. Er störte ihren Handel und ihre Geschäfte. Deshalb dachten sich die Hamburger Handelsherren etwas aus: Sie organisierten eine große Menge Kriegsschiffe und brachen damit am 14. August 1400 in Richtung Helgoland auf.
Während Störtebeker davon gar nichts wusste und mit seinen Schiffen vor Helgoland auf Beute wartete, näherte sich die Kriegsflotte langsam und unbemerkt. Die Sonne ging unter und es wurde dunkel. Störtebeker schaute noch einmal aufs Meer hinaus. Weit und breit war kein Schiff in Sicht. Er wollte schon in seine Kajüte gehen, als er plötzlich Lichter entdeckte und verstand: „Die Pfeffersäcke! Alle Mann an Deck!“, brüllte er. „Gottes Freunde, aller Herren Feinde!“, schrien die „Likedeeler“, zogen ihre Schwerter und stürzten sich in den Kampf.

Zusammenfassung 1

Klaus Störtebeker fuhr mit seinen Segelschiffen auf der Nord- und Ostsee und verkaufte den Leuten schlechte Waren für teures Geld. Weil seine Preise so hoch waren, hassten ihn die armen und die reichen Leute an der ganzen Küste. So beschlossen sie Seeräuberschiffe loszuschicken, die gegen Störtebeker und seine Männer kämpfen sollten.

Zusammenfassung 2

Klaus Störtebeker war ein berühmter Seeräuber, der in der Nord- und Ostsee die Schiffe der Kaufleute überfiel. Die Handelsherren hassten Störtebeker, aber die armen Leute liebten ihn, denn er brachte ihnen teure Waren für wenig Geld. Schließlich beschlossen die Hamburger Kaufleute, mit Kriegsschiffen gegen die Seeräuber zu kämpfen.

b) Lesen Sie selektiv: Steht das im Text?

1. Klaus Störtebeker war ein gefährlicher Seeräuber, der in der Nord- und Ostsee die Schiffe der Kaufleute überfiel. ______ r f
2. Ungefähr 20 Jahre lang raubte er ihre Schiffe aus und verkaufte die teuren Waren für wenig Geld an die armen Leute. ______ r f
3. Deshalb war Störtebeker bei den Armen sehr beliebt, aber die Kaufleute dachten darüber nach, wie sie dem Räuber endlich das Handwerk legen könnten. ______ r f
4. Weil der „König der Meere" ihre Geschäfte auf dem Seeweg störte, erklärten ihm die Hamburger Kaufleute schließlich den Krieg. ______ r f
5. Eines Tages segelten viele Kriegsschiffe los und nahmen die Seeräuber gefangen. ______ r f

3

Hören | Sprechen | Lesen | **Schreiben**

Schreiben und verstehen: Präteritum – besondere Verben

Infinitiv	**Präteritum**	**Infinitiv**	**Präteritum**
sich nennen	So *nannten* sie sich.	brennen	Die Feuer ______ .
kennen	Sie ______ sie schon.	sich ausdenken	Sie ______ sich etwas ______ .
mitbringen	Sie *brachten* Beute *mit* .	wissen	Er ______ nichts davon.

4

Hören | **Sprechen** | Lesen | Schreiben ⏭ 6

Das Ende von Klaus Störtebeker

a) Was glauben Sie: Wie endet Störtebeker? Denken Sie sich mit einem Partner oder einer Partnerin ein Ende für die Geschichte aus und vergleichen Sie dann im Kurs.

b) Hören Sie global: Ist das Ende von Klaus Störtebeker so, wie Sie es sich ausgedacht haben?

c) Hören Sie selektiv. Wie viele seiner Männer hat Störtebeker bei seinem Tod gerettet?

5

Hören | Sprechen | Lesen | **Schreiben**

Kennen Sie andere Geschichten von guten und bösen Räubern?

Schreiben Sie eine auf.

Ein Getränk aus Übersee

1 Hören | Sprechen | Lesen | Schreiben

Tee trinken

a) Welche Wirkung schreibt man dem Tee in diesen Sprichwörtern zu?

> **Ofwachten un Tee drinken.**
> **(Abwarten und Tee trinken.)**
> Ostfriesisches Sprichwort

> **Man trinkt den Tee, damit man den Lärm der Welt vergisst.**
> Chinesisches Sprichwort

b) Die Teezubereitung in Ostfriesland. Nummerieren Sie in der passenden Reihenfolge.

☐ Man trinkt den Tee in drei Schlucken: Beim ersten Schluck schmeckt man die weiche Sahne, beim zweiten Schluck den herben Tee, beim dritten Schluck den süßen Zucker.

☐ Zuerst wird die Kanne mit heißem Wasser ausgespült, damit sie schön warm ist. Danach gibt man pro Tasse einen Teelöffel kräftigen, schwarzen Tee hinein und noch einen Teelöffel für die Kanne extra. Dann gießt man in die Kanne so viel kochendes Wasser, dass die Blätter frei schwimmen. Der Tee muss jetzt drei bis fünf Minuten ziehen. Am besten stellt man vorher die Kanne auf ein Stövchen, so bleibt sie warm. Anschließend füllt man die Kanne mit kochendem Wasser auf.

☐ In Ostfriesland serviert man Tee in kleinen Porzellantassen. In jede Tasse kommt zuerst ein Stück Kandis, dann gießt man den heißen Tee darauf und gibt zum Schluss einen Löffel Sahne dazu. Es entstehen sofort kleine Sahnewölkchen. Man darf den Tee nicht mehr umrühren!

c) Unterstreichen und notieren Sie alle Wörter aus dem Text, die eine Reihenfolge festlegen.

zuerst, ______________________________

2 Hören | Sprechen | Lesen | Schreiben

Welche Bedeutung hat der Tee bei Ihnen?

a) Machen Sie Interviews im Kurs und stellen Sie dann die Ergebnisse vor.

1. Trinken Sie viel Tee oder eher selten?
2. Zu welchen Tageszeiten?
3. Kennen Sie besondere Zubereitungsarten für Tee?
4. Welches Teegeschirr verwenden Sie?
5. Sind Ihre „Tee-Gewohnheiten“ typisch für Ihr Land / Ihre Kultur?
6. Wissen Sie, seit wann es in Ihrem Land / Ihrer Kultur üblich ist Tee zu trinken?

b) Beschreiben Sie, wie ein landestypisches Getränk oder eine Mahlzeit zubereitet und eingenommen wird.

Grammatik

1 Nebensätze

→ S. 198

Nebensätze mit während, bevor, seit / seitdem

Subjunktion		Satzende Verb	Hauptsatz
Während	das Meer sich bei Ebbe	zurückzieht,	kann man im Watt wandern.
Bevor	die Windräder hier	standen,	war es viel schöner bei uns.
Seit / Seitdem	alle Leute Computer	haben,	steigt der Stromverbrauch.
Seit	man die Windräder	aufgestellt hat,	gehe ich hier nicht mehr spazieren.

Nebensatz

Regel: *während* → zwei Ereignisse passieren gleichzeitig; *bevor* → zuerst passiert das Ereignis im Hauptsatz, dann passiert das Ereignis im *bevor*-Satz; *seit* → Dauer von einem Zeitpunkt bis jetzt.

2 Das Präteritum

→ S. 199

Besondere Verben

	denken
ich	dachte
du	dachte-st
er • sie • es	dachte
wir	dachte-n
ihr	dachte-t
sie • Sie	dachte-n

Infinitiv		Verb		Satzende
sich nennen	Sie	nannten	sich „Likedeeler“.	
kennen	Sie	kannten	sie schon.	
mitbringen	Sie	brachten	Beute	mit.
sich ausdenken	Sie	dachten	sich etwas	aus.
brennen	Es	brannte	die ganze Nacht.	
wissen	Er	wusste	nichts davon.	

Satzklammer

Regel: Regelmäßige Verben → Stamm + *-te* + Endung; *ich reiste, er arbeitete, sie produzierten.* Unregelmäßige Verben → Stamm + Endung; der Stamm ändert sich! *Ich kam, du bliebst, wir gingen.* Besondere Verben → Stamm + *-te* + Endung; der Stamm ändert sich!

3 Zeitangaben

→ S. 208

Reihenfolge beschreiben

Zuerst spült man die Kanne heiß aus. Danach gibt man den Tee hinein. Dann gießt man etwas kochendes Wasser auf. Vorher stellt man die Kanne auf ein Stövchen. Anschließend füllt man die Kanne ganz auf. Zum Schluss trinkt man den Tee mit Kandis und Sahne.

Zeitangaben in der Vergangenheit

damals, einmal, früher | neulich | gestern, vorgestern | gerade | jetzt, heute, gerade →

Lektion 20 Im Saarland

1 Leute in Saarbrücken

Hören | Sprechen | Lesen | Schreiben   7–10

a) ***Deutsch? Schauen Sie die Fotos an und notieren Sie Ihre Vermutungen in der Tabelle.***

- Was glauben Sie: Aus welchem Land stammen die Leute?
- Wie lange leben sie schon in Deutschland?
- Welche Personen sind Deutsche? Welche nicht?

b) ***Bitte begründen Sie Ihre Vermutungen.***

... könnte aus ... kommen. Der Name klingt so.

Vielleicht ist ... in ... aufgewachsen, aber die Familie könnte aus ... sein.

c) ***Hören Sie, was die Personen sagen, und ergänzen Sie Ihre Tabelle.***

d) ***Was erfahren Sie noch über die Personen?***

	Meine Vermutung	Info im Hörtext
Hilde Meier		
Svetlana und Alexander Laubenstein		
Jadranka und Mladen Franič		
Helmut Rivoir		

A

Hilde Meier

B

Svetlana und Alexander Laubenstein

C

Jadranka und Mladen Franič

D

Helmut Rivoir

Mladen Franičs Situation

1

Hören	Sprechen	**Lesen**	Schreiben

Welche Beschreibungen passen auf wen?

a) Lesen Sie. Sie brauchen nicht jeden bürokratischen Ausdruck zu verstehen!

Jadranka: Text Nr. ______
Mladen: Text Nr. ______
Jadrankas Eltern: Text Nr. ______

1. **Aussiedler:** Ihre Vorfahren sind vor teilweise mehreren hundert Jahren aus Deutschland ausgewandert – vor allem nach Russland, Polen, Ungarn und Rumänien – und haben dort die deutschsprachige Kultur und Lebensweise bis ins 20. Jahrhundert beibehalten. Wenn diese Personen ihre Heimatländer verlassen, um in Deutschland zu leben, erhalten sie die deutsche Staatsangehörigkeit.
2. **EU-Bürger und Schweizer:** Für die Einreise nach Deutschland brauchen sie kein Visum und sie können ohne Arbeitserlaubnis arbeiten. Nach drei Monaten müssen sie eine Aufenthaltsgenehmigung beantragen, die sie jedoch problemlos bekommen.
3. **Flüchtlinge:** Menschen, die ihre Heimat z. B. wegen einer politischen Krise oder eines Krieges verlassen haben. Für sie gelten in Deutschland (wie in vielen anderen Staaten) besondere internationale Regeln wie die „Genfer Flüchtlingskonvention".
4. **Asylbewerber:** Flüchtlinge, die in ihrer Heimat wegen ihrer politischen Überzeugung, ihrer Religion oder ihrer Zugehörigkeit zu einer bestimmten sozialen oder ethnischen Gruppe in Lebensgefahr sind, können in Deutschland Asyl bekommen. Bei Arbeitslosigkeit und Sozialhilfe, bei der Sozialversicherung oder bei der Ausbildungsförderung haben sie als *anerkannte* Asylbewerber ähnliche Rechte wie deutsche Staatsangehörige.
5. **„Gastarbeiter":** Seit 1955 holte die deutsche Wirtschaft ausländische Arbeitnehmer z. B. aus Italien, Spanien, Griechenland, der Türkei usw. nach Deutschland. Da sie wie „Gäste" nur ein paar Jahre bleiben sollten, nannte man sie „Gastarbeiter". Etwa seit den 70er Jahren begannen die Deutschen jedoch zu verstehen, dass sie neue Mitbürger gewonnen hatten. Der berühmte Schweizer Schriftsteller Max Frisch sagt es so: „Wir riefen Arbeitskräfte und es kamen Menschen."
6. **Zuwanderer:** Zugewanderte Ausländer, die seit mindestens acht Jahren in Deutschland leben, können sich einbürgern lassen. Sie erhalten einen deutschen Pass, wenn sie u. a. eine Aufenthaltserlaubnis besitzen, keine Sozial- oder Arbeitslosenhilfe bekommen, nicht wegen einer Straftat verurteilt worden sind und ihre bisherige Staatsangehörigkeit aufgeben.

b) Drei Aussagen sind falsch – welche?

1. Wenn Mladen Aussiedler wäre, hätte er die deutsche Staatsbürgerschaft. ______ r f
2. Wenn sein Heimatland zur EU gehören würde, hätte er automatisch eine Arbeitserlaubnis. ______ r f
3. Wenn er die deutsche Staatsbürgerschaft hätte, dürfte er ohne Visum in die Schweiz reisen. ______ r f
4. Wenn er als Flüchtling in Deutschland leben würde, könnte er problemlos arbeiten. ______ r f
5. Wenn Mladen Asylbewerber wäre, dürfte er in Deutschland wählen. ______ r f
6. Wenn er in seiner Heimat politisch verfolgt wäre, würde er in Deutschland Asyl bekommen. ______ r f
7. Wenn er als Kind von „Gastarbeitern" in Deutschland geboren wäre, würde er jetzt so perfekt Deutsch sprechen wie Jadranka. ______ r f
8. Wenn Mladen seinen kroatischen Pass behalten würde, könnte er trotzdem Deutscher werden. ______ r f

2

Hören | Sprechen | Lesen | **Schreiben**

Schreiben und verstehen: Nebensätze mit *wenn* (konditional)

Wenn	Mladen Aussiedler	______ ,	hätte	er einen deutschen Pass.
Wenn	er einen deutschen Pass	______ ,	könnte	er natürlich auch wählen.
Wenn	er als Flüchtling hier	______ ______ ,	______	er nicht ______ .

3

Hören | **Sprechen** | Lesen | Schreiben

Was würden Sie machen, wenn …

1. … Sie auswandern würden: In welches Land würden Sie gehen?
2. … Sie eine zweite Staatsangehörigkeit wählen dürften: Welche würden Sie nehmen?
3. … Sie eine Reise gewinnen würden: Wohin würden Sie fahren?
4. … Sie die Welt verbessern könnten: Was würden Sie ändern?
5. … Sie zaubern könnten: Welche unmögliche Sache würden Sie sich wünschen?

4

Hören | **Sprechen** | Lesen | Schreiben

Unterhalten Sie sich im Kurs

1. Brauchen Sie für die deutschsprachigen Länder ein Visum?
2. Hat jemand in Ihrem Kurs zwei Staatsangehörigkeiten? Hat das Vor- oder Nachteile?
3. Wie viel bedeutet Ihnen Ihre Staatsangehörigkeit? Ist sie mehr als eine bürokratische Formalität?
4. Würden Sie Ihre Staatsangehörigkeit wechseln, wenn Sie dauernd in einem anderen Land leben würden?

5

Hören | **Sprechen** | Lesen | Schreiben ⏭ 11

Hören und sprechen: Vokal oder h-Laut?

a) Hören Sie: Welches Wort beginnt mit h? Wort A oder B? Markieren Sie bitte.

1. A ~~B~~
2. A B
3. A B
4. A B
5. A B
6. A B
7. A B
8. A B
9. A B
10. A B
11. A B
12. A B

b) Bitte sprechen Sie.

1. hundert – und; Gast – du hast; Aussiedler – Hausaufgaben; Einreise – Heimreise – Heimatland
2. Aufenthalt – Zugehörigkeit – behalten – Sozialhilfe – abholen

Familie Laubensteins Autounfall

1 Hören | Sprechen | Lesen | Schreiben ⏭ 12
Familie Laubenstein hat einen Unfall

a) Hören Sie. Was ist der Grund für den Unfall?

1. ☐ Die Ampel stand auf Rot, trotzdem hat Herr Rivoir Gas gegeben.
2. ☑ Herr Rivoir hat die Vorfahrt nicht beachtet und ist mit Familie Laubensteins Auto zusammengestoßen.
3. ☐ Herr Laubenstein hat gehalten, weil jemand den Zebrastreifen überqueren wollte. Der Fußgänger ist Unfallzeuge.

b) Hören Sie noch einmal und zeichnen Sie eine Skizze: Wie ist der Unfall passiert?

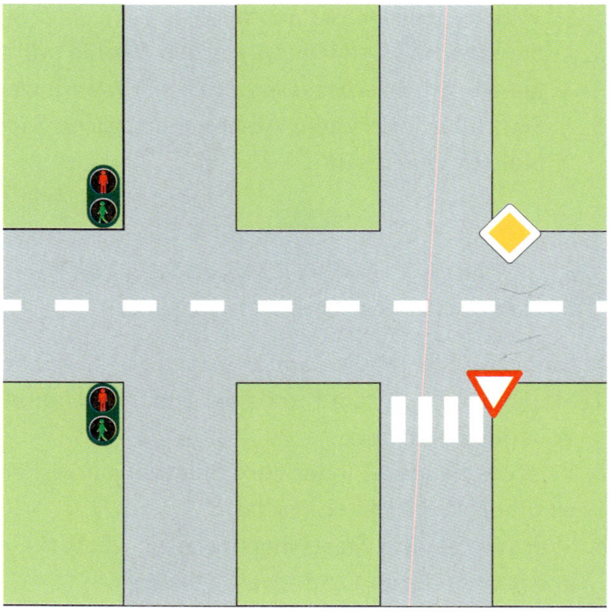

2 Hören | Sprechen | Lesen | Schreiben
Was macht man nach einem Unfall?

Nummerieren Sie in der richtigen Reihenfolge und vergleichen Sie im Kurs.

☐ die Polizei rufen
☐ das Warndreieck aufstellen
☐ mit der Familie telefonieren
☐ eventuell zur Seite fahren
☐ nach Verletzten sehen und Erste Hilfe leisten
☐ den Schaden ansehen
1 den Warnblinker einschalten
☐ den Unfall der Versicherung melden

3 Hören | Sprechen | Lesen | Schreiben
Wozu? Welche Erklärung passt?

① Den Warnblinker sollte man sofort einschalten, → D
② Auf jeden Fall muss man Erste Hilfe leisten,
③ Eventuell muss man zur Seite fahren,
④ Die Polizei sollte man rufen,
⑤ Man ruft die Familie an,
⑥ Die Unfallgegner schauen sich den Schaden an,

A damit der Krankenwagen vorbeifahren kann.
B damit sie sich keine Sorgen macht.
C damit sie den Unfall aufnimmt.
D damit die anderen Autofahrer aufpassen.
E damit Verletzte versorgt werden.
F damit sie ihn ihrer Versicherung melden können.

1	D
2	
3	
4	
5	
6	

4 Schreiben und verstehen: Nebensätze mit *damit*

Hören | Sprechen | Lesen | **Schreiben**

Wozu schaltet man den Warnblinker ein?	Damit	die anderen Autofahrer	aufpassen.
Man ruft die Polizei,	damit	sie den Unfall	.
Man muss zur Seite fahren,		der Krankenwagen	.

5 Kennen Sie sich aus mit Autos?

Hören | **Sprechen** | **Lesen** | Schreiben

a) Beschriften Sie die Zeichnungen.

die Gangschaltung das Gaspedal der Tank die Bremse der Blinker der Kofferraum der Rückspiegel der Motor der Beifahrersitz der Fahrersitz das Lenkrad der Reifen

b) Erklären Sie, was man wozu braucht.

▶ Wozu braucht ein Auto eine Gangschaltung?
◁ Damit man in den ersten, zweiten, dritten usw. Gang schalten kann.
▶ Wozu braucht ein Auto ein Gaspedal?
◁ Damit man Gas geben kann.

6 Unfallgeschichten

Hören | **Sprechen** | Lesen | Schreiben

a) Erklären Sie, wann und wie Autounfälle passieren können.

plötzlich abbiegen, ohne zu blinken zu dicht auffahren unvorsichtig überholen ein Verkehrszeichen übersehen rückwärtsfahren über eine rote Ampel fahren

b) Ein Unfall ist passiert. Machen Sie Dialoge: Wer ist Polizist/in, wer sind die Unfallgegner?

c) Hatten Sie schon mal einen Unfall? Erzählen Sie im Kurs.

Helmut Rivoirs Versicherungen

1 Versicherungen

Hören | **Sprechen** | Lesen | Schreiben

a) Welche der folgenden Versicherungen gibt es in Wirklichkeit nicht? Was glauben Sie?

1. ☐ Lebensversicherung
2. ☐ Wetterversicherung
3. ☐ Rechtsschutzversicherung
4. ☐ Hausratversicherung
5. ☐ private Krankenversicherung
6. ☐ Rentenversicherung
7. ☐ Glasversicherung
8. ☐ Abiturversicherung
9. ☐ Leitungswasserversicherung
10. ☐ Unfallversicherung
11. ☐ Haftpflichtversicherung
12. ☐ Kraftfahrzeugversicherung

b) Verstehen Sie diese Wörter? Sprechen Sie im Kurs.

der Versicherungsschein **der Schadensfall** **die Versicherungssumme**
zum Schutz vor … eine Versicherung abschließen **sich gegen … versichern**

1. Haben Sie selbst eine oder mehrere Versicherungen? Welche und warum?
2. Leute in den deutschsprachigen Ländern haben meistens sehr viele Versicherungen. Was glauben Sie: Warum ist das so? Wie denken Sie darüber?

2 Die Versicherungen von Herrn Rivoir

Hören | Sprechen | **Lesen** | **Schreiben**

~~um keinen Schadensersatz zahlen zu müssen.~~
um im Alter eine Rente zu bekommen.
um mit seinem Auto fahren zu dürfen.
um nach einem schweren Unfall finanzielle Unterstützung zu haben.
um bei einem Rechtsstreit keine Anwalts- und Gerichtskosten zu haben.
um Arztbesuche und Krankenhausaufenthalte nicht selbst bezahlen zu müssen.

Wozu hat Herr Rivoir …

1. … eine Haftpflichtversicherung? Die braucht er, *um keinen Schadensersatz zahlen zu müssen.*
2. … eine Rentenversicherung? Die hat er, __________
3. … eine Rechtsschutzversicherung? Die hat er, __________
4. … eine Unfallversicherung? Die bezahlt er, __________
5. … eine Krankenversicherung? Die braucht er, __________
6. … eine Kraftfahrzeugversicherung? Die braucht er, __________

IHRE VERSICHERUNG

3

Hören | Sprechen | Lesen | **Schreiben**

Schreiben und verstehen: Nebensätze mit *um ... zu*

Er	hat eine Rentenversicherung,	______	/	im Alter eine Rente	______ ______ .
Er	hat eine Hausratversicherung,	*damit*	er	gegen Schäden versichert	*ist* .

4

Hören | **Sprechen** | Lesen | Schreiben ⏭ 13

Herr Rivoir telefoniert mit seiner Kraftfahrzeugversicherung

a) Hören Sie Herrn Rivoirs Telefonat mit seiner Versicherung. Warum ruft er an? Was ist sein Anliegen?

b) Hören Sie noch einmal und markieren Sie, was Ihrer Meinung nach für Telefonate typisch und nützlich ist.

- ▶ KUK-Versicherung, Arndt, guten Tag. Was kann ich für Sie tun?
- ◁ Rivoir, guten Tag. Ich möchte einen Schadensfall melden, ich hatte einen Autounfall.
- ▶ Kleinen Moment, ich verbinde Sie mit der zuständigen Abteilung. Bleiben Sie bitte dran.
- ▶ Polat?
- ◁ Guten Tag, mein Name ist Rivoir. Bin ich bei Ihnen richtig? Ich hatte einen Autounfall, an dem ich leider schuld war, und habe ein paar Fragen dazu.
- ▶ Sagen Sie mir bitte Ihre Versicherungsnummer? Dann kann ich gleich Ihren Versicherungsschein raussuchen.
- ◁ Ja, sofort ... hmmm ... ah, hier: NK 90/0142/7681318/549
- ▶ So, Herr Rivoir, da sind Ihre Unterlagen. Na, Sie sind ja schon 19 Jahre lang unfallfrei gefahren, Kompliment! Haben Sie denn schon einen Unfallbericht ausgefüllt?
- ◁ Ja, ich ...

c) Stellen Sie sich vor, Sie hatten einen Schadensfall.
Führen Sie das nötige Telefonat (im Kurs).

Ich habe gestern schon mal angerufen. Könnten Sie ihm/ihr vielleicht ausrichten, dass ...
Kann er/sie mich heute noch zurückrufen? Bleiben Sie dran, ich stelle Sie durch ...
Kann ich Ihnen weiterhelfen? Vielen Dank für Ihren Anruf. Auf Wiederhören.
Wir war Ihr Name bitte? Wie ist denn Ihre Telefonnummer? Ich würde gern mit ... sprechen.
Könnten Sie mich bitte verbinden? ... spricht gerade auf der anderen Leitung.

Guten Tag, mein Name ist ...

Was kann ich für Sie tun?

Hilde Meiers Biografie

1

Hören | Sprechen | **Lesen** | Schreiben

Hilde Meiers Geburtstag

Lesen Sie das Zeitungsinterview und kreuzen Sie an, welche Aussage richtig ist.

A Hilde Meier war ihr Leben lang politisch aktiv.

B Der Mann von Hilde Meier ist seit Jahrzehnten in der Gewerkschaft engagiert.

Frau Meier, wir gratulieren Ihnen ganz herzlich zu Ihrem Geburtstag! Wir sind sehr beeindruckt, wie aktiv Sie in Ihrem hohen Alter noch sind. Sie sind eigentlich so alt wie das Saarland …

Stimmt, ich bin 1920 in Saarbrücken geboren. Mit 15 habe ich meine Lehre als Köchin angefangen, in einer Kantine, im Bergbau. Mein Vater und meine Brüder waren aktiv in der Gewerkschaft und bei den Sozialdemokraten, und ich fand das natürlich auch gut.

Wir waren sehr dagegen, dass das Saarland zu Hitler-Deutschland kommt, aber die Nazi-Propaganda war so schlimm, dass bei der Volksabstimmung 1935 dann 90,7 % für Deutschland gestimmt haben. Da wurde es für uns sehr gefährlich, und ein Teil meiner Familie ist dann nach Frankreich rüber. Ungefähr 8000 Leute sind damals ins Ausland gegangen.

Aber Sie selbst sind in Saarbrücken geblieben?

Ja, mit meiner Mutter, obwohl es sehr schwierige Zeiten für uns waren. 1942 habe ich dann geheiratet, allerdings habe ich meinen Mann schon 1938 kennen gelernt. Heinz war Büroangestellter und hat mein jahrzehntelanges Engagement in der Gewerkschaft und in der Arbeiterbewegung immer etwas kritisch gesehen.

Musste Ihr Mann denn nicht als Soldat in den Krieg?

Doch, doch, aber wir hatten Glück, denn er kam gleich bei Kriegsende zurück. Da hatten wir schon zwei Kinder. Ich habe 1947 beim französischen Hohen Kommissar, dem Gilbert Grandval, Arbeit gefunden, wissen Sie, in der Küche. Und seit 1952 habe ich mich auch wieder politisch engagiert. Mein Mann und ich, wir haben 1955 beide für ein selbstständiges Saarland mit enger Verbindung zu Frankreich gestimmt.

Aber bei der Volksabstimmung waren 67,7 % der Bevölkerung gegen die saarländische Selbstständigkeit.

Mit Deutschland ging's ja auch wirtschaftlich wieder bergauf. Unser eigenes Geld, den saarländischen Franken, hatten wir zwar noch bis Ende der 50er Jahre, aber seit 1957 gehören wir halt wieder zu Deutschland. Das ist auch das Jahr, in dem mein Mann und ich unser Reihenhäuschen kaufen konnten und endlich einen eigenen Garten hatten …

2

Hören | Sprechen | **Lesen** | Schreiben

Die Geschichte des Saarlands

Lesen Sie den folgenden Text.
Zu welchem Textabschnitt passt das Foto?

- ☐ Abschnitt 1
- ☐ Abschnitt 2
- ☐ Abschnitt 3
- ☐ Abschnitt 4

Im letzten Jahrhundert war das Saarland zweimal selbstständig, genauer gesagt, zweimal unter französischem Einfluss. Eigentlich haben die Franzosen das Saarland sogar „erfunden“. Zwei Jahre nach dem Ende des Ersten Weltkriegs (1914–1918) trennte man Teile Preußens und der Pfalz unter dem Namen „Saargebiet“ von Deutschland ab, um dem französischen Staat die wirtschaftliche Kontrolle über die saarländische Industrie, vor allem über den Steinkohlebergbau, zu geben.
1935 stimmte die große Mehrheit der Saarländer dafür, wieder zu Deutschland zu kommen – obwohl in Deutschland die Nationalsozialisten an der Macht waren. Tausende von Demokraten mussten das Saarland verlassen, um nicht in den Gefängnissen der Nazis zu landen.
1939 begann Deutschland den Zweiten Weltkrieg (bis 1945). Danach kam das Saarland 1947 wieder unter französische Kontrolle. Viele Saarländer kehrten in ihre Heimat zurück und waren mit der politischen Nähe zu Frankreich sehr zufrieden. Bei den Olympischen Spielen von Helsinki 1952 gab es dann sogar eine saarländische Mannschaft (neben der westdeutschen Mannschaft).
Aber in der zweiten Volksabstimmung Mitte der 50er Jahre entschieden sich zwei Drittel der Saarländer für eine Zugehörigkeit zu Deutschland (und ein Drittel dagegen). Am 1. Januar 1957 wurde das Saarland also das elfte Bundesland der Bundesrepublik Deutschland.

3 Welches Ereignis fand in welchem Jahr statt?

Hören | **Sprechen** | **Lesen** | **Schreiben**

a) Lesen Sie noch einmal den Text in Aufgabe 2 und tragen Sie in die linke Tabellenspalte das passende Stichwort ein.

elftes Bundesland der Bundesrepublik Deutschland
erste Volksabstimmung — **~~Bildung des Saargebiets~~** — **zweite Volksabstimmung**
Olympiade in Helsinki — **Abtrennung von Deutschland**

	Geschichte des Saarlands	Hilde Meiers Geschichte
1920	*Bildung des Saargebiets*	
1935		
1947		
1952		
1955		
1957		

b) Lesen Sie noch einmal den Text in Aufgabe 1 und ergänzen Sie die rechte Tabellenspalte mit Ihren Stichwörtern. Vergleichen Sie dann im Kurs.

c) Wählen Sie eine der beiden Aufgaben. Notieren Sie sich Stichwörter zu den Lebensstationen und erzählen Sie Ihrem Partner / Ihrer Partnerin oder im Kurs.

1. Erzählen Sie die Biografie einer interessanten Person, die Sie kennen.
2. Erfinden Sie eine interessante Person, deren Biografie auch etwas über die Geschichte Ihres Heimatlandes erzählt.

Eingewanderte Wörter

1

Hören	Sprechen	**Lesen**	Schreiben

Französische Einwanderer in die deutsche Sprache

Lesen Sie und finden Sie dann die richtige Bedeutung für die französischen Wörter.

Viele Sprachen haben im Lauf der Jahrhunderte die deutsche Sprache beeinflusst und verändert, vor allem aber haben sie ihr viele neue Wörter gegeben: Lateinisch, Griechisch, Arabisch, Italienisch, Englisch und andere. Das Französische hat im Deutschen besonders deutliche Spuren hinterlassen, aber man erkennt nicht mehr alle Wörter als Einwanderer aus Frankreich: Mama, Papa, Tante, Onkel, Ball, Marmelade, Soße, Perücke und viele mehr. Bei anderen Wörtern dagegen zeigen Schreibung und Aussprache noch deutlich, dass sie eigentlich französisch sind: z. B. Friseur, Toilette, Chance, Niveau, Garage, Orange, Cousin und so weiter.

1. das Trottoir = ☒ Bürgersteig ☐ Straße
2. das Portemonnaie = ☐ Geldbörse ☐ Tasche
3. die Orange = ☐ Apfel ☐ Apfelsine
4. das Kuvert = ☐ Postkarte ☐ Briefumschlag
5. der Pneu = ☐ Fahrrad ☐ Reifen
6. das Billet = ☐ Fahrkarte ☐ Speisekarte
7. die Annonce = ☐ Eintrittskarte ☐ Anzeige
8. das Parterre = ☐ Erdgeschoss ☐ Keller
9. der Cousin = ☐ Vetter ☐ Neffe
10. das Dessert = ☐ Abendessen ☐ Nachtisch

2

Hören	**Sprechen**	**Lesen**	Schreiben

Noch mehr Einwanderer

Aus welchen Sprachen kommen diese Wörter?
Haben Sie schon Wörter aus Ihrer Sprache im Deutschen entdeckt?

Arabisch **Polnisch** **Finnisch** **Englisch** **Türkisch**
Französisch **~~Lateinisch~~** **Italienisch**

1. das Abitur: aus dem Lateinischen
2. die Chemie: ____________________
3. der Journalist: ____________________
4. die Grenze: ____________________
5. der Lift: ____________________
6. die Sauna: ____________________
7. der Joghurt: ____________________
8. das Konto: ____________________

3

Hören	**Sprechen**	Lesen	Schreiben

Ausgewanderte Wörter

a) Die folgenden deutschen Wörter sind ausgewandert und werden auch in anderen Sprachen benutzt. Bei Ihnen auch?

b) Warum „importieren" Sprachen Wörter aus anderen Sprachen? Überlegen Sie im Kurs.

Fahrvergnügen **Arbeit**
Schadenfreude **Realpolitik**
Wunderkind **Waldsterben**
Weltanschauung **Gemütlichkeit**
Weltschmerz **Lied**
Angst **Autobahn**

Grammatik

1 Nebensätze

→ S. 198

Nebensätze mit* wenn *(konditional)

Subjunktion		Satzende (Verb)	Hauptsatz
Wenn	Mladen Aussiedler	wäre,	hätte er einen deutschen Pass.
Wenn	er einen deutschen Pass	hätte,	könnte er natürlich auch wählen.
Wenn	er als Flüchtling hier	leben würde,	könnte er nicht arbeiten.

└──── **Nebensatz** ────┘

Regel: Im *wenn*-Satz steht die Bedingung (= konditionaler Nebensatz), im Hauptsatz steht die Konsequenz.

***Nebensätze mit* damit / um … zu**

Hauptsatz	Subjunktion		Satzende (Verb)
Wozu schaltet man den Warnblinker ein?	Damit	die anderen Autofahrer	aufpassen.
Man ruft die Polizei,	damit	sie den Unfall	aufnimmt.
Man muss zur Seite fahren,	damit	der Krankenwagen	vorbeifahren kann.
Herr Rivoir hat eine Rentenversicherung,	um	im Alter eine Rente	zu bekommen.
Ein Autofahrer braucht einen Schlüssel,	um	den Motor	an- und auszumachen.
Warum muss ein Autofahrer bremsen?	Um	die Verkehrsregeln	zu beachten.

└──── **Nebensatz** ────┘

Regel: Nebensätze mit *damit / um … zu* geben ein Ziel, einen Zweck an (= finale Nebensätze).
Hauptsatz und Nebensatz verschiedene Personen / Subjekte → *damit.*
Hauptsatz und Nebensatz gleiche Personen / Subjekte → *um … zu.*
Achtung: Bei trennbaren Verben → aus-**zu**-machen.

2 *(nicht) brauchen*

→ S. 200

Familie Laubenstein braucht hoffentlich kein neues Auto.
Herr Rivoir braucht eine Krankenversicherung, um Arztbesuche und Krankenhausaufenthalte nicht selbst bezahlen zu müssen.

Regel: *brauchen* + Akkusativ-Objekt = *es ist nötig.*

Sie brauchen keine Angst zu haben. Bei dem Text brauchen Sie nicht jedes Wort zu verstehen.
Sie brauchen nur die Bedeutung des ganzen Textes zu verstehen.

Regel: *brauchen* + Negation / *nur* + *zu* + Infinitiv = *es ist nicht nötig, man muss nicht.*

Lektion 21 Münchner Ansichten

1 Lebensstandard

Hören | **Sprechen** | **Lesen** | Schreiben

Wer lebt wie? Ordnen Sie die Beschreibungen den Personen auf den Fotos zu und vergleichen Sie Ihre Vermutungen im Kurs. Eine Beschreibung bleibt übrig.

1

Wohnung: Reihenhaus im Vorort mit kleinem Garten
Auto: sportlicher, schneller Wagen
Urlaub: Bergtouren mit Freunden aus dem Alpenverein
Hobby: besucht alle Heimspiele des FC Bayern München

3

Wohnung: Altbau, 2-Zimmer-Wohnung mit Balkon, Dusche in der Küche
Auto: gebrauchter Opel
Urlaub: Besuche bei Verwandten
Hobby: Pflanzen, Gartenarbeit

2

Wohnung: 4-Zimmer-Wohnung im Erdgeschoss mit kleinem Garten (Neubau)
Auto: hat gerade den Kleinwagen verkauft, fährt jetzt Fahrrad oder U-Bahn
Urlaub: teilt sich mit einer befreundeten Familie eine Ferienwohnung in Italien
Hobby: Italienisch lernen

4

Wohnung: 3-Zimmer-Wohnung mit Werkstatt im Keller und Abstellkammer auf dem Dachboden
Auto: Kombi
Urlaub: Campingurlaub an der Costa Brava mit einem (geliehenen) Wohnmobil
Hobby: technische Geräte und Sachen in der eigenen Wohnung reparieren

2 Münchner Lebensqualität

Hören | Sprechen | Lesen | Schreiben ⏭ 14–16

a) Hören Sie und entscheiden Sie, welches Zitat Ihrer Meinung nach zu welcher Person passt. Ein Zitat bleibt übrig.

1. „München ist auch optisch eine sehr attraktive Stadt, die ja auch oft im Fernsehen zu sehen ist. Die ‚Lindenstraße' z. B., eine ganz bekannte Fernsehserie, spielt hier."
2. „Zur Lebensqualität gehört für mich auch, dass ich mich nicht vor Kriminalität fürchten muss. Im Vergleich zu anderen Großstädten passiert in München durchschnittlich ziemlich wenig. Die Stadt ist eigentlich ein Millionendorf."
3. „Auch wenn man wie ich nicht von hier ist, kann man sich in München sehr wohl fühlen; ungefähr zwei Drittel der Stadtbewohner stammen nicht ursprünglich aus München. Schrecklich finde ich es aber, wenn Oktoberfest ist, da platzt die Stadt aus allen Nähten."
4. „Also viele Leute sagen, in München gehen die Uhren anders – zu Recht, finde ich persönlich. Wir Bayern sind halt schon irgendwie anders als die anderen Deutschen. Die Norddeutschen nennen wir übrigens alle Preußen."

A

Alois Huber, 52, leitender Angestellter bei Siemens, hat gerade drei Monate in Berlin verbracht

B

Georg Meixner, 41, Feinmechaniker bei BMW, verheiratet, keine Kinder, wartet mit seiner Schwägerin Susi im Biergarten auf seinen Bruder und dessen siebenjährigen Sohn

C

Susi Eckert-Meixner, 33, halbe Stelle als Fotoassistentin bei der Süddeutschen Zeitung, packt gerade ihren Korb mit dem Abendessen im Biergarten aus

D

____
____
____
____
____
____

b) Eine Beschreibung und ein Zitat sind übrig geblieben. Erfinden Sie eine Person dazu.

Zurück aus Berlin

1

Hören	Sprechen	Lesen	Schreiben

17

Ein waschechter Münchner in Berlin

a) ***Herr Huber war drei Monate in Berlin. Hören Sie und beurteilen Sie dann, wie es ihm dort gefallen hat. Vergleichen Sie Ihre Meinungen im Kurs.***

b) ***Hören Sie noch einmal. Über welche Themen spricht Herr Huber? Bitte nummerieren Sie in der richtigen Reihenfolge.***

☐ Gastronomie
☐ Einkaufsmöglichkeiten
[1] Kulturangebot
☐ Wetter
☐ Freizeitangebot
☐ Mieten

c) ***Was denkt Herr Huber über Berlin und was über München? Bitte hören Sie noch einmal und ergänzen Sie die Sätze.***

1. *Berlin* ist langweiliger als München.
2. ________ hat ein interessanteres Kulturangebot.
3. In ________ findet man die gemütlichsten Biergärten.
4. Das Bier in ________ ist am frischesten.
5. Das Wetter in ________ ist schlechter.
6. ________ ist die südlichste Großstadt Deutschlands.
7. ________ ist die Stadt mit dem attraktiveren Umland.
8. ________ bietet bessere Einkaufsmöglichkeiten.
9. In ________ muss man niedrigere Mieten bezahlen.
10. ________ ist eine der schönsten Städte der Welt.

2

Hören	Sprechen	Lesen	Schreiben

Schreiben und verstehen: die Adjektivdeklination – Komparativ und Superlativ

Komparativ			
nicht dekliniert:	Das Wetter ist	*schlechter* .	
Adjektiv + *-er-* + normale Deklinationsendungen:	Man bezahlt	*niedrigere*	Mieten.
	Das ist die Stadt mit	dem *attraktiver*____	Umland.
	Hier findet man	ein *interessant*______	Kulturangebot.
Superlativ			
nicht dekliniert:	München ist	am *schönsten* .	
Adjektiv + *-st-* + normale Deklinationsendungen:	München ist	die *südlichste*	Großstadt.
	Hier findet man	die *gemütlichst*____	Biergärten.
	München ist	eine der *schön*______	Städte der Welt.

3 Eine Einladung

Hören | Sprechen | **Lesen** | **Schreiben**

a) Komparativ oder Superlativ? Ergänzen Sie bitte.

Liebe Evelyn, lieber Hans,
jetzt bin ich endlich wieder zu Hause in München, der schön___en Stadt Deutschlands! Wann kommt ihr mich denn mal besuchen? Die gemütlich___en Biergärten der Welt warten auf euch. Ihr wisst ja, München hat ein viel angenehm___es Klima als Berlin und die Leute hier sind viel freundlich___. Das Deutsche Museum für die Geschichte der Technik ist eines der interessant___en Museen, das ich kenne, viel interessant___ als euer Pergamon-Museum mit all den alten Steinen. Wenn ihr kommt, mach ich euch den saftig___en Braten, den ihr je gegessen habt. Und ihr werdet sehen, dass man hier viel schön___e Ausflüge als in Berlin machen kann. Jetzt im September ist das Wetter dafür am bes___.
Bitte meldet euch bald,
euer Alois

b) Laden Sie jemand ein und schreiben Sie ähnliche Vergleiche zwischen Ihrem Kursort und Ihrem (früheren) Heimatort.

4 Hat Herr Huber Recht?

Hören | **Sprechen** | Lesen | Schreiben

a) Lesen Sie noch einmal, was Herr Huber über Berlin denkt. Was glauben Sie: Wo hat er Recht? Wo übertreibt er? Begründen Sie Ihre Meinung.

Er hat Recht: München ist wirklich die südlichste Großstadt Deutschlands und im Norden ist das Wetter bestimmt schlechter.

Ja, aber Berlin ist doch die wichtigste Stadt Deutschlands. Da gibt es ...

b) Was meinen Sie: Warum denkt Herr Huber wohl so?

5 Meine Stadt ist die schönste!

Hören | **Sprechen** | Lesen | **Schreiben**

a) Was ist in Ihrer Heimatstadt besser als anderswo? Machen Sie Notizen.

b) Schwärmen Sie von Ihrer Heimatstadt. Sie können dabei ruhig ein bisschen übertreiben!

In meiner Heimatstadt gibt es den besten Käse der Welt.

Bei uns sind die Leute viel gastfreundlicher und großzügiger als in der Hauptstadt.

Das Oktoberfest

1 Hören | Sprechen | Lesen | Schreiben
Ein Volksfest der Rekorde

a) Können Sie beschreiben, was auf den Fotos abgebildet ist? Versuchen Sie im Kurs zu klären, was da passiert. Was fällt Ihnen sonst noch zu den Fotos ein?

b) Das Oktoberfest ist das größte Volksfest der Welt und dauert 16 Tage. Raten Sie und ergänzen Sie die Zahlen in dieser kleinen Statistik.

1. Jährlich kommen mehr als 6 Millionen Besucher auf das Oktoberfest.
2. Etwa ____________ Prozent der Besucher kommen aus dem Ausland.
3. Die Wirte schenken jährlich mehr als ____________ Liter Bier aus.
4. Die Besucher verzehren in den zwei Festwochen ca. ____________ „Brathendl" (Hähnchen), ____________ „Würstl" (Würste) und ____________ ganze Ochsen.
5. Pro Jahr erleiden etwa ____________ Besucher eine Alkoholvergiftung.
6. Die Gäste geben während des Oktoberfestes in München insgesamt etwa ____________ € aus.
7. Das Oktoberfest ist ____________ Jahre alt.

c) Bitte lesen Sie und korrigieren Sie Ihre Vermutungen.

Das erste Oktoberfest fand 1810 anlässlich der Hochzeit von König Ludwig I. mit Prinzessin Therese von Sachsen-Hildburghausen statt und wird seitdem jeden Herbst wiederholt. Es gilt als das größte Volksfest der Welt, denn jährlich werden zwischen sechs und sieben Millionen Besucher erwartet, darunter mehr als eine Million ausländische Gäste.
Das Oktoberfest beginnt traditionell am vorletzten Samstag im September. Am Vormittag fahren die Wirte der 14 großen Bierzelte in einem festlichen Zug auf die Theresienwiese. Um Punkt 12 Uhr wird dann vom Münchner Oberbürgermeister das erste Fass Bier angestochen.
An den 16 Festtagen werden etwa sieben Millionen Liter Bier getrunken. Dazu werden ca. 500 000 Brathendl, 200 000 Würstl und 90 ganze Ochsen verzehrt. Auch finanziell schlägt das Oktoberfest alle Rekorde: Allein auf der „Wiesn" (so nennen die Münchner das Festgelände) werden jährlich etwa 500 Mio. € ausgegeben. Dazu kommt ungefähr die gleiche Summe für Transport und Übernachtungen in München.
Das Oktoberfest hat allerdings auch seine Schattenseiten. Bis zu 1000 Personen werden jedes Jahr ins Krankenhaus eingeliefert, etwa die Hälfte mit Alkoholvergiftung.
Am ersten Oktobersonntag ist dann der ganze Rummel vorbei und die Zelte werden wieder abgebaut. Bis zur nächsten „Wiesn" …

2

Hören | Sprechen | Lesen | **Schreiben**

Schreiben und verstehen: das Passiv Präsens

	Verb (werden)		**Satzende** ( )
Das Oktoberfest	*wird*	jeden Herbst	*wiederholt* .
Jährlich	*werden*	etwa 6 bis 7 Millionen Besucher	
Das erste Fass Bier		vom Oberbürgermeister	*angestochen* .
Bis zu 1000 Personen		jedes Jahr ins Krankenhaus	

3

Hören | Sprechen | **Lesen** | Schreiben

Kleines Passivquiz

Was denken Sie? Lesen Sie und suchen Sie Beispiele im Text.

1. Das Passiv wird verwendet, wenn man nicht weiß, *wer* der Akteur ist. ______ r f
2. Es ist egal, ob man etwas im Passiv oder im Aktiv formuliert. ______ r f
3. Das Passiv wird verwendet, wenn der Akteur uninteressant oder selbstverständlich ist. ______ r f
4. Das Passiv wird verwendet, wenn die Aktion wichtiger als der Akteur ist. ______ r f
5. Wenn der Akteur auch wichtig ist, kann man ihn mit der Präposition „von" nennen. ______ r f
6. Passiv klingt formeller als Aktiv und wird deshalb mehr geschrieben als gesprochen. ______ r f

4

Hören | Sprechen | **Lesen** | Schreiben

Nachrichten

Nehmen Sie eine deutschsprachige Tageszeitung und suchen Sie 10 Minuten lang Passiv-Formen. Wer die meisten findet, gewinnt.

5

Hören | **Sprechen** | **Lesen** | Schreiben

Internet-Recherchen

1. Das Oktoberfest: Wie heißen die 14 Zelte auf der „Wiesn" und was ist das Besondere an ihnen? Recherchieren Sie im Internet und stellen Sie Ihre Ergebnisse im Kurs vor.
   Internet-Adresse: www.oktoberfest.de
2. München: Was ist sehenswert in der bayrischen Landeshauptstadt? Was kann man dort unternehmen? Informieren Sie sich.
   Internet-Adressen: www.muenchen.de oder www.muenchen-online.de
3. Berühmte Münchner:
   Karl Valentin und Liesl Karlstadt; Sophie und Hans Scholl; König Ludwig II.
   Wählen Sie und recherchieren Sie dann: Rufen Sie www.google.de auf und geben Sie Ihren Suchbegriff ein.

Die Polizei berichtet

1

Hören | Sprechen | Lesen | Schreiben ⏭ 18

Donnerstag, der 3. Oktober: Aus einem Polizeibericht zum Oktoberfest

a) Lesen Sie die sechs Überschriften und die drei Texte. Entscheiden Sie dann, welche Überschrift (1–6) am besten zu welchem Text (A–C) passt.

1. Ein liebevoller Diebstahl ____
2. Mord in der Achterbahn ____
3. Unzufriedener Gast schlägt Touristen nieder ____
4. Freifahrten statt Geld ____
5. Betrunkener Italiener greift Kellnerin an ____
6. Geldbörse mit 2600 € gefunden ____

A Gegen 7 Uhr morgens wurde in den Kassenwagen der Achterbahn eingebrochen. Dabei benutzte der Dieb eine Leiter und schlug das Fenster im Dach des Wagens ein. Die Kasse mit mehr als 1000 € Wechselgeld wurde dabei seltsamerweise nicht gestohlen, jedoch fehlte eine größere Menge Fahrchips. Am nächsten Tag fiel der Kassiererin ein Schüler auf, der mehr als zehn Mal hintereinander Achterbahn fuhr, ohne an die Kasse zu kommen. Sie rief die Polizei, die in der Hosentasche des 12-Jährigen 150 Chips fand. Die Eltern des Jungen wurden sofort verständigt.

B Im Schottenhamelzelt wurde am Nachmittag gegen 15 Uhr ein amerikanischer Tourist plötzlich von einer ihm unbekannten jungen Dame heftig umarmt und geküsst. Kurz darauf ließ sie den erstaunten Touristen stehen und verschwand. Als der wenig später bezahlen wollte, fehlte seine Geldbörse.
Die Frau wurde etwas später im Löwenbräuzelt verhaftet. Eine Kellnerin hatte sie beobachtet, als sie einem anderen Touristen auf die gleiche Weise das Handy stahl. Bei der Diebin wurden elf Geldbörsen mit insgesamt 2600 € sowie acht Handys gefunden.

C Kurz nach 21.30 Uhr wurde eine Kellnerin im Hacker-Festzelt von einem offensichtlich betrunkenen Gast angegriffen. Als ein 25-jähriger Italiener ihr helfen wollte, wurde er von dem Betrunkenen mit einem leeren Bierkrug niedergeschlagen und schwer verletzt. Er wurde sofort ins Krankenhaus gebracht.
Der Täter konnte zunächst entkommen, wurde aber wenig später am Wiesnausgang von der Polizei verhaftet. Eine Videokamera hatte die Tat gefilmt. „Das Bier war zu warm", entschuldigte sich der 28-jährige Mechaniker aus Rosenheim. Über die Temperaturen der Getränke im Gefängnis konnten ihn die Polizisten nicht informieren.

b) Hören Sie. Welche Person aus Text A bis C spricht?

c) Lesen Sie bitte noch einmal. Richtig oder falsch?

1. Das Fenster im Dach eines Kassenwagens wurde eingeschlagen. ____ r f
2. Mehr als 1000 € wurden aus der Kasse der Achterbahn gestohlen. ____ r f
3. Einer jungen Frau wurden die Geldbörse und das Handy gestohlen. ____ r f
4. Ein Italiener wurde im Hacker-Festzelt von einer Kellnerin niedergeschlagen. ____ r f
5. Ein 28-jähriger Mechaniker wurde wegen Körperverletzung verhaftet. ____ r f

2

Hören | Sprechen | Lesen | **Schreiben**

Schreiben und verstehen: das Passiv Präteritum

	Verb (*werden*)		Satzende (Partizip Perfekt)
Am Morgen		in einen Kassenwagen	*eingebrochen*.
In der Hosentasche des Jungen	*wurden*	150 Fahrchips	*gefunden*.
Ein Italiener		von einem Betrunkenen	.

3

Hören | **Sprechen** | Lesen | Schreiben ⏭ 19

Das Oktoberfest – eine Kriminalstatistik

a) Mehr (↑), weniger (↓) oder gleich viel (→)? Markieren Sie bitte.

	↑	→	↓
1. Die Zahl der Diebstähle ist im Vergleich zum Vorjahr gestiegen.	X	☐	☐
2. Die Zahl der Alkoholvergiftungen hat abgenommen.	☐	☐	☐
3. Die Zahl der Körperverletzungen ist leicht gesunken.	☐	☐	☐
4. Die Zahl der Einbrüche ist etwa gleich geblieben.	☐	☐	☐
5. Die Zahl der Verhaftungen hat zugenommen.	☐	☐	☐

b) Eine Pressekonferenz der Polizei. Hören Sie: Welche der Sätze aus 3 a geben die richtige Information?

c) Haben Sie verstanden, ob und welche Gründe die Polizei für die Entwicklung der Kriminalitätsstatistik nennt? Diskutieren Sie im Kurs darüber.

4

Hören | **Sprechen** | Lesen | Schreiben ⏭ 20

Hören und sprechen: ch

a) „ch“ wie in „ich“ oder wie in „Dach“? Hören und sortieren Sie bitte.

1. Achterbahn	5. Bericht	9. Flucht	13. gleich	17. Milch
2. eingebrochen	6. Nächte	10. Bauch	14. suchen	18. beobachtet
3. Mechaniker	7. auch	11. Woche	15. furchtbar	19. manchmal
4. Handtücher	8. euch	12. möchte	16. Nachmittag	20. Tochter

„ich“: ____________________ *„Dach“:* ____________________

b) Finden Sie die Regel?

Die „Lindenstraße“

1

Hören | Sprechen | Lesen | Schreiben

Drei Figuren aus der Fernsehserie „Lindenstraße“

a) Diese drei Personen haben ein Problem. Betrachten Sie die Fotos und diskutieren Sie Möglichkeiten: Was könnte das Problem sein?

Helga Beimer

Franz Wittich

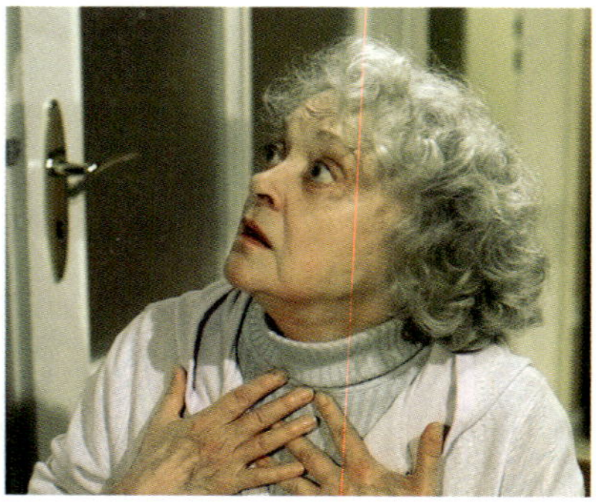

Hilde Scholz

b) Lesen Sie die drei Rollenbiografien und vergleichen Sie mit Ihren Ideen. Welches Problem haben die drei wirklich?

Franz Wittich ist 1913 in Herne geboren, lebt aber schon seit vielen Jahren in der Lindenstraße. Helga Beimer hatte ihren Onkel Franz 1987 nach München geholt und bei sich aufgenommen. Der alte Mann bekam bald wegen seines schwierigen Charakters in der ganzen Lindenstraße Probleme. Er half Helga aber auch: So kümmerte er sich eine Zeit lang als Babysitter um ihre Enkelin Lea, während Helga arbeitete. Seit 1999 ist er zunehmend geistig verwirrt und Helga muss ihn jetzt intensiv zu Hause betreuen. Ein paar Monate lang zog eine Nachbarin, Hilde Scholz, zu Helga und kümmerte sich um Franz. Plötzlich verließ sie die beiden aber wieder. Onkel Franz wird jetzt nur noch von Helga versorgt. Aber die hat immer so wenig Zeit …

Helga Beimer ist 1940 in Bochum geboren und aufgewachsen. Sie heiratete 1968 und zog ein paar Jahre später mit ihrem Mann Hans nach München. Doch die Ehe ging nicht gut: Die beiden ließen sich 1991 scheiden. Helga wohnt seit dem Auszug ihrer Kinder Marion und Klaus allein mit Onkel Franz in einer 4-Zimmer-Wohnung. Obwohl sie ein Reisebüro leitet und viel Arbeit hat, ist sie sehr hilfsbereit. Die Familie ist das Wichtigste für Helga! So kümmert sie sich schon seit 1987 liebevoll um ihren senilen Onkel Franz. Das ist nicht einfach, denn jetzt braucht Franz so viel Pflege, dass Helga keine Zeit für ihre Arbeit hat. Das Reisebüro ist in großen Schwierigkeiten. Außerdem hatte Helga vor kurzem eine Herzattacke. Sie muss so schnell wie möglich eine Lösung finden.

Hilde Scholz kommt aus Bielefeld und lebt seit 2000 in der Lindenstraße. Sie stand am Tag der Hochzeit ihres Sohnes mit großen Koffern vor der Tür, um für immer zu bleiben. Ihre Schwiegertochter Berta warf sie aber bald wegen ständiger Konflikte aus der Wohnung. Aber Hilde fand eine Lösung: Sie zog eine Zeit lang in Helga Beimers Wohnung und kümmerte sich um Franz Wittich. Sie konnte den alten Mann aber nicht lange ertragen, weil er begeistert vom Krieg erzählte. Vor kurzem zog sie in eine eigene Wohnung und kümmert sich seitdem nicht mehr um Franz. Soll Helga doch alles allein machen, es ist schließlich ihr Onkel!

c) Lesen Sie die Rollenbiografie von Franz Wittich und ergänzen Sie die Tabelle in Aufgabe 2.

2 Schreiben und verstehen: mehrere Angaben im Satz (häufige Reihenfolge)

Hören | Sprechen | Lesen | **Schreiben**

	temporal: Wann?	kausal: Warum?	modal: Wie?	lokal: Wo?	
Franz Wittich ist	1913			in Herne	geboren.
Der alte Mann bekam	bald			in der ganzen Lindenstraße	Probleme.
Helga muss ihn			intensiv		betreuen.

3 Die Biografien von Helga Beimer und Hilde Scholz

Hören | Sprechen | **Lesen** | Schreiben

Markieren Sie die Angaben in vier verschiedenen Farben.

Gibt es gute Beispiele für die Reihenfolge *Wann?, Warum?, Wie?, Wo?* (vgl. Aufgabe 2)?

4 Helga löst das Problem

Hören | **Sprechen** | Lesen | **Schreiben**

a) Was denken Sie: Welche Lösung findet Helga wohl?

Vielleicht hilft Helgas Tochter Marion, den Onkel Franz zu betreuen.

Helga ist krank. Ich denke, …

b) Helgas Lösung! Nummerieren Sie die Angaben in einer sinnvollen Reihenfolge.

1. [2] wegen Onkel Franz
   [3] nicht im Reisebüro
   [1] wochenlang
2. [ ] am Herzen
   [ ] so bald wie möglich
3. [ ] sofort
   [ ] in ein Altersheim
4. [ ] strikt
   [ ] am Anfang
5. [ ] wegen ihrer Herzkrankheit
   [ ] nach einiger Zeit
6. [ ] Mitte Januar
   [ ] schweren Herzens
   [ ] in ein Altersheim
7. [ ] wegen der guten Betreuung
   [ ] bald
   [ ] im Heim

1. Helga ist *wochenlang wegen Onkel Franz nicht im Reisebüro.*
2. Sie erfährt außerdem, dass sie ______ operiert werden muss.
3. Helgas Kinder Klaus und Marion raten ihr, Onkel Franz ______ zu geben.
4. Helga ist ______ dagegen, denn die Familie ist ihr sehr wichtig.
5. Sie ist ______ doch einverstanden.
6. Helga bringt Onkel Franz ______.
7. Onkel Franz fühlt sich ______ sehr wohl.

Das Drehbuch

1 Hören | **Sprechen** | Lesen | **Schreiben**

Schreiben Sie ein Drehbuch für eine Fernsehserie!

a) Erfinden Sie drei Figuren, die einen Konflikt haben.

Tipps:
- Geben Sie Ihren Personen eine Identität (Name, Alter, Beruf, Interessen ...).
- Beschreiben Sie, wie Ihre Personen aussehen und welchen Charakter sie haben.
- Erfinden Sie Ereignisse im Leben der Figuren, die für den Konflikt wichtig sein könnten.
- Erklären Sie, in welcher Beziehung die Figuren vor dem Konflikt zueinander standen.
- Beschreiben Sie den Konflikt zwischen den Figuren genau: Wie ist er entstanden? Was fühlen die einzelnen Figuren jetzt? Wie reagieren sie?

b) Planen Sie eine Szene mit den drei Figuren und ihrem Konflikt.

Tipps:
- Beschreiben Sie den Ort, an dem die Szene stattfindet.
- Erklären Sie, warum die drei Figuren an diesem Ort sind.
- Machen Sie die Handlung spannend: Bauen Sie den Konflikt langsam auf!
- Wie beginnt die Szene und wie endet sie?

c) Schreiben Sie das Drehbuch (Dialoge und Regieanweisungen).

Tipps:
- Schreiben Sie so, wie man spricht.
- Schreiben Sie die Dialoge so, dass der Zuschauer versteht, was sie in a) und b) geplant haben.
- Notieren Sie, wie man die Sätze sprechen soll (schreien, flüstern ...).

d) Lernen Sie die Texte und spielen Sie die Szene vor.

Tipps:
- Lesen Sie die Dialoge nicht vom Papier ab. Lernen Sie sie auswendig oder improvisieren Sie!
- Bringen Sie eventuell „Requisiten" und „Kostüme" mit.
- Übertreiben Sie die Gefühle, dann wird es lustiger!

Grammatik

1 Die Adjektivdeklination bei Komparativ und Superlativ → S. 205

Man bezahlt	niedrigere Mieten.	**Komparativ →**
Das ist die Stadt	mit dem attraktiveren Umland.	Adjektiv + *-er-*
Hier findet man	ein interessanteres Kulturangebot.	+ Deklinationsendungen
München ist	die südlichste Großstadt.	**Superlativ →**
Hier findet man	die gemütlichsten Biergärten.	Adjektiv + *-st-*
München ist	eine der schönsten Städte der Welt.	+ Deklinationsendungen

Regel: Nach dem bestimmten Artikel hat das Adjektiv entweder die Endung *-e* oder *-en.*
Der unbestimmte Artikel hat die Signalendungen manchmal nicht. Dann hat das Adjektiv die Signalendungen.
Kein Artikel → das Adjektiv bekommt die Signalendungen (= die Endungen des bestimmten Artikels).
*Tabellen für die Adjektivdeklination: vergleiche **Passwort Deutsch 3**, S. 205/206.*

2 Das Passiv → S. 196, 202

Präsens:

	Verb (*werden*)		**Satzende (Partizip Perfekt)**
Das Oktoberfest	wird	jeden Herbst	wiederholt.
Jährlich	werden	etwa 6 bis 7 Millionen Besucher	erwartet.

Satzklammer

Präteritum:

	Verb (*werden*)		**Satzende (Partizip Perfekt)**
Am Morgen	wurde	in einen Kassenwagen	eingebrochen.
In seiner Hosentasche	wurden	150 Fahrchips	gefunden.

Satzklammer

3 Angaben im Satz → S. 197

	temporal Wann?	**kausal / modal Warum? / Wie?**	**lokal Wo?**	
Franz Wittich ist	1913		in Herne	geboren.
Der alte Mann bekam	bald	wegen seines schwierigen Charakters	in der ganzen Lindenstraße	Probleme.
Helga muss ihn	jetzt	intensiv	zu Hause	betreuen.

Regel: Grundregel → Zeitangaben (temporal) stehen vor Ortsangaben (lokal). Die Stellung der anderen Angaben im Satz (kausal / modal) ist recht frei. Sie steht oft zwischen Zeit- und Ortsangaben.
Achtung: Was weiter hinten steht, wird stärker betont.

Lektion 22 Pontresina

1 Ein Ort in den Schweizer Südalpen

Hören | **Sprechen** | Lesen | Schreiben

Sprechen Sie über das Bild.

1. Was können Sie alles erkennen?
2. Wie sieht es hier wohl im Sommer aus?
3. Gefällt Ihnen das Bild?
4. Würden Sie gern hier leben? Warum oder warum nicht?

2 Hören | Sprechen | Lesen | Schreiben
Menschen im Bergdorf

Was glauben Sie: Was für Leute wohnen in diesem Dorf? Wovon leben Sie?

Ich glaube, dass …

Ich nehme an, dass …

Die Leute könnten z. B. …

Wahrscheinlich …

3 Hören | Sprechen | Lesen | Schreiben 21–24
Pontresina, 17 Uhr

a) Bitte hören Sie die vier Szenen und ordnen Sie zu.

1. Gesundheitszentrum im Hotel Rosatsch. Krankengymnastin und Heilpraktikerin Fabrizia Gadola behandelt einen Patienten. Szene ___

2. Tal-Bauernhof. Landwirt Keiser geht gerade in seinen Kuhstall, um die Kühe zu melken. Szene ___

3. Skipiste am Piz Bernina. Skilehrer Renato Freimann beendet gerade seinen Skikurs. Szene ___

4. Kur- und Verkehrsverein. Frau Caflisch vermittelt ein Zimmer an einen Feriengast. Szene ___

Fabrizia Gadola

Landwirt Keiser

Frau Caflisch

Renato Freimann

b) Formulieren Sie Vermutungen über die Personen in 3 a: Wie sieht ihre Arbeit aus? Wie ist ihr Tagesablauf? Was machen sie im Sommer bzw. Winter? Leben sie gern hier?

vielleicht – eventuell – vermutlich – wohl – wahrscheinlich – bestimmt – sicher

… hat im Winter sicher weniger Arbeit als im Sommer. Er …

Vermutlich lebt … gern in Pontresina, weil …

Im Gesundheitszentrum

1

HEILBAD-ZENTRUM

St. Moritz

Heilbad der Jahrtausende, auch heute noch eine Quelle der Gesundheit, verfügt über alle Einrichtungen der modernen Balneologie.
Kurmittel: Eisensäuerling mit natürlicher Kohlensäure gesättigt, für Mineralbäder und Trinkkuren; Alpenmoor für Moorbäder (nur Sommer) und Packungen. Physikalische Therapie: Heilgymnastik, Massage, Unterwasserstrahlmassage, Stangerbad, Elektrotherapie, Extension der Wirbelsäule, Inhalation, Unterwasserbewegungstherapie. Reizstarkes alpines Klima in der Oberengadiner Seenlandschaft.

2

KLINIK ASCHBACHER

Zentrum für Lungen- und Bronchialheilkunde

Arztliche Leitung:
Prof. Dr. Äschbacher
Dr. Furrer
Dr. Brändli
Fachärzte für Pneumologie

3

ZENTRUM FÜR TRADITIONELLE CHINESISCHE MEDIZIN

Chinesische Fachleute behandeln Sie mit Akupunktur. Tui-Na Massage und Chinesischen Heilkräutern.
Via Quadrellas 8, St. Moritz
Telefon 081 - 834 44 33

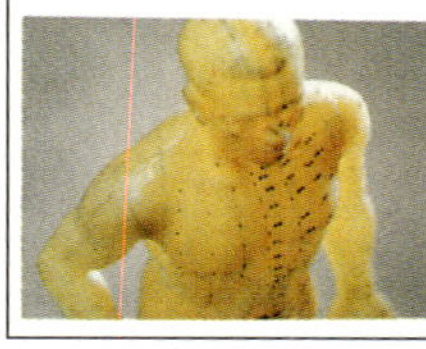

4

ORTHOPÄDISCHES
TRAUMATOLOGISCHES
SPORTMEDIZINISCHES
ZENTRUM

Leitung:
Dr. med Nicola Biasca
Facharzt FMH
für orthopädische Chirurgie und Chirurgie
Fähigkeitsausweis für Sportmedizin (SGSM)
Regel- und Technische Komissionen IIHF

Kontakt:
Spital Oberengadin
CH-7503 Samedan
Tel.: +41 (0)81 851 81 11
Fax.: +41 (0)81 851 85 18
Email: nicola.biasca@spital.net

5

PHYSIOTHERAPIE *PHYSIOTHERAPY*

Conrad Rezia Physiotherapie/Osteopathie	081 842 66 65
Andrea-M. Signorell	
Chesa Betschla Pontresina	081 842 77 67

6

SHIATSU *SHIATSU*

Praxis für Shiatsu Marianne Costa	
Chesa Solaria	079 381 16 47
Ursula Parpan Chesa Sainin	081 842 66 00

7

NATURHEILMITTEL
HAUSSPEZIALITÄTEN

Ihr Naturheilmittel-Spezialist aus Pontresina

1 Hören | **Sprechen** | **Lesen** | Schreiben

Fit und gesund in den Frühling!

Sprechen Sie über die Anzeigen.

1. Bei welchen Anzeigen handelt es sich wohl um Medizin, bei welchen nicht?
2. Welche der genannten Heilmethoden kennen Sie? Was haben Sie selbst schon einmal ausprobiert?
3. Kennen Sie noch andere Verfahren?
4. Haben Sie schon von der Unterscheidung zwischen Schulmedizin und alternativen Heilmethoden gehört? Worin besteht der Unterschied?
5. Welche Arten von Medizin gibt es in Ihrem Herkunftsland?

2 Fabrizia Gadola im Patientengespräch

Hören | Sprechen | **Lesen** | Schreiben ⏭ 25

a) Hören Sie. Einer der folgenden Sätze ist falsch. Welcher?

1. Fabrizia Gadola nimmt ihren Patienten zuerst Blut ab. ______ (r) (f)
2. Sie macht mit ihren Patienten Krankengymnastik. ______ (r) (f)
3. Als Heilpraktikerin empfiehlt sie ihnen, pflanzliche Medikamente zu nehmen und natürliche medizinische Verfahren auszuprobieren. ______ (r) (f)

b) Lesen Sie und überlegen Sie: Welche Argumente sprechen für, welche gegen Naturmedizin?

		pro	contra
1.	Körper, Geist und Seele müssen zusammen betrachtet werden.	☒	☐
2.	Einfach nur eine Spritze geben, das genügt doch nicht.	☐	☐
3.	Ich möchte, dass die Medikamente möglichst schnell wirken.	☐	☐
4.	Operationen haben schon vielen Kranken und Verletzten das Leben gerettet oder die Lebensqualität entscheidend verbessert.	☐	☐
5.	Sogar ein harmloses Medikament wie Aspirin kann schädlich sein: Man kann Magenbluten davon bekommen!	☐	☐
6.	Bei starken Schmerzen hilft alternative Medizin nicht.	☐	☐
7.	Wir sind heute mit so vielen giftigen Stoffen in unserer Umwelt konfrontiert, da sollten wir in der Medizin möglichst natürliche Methoden benutzen.	☐	☐
8.	Die Schulmedizin hat es ermöglicht, dass die Menschen heute im Durchschnitt viel älter werden.	☐	☐
9.	Manchmal helfen Tabletten gar nichts, wenn die Patienten menschlich nicht gut betreut und gepflegt werden.	☐	☐
10.	Die Krankenkassen übernehmen die Kosten für alternative Behandlungen nicht.	☐	☐

c) Hören Sie jetzt das Gespräch noch einmal. Was ist die Meinung von Fabrizia? Was meint der Patient?

d) Zustimmen, ablehnen oder begründen? Hören Sie noch einmal und sammeln Sie möglichst viele passende Ausdrücke. Vergleichen Sie Ihre Ergebnisse.

zustimmen	ablehnen	begründen
Ganz bestimmt!	*Davon halte ich nicht so viel.*	*Warum ...?*
Sicher.		

3 Sollte man Krankheiten mit Natur- oder mit Schulmedizin behandeln?

Hören | **Sprechen** | Lesen | Schreiben

Diskutieren Sie erst zu zweit, dann im Kurs. Benutzen Sie dabei Ihre Liste aus Aufgabe 2 d.

Da kann ich dir nicht zustimmen!

Einverstanden, aber …

Der letzte Bauer von Pontresina

1

Hören | **Sprechen** | Lesen | Schreiben

Bergbauern haben es nicht leicht

Was vermuten Sie: Warum gibt es wohl heute nur noch einen Landwirt in Pontresina?

Wochenende Urlaub harte Handarbeit Arbeitszeiten Höhe und Klima unregelmäßiges Einkommen Konkurrenz im Tal soziale Leistungen …

2

Hören | Sprechen | **Lesen** | Schreiben

Arbeit auf dem Talhof früher und heute

Ordnen Sie Bauer Keisers Erklärungen den Fotos von seinem Großvater zu.

A

B

C

D

E

F

Mein Leben als Bergbauer heute ist hart. Zu Zeiten meines Großvaters allerdings waren die Arbeiten noch viel mühsamer als heute.

1. Früher musste alles auf dem Rücken ins Tal getragen werden. Heute können schwere Lasten einfach mit dem Traktor transportiert werden. Foto _____
2. Das Gras konnte nicht einfach mit der Maschine gemäht werden. Mein Großvater mähte noch von Hand. Foto _____
3. Früher musste die Sahne von Hand zu Butter gerührt werden. Heute kann sie einfach und schnell industriell verarbeitet werden. Foto _____
4. Käse musste von meiner Großmutter über dem Feuer hergestellt werden – das dauerte Stunden! Heute machen wir Käse nicht mehr selbst. Foto _____
5. Bäume mussten noch mit der Axt von Hand gefällt werden. Mein Großvater hatte noch keine Motorsäge so wie wir heute. Foto _____
6. Das Vieh musste damals noch von Hand gemolken werden. Heute melken wir viel schneller mit einer Melkmaschine. Foto _____

Übrigens: Früher konnte überall Romanisch gesprochen werden, außer mit den Touristen. Heute sprechen wir nur noch in der Familie und mit guten Bekannten Romanisch.

3

Hören | Sprechen | Lesen | **Schreiben**

Schreiben und verstehen: Passiv mit Modalverben (Präsens und Präteritum)

	Modalverb		Partizip Perfekt	werden
Früher	musste	alles auf dem Rücken ins Tal	getragen	werden.
Heute	können	schwere Lasten mit dem Traktor		.
Das Gras		nicht einfach mit der Maschine		.

4

Hören | Sprechen | **Lesen** | Schreiben

Arbeitsbedingungen

Entscheiden Sie: Welche Aussagen passen zur Arbeit eines Landwirts?

1. ☐ Jeden Monat werden mir die Steuer und hohe Beiträge für meine soziale Absicherung vom Gehalt abgezogen.
2. ☐ Wenn man will, kann man auch Teilzeit arbeiten.
3. ☐ Ich habe keine festen Arbeitszeiten und keinen regelmäßigen Feierabend, und sogar am Wochenende gibt es einiges zu tun.
4. ☐ Wenn man entlassen wird, bekommt man wenigstens Arbeitslosengeld.
5. ☐ Aber wenn ich nicht arbeiten will, brauche ich keinen Urlaubsantrag zu schreiben, schließlich bin ich ja mein eigener Chef.
6. ☐ Eine sitzende Tätigkeit ist nichts für mich. Außerdem arbeite ich gern an der frischen Luft.

5

Hören | Sprechen | Lesen | **Schreiben** ⏭ 26

Bauer Keisers Sohn

a) Hören Sie nur einmal. Welche Aussage ist richtig?

A Er wollte schon als kleiner Junge den Hof übernehmen.
B Er findet die Arbeitsbedingungen eines Landwirts nicht gut.

b) Hören Sie noch einmal und machen Sie sich Notizen: Was ist Thomas bei seiner Arbeit wichtig? Vergleichen Sie Ihre Ergebnisse im Kurs.

7,5-Stunden-Tag, ...

____

6

Hören | **Sprechen** | Lesen | Schreiben

Freiheit oder Sicherheit?

Was ist Ihnen persönlich wichtig bei Ihrer Arbeit?

Fremdenverkehr

1 Hören | Sprechen | Lesen | Schreiben

Chronik des Tourismus in Pontresina

a) ***Frau Caflisch vom Kur- und Verkehrsverein hält einen Vortrag. Dafür hat sie Stichwörter notiert. Welche Abbildung passt zu welchem Stichwort? Zwei Stichwörter bleiben übrig.***

b) ***Schauen Sie sich die Bilder noch mal an und sammeln Sie Ideen: Was könnte Frau Caflisch zu den einzelnen Stichwörtern sagen?***

A

B

1. Pontresina vor dem Aufkommen des Tourismus
2. Entstehung der ersten Grand Hotels im Ortszentrum
3. Anfänge des Wintersports in der Schweiz
4. Probleme durch den Tourismus
5. Pontresina und bis heute lebendige Traditionen
6. Chancen für Pontresina heute

C

Pontresina – statistische Daten

ständige Einwohner	ca. 1850
Gäste in der Saison	ca. 6700
Bettenangebot:	
Hotels und Pensionen	2200
Ferienwohnungen	3000
Privatzimmer	65
Jugendherberge	130
Gruppenunterkünfte	460
Campingplatz (Standplätze)	250–300 (Sommer) 100 (Winter)

D

2 Hören | Sprechen | Lesen | Schreiben

Veränderungen

Beschreiben Sie einen Ort, der sich z. B. durch Tourismus, Industrie usw. verändert hat. Welche Veränderungen halten Sie für wünschenswert, welche für problematisch?

3

Hören | **Sprechen** | **Lesen** | Schreiben

Arbeiten in der Tourismusbranche

Lesen Sie die Aussagen und markieren Sie: Welche Aspekte sprechen für diese Arbeit, welche dagegen? Vergleichen Sie Ihre Ergebnisse im Kurs.

Ursula Schocher, Fahrkartenverkäuferin an der Bernina-Gondelbahn

Meine Arbeit an der Bernina-Talstation ist sehr saisonabhängig. In der Hochsaison, also im Sommer, im Winter und zu den Ferienzeiten, gibt es sehr viel zu tun. Da arbeite ich von 8 Uhr morgens bis 6 Uhr abends und habe weder Wochenende noch Freizeit. Außerhalb der Saison ist die Bahn geschlossen. Unsere Arbeitszeiten sind das Jahr hindurch sehr unregelmäßig. Wir arbeiten also, wenn andere Urlaub machen, und wir haben Freizeit, wenn andere arbeiten!

Wenn man in dieser Branche tätig ist, hat man Kontakt mit Menschen aus aller Welt. Unsere Gäste hier kommen nicht nur aus Europa, sondern auch aus Übersee. Das ist zwar interessant, aber leider sind es meistens nur sehr kurze Begegnungen.

Renato Freimann, Ski- und Snowboardlehrer

Als Skilehrer kann man nur im Winter arbeiten, das heißt, man muss für den Sommer eine andere Arbeit haben. Fast alle meine Kollegen haben deshalb mehrere Jobs. In dieser Branche ist man entweder ein flexibler und vielseitiger Typ oder man hat keine Chance.

Durch meinen Beruf habe ich immer wieder mit anderen Menschen zu tun, manchmal habe ich jeden Tag neue Skikursteilnehmer. Natürlich sind sowohl nette als auch weniger nette Leute dabei.

In der Tourismusbranche sollte man möglichst immer freundlich und gut gelaunt sein. Das ist manchmal richtig harte Arbeit! Man möchte ja, dass die Gäste angenehme Erinnerungen mit nach Hause nehmen und gern wiederkommen.

4

Hören | Sprechen | Lesen | **Schreiben**

Schreiben und verstehen: Satzkombinationen

Das ist ______ interessant, *aber* leider sind es meistens kurze Begegnungen.
Entweder ist man ein flexibler Typ ______ man hat keine Chance.
Natürlich sind ______ nette *als auch* weniger nette Leute dabei.
In der Hochsaison habe ich *weder* Wochenende ______ Freizeit.
Unsere Gäste kommen *nicht nur* aus Europa, ______ aus Übersee.

5

Hören | **Sprechen** | Lesen | Schreiben

Vor- und Nachteile

Sprechen Sie über Ihre eigene Lebenssituation und weisen Sie auf Positives und Negatives hin.

> Mit meiner großen Familie habe ich weder Feierabend noch Wochenende.

> Als Single bin ich zwar unabhängig, aber ich bin auch oft recht allein.

Auf der Skipiste

1 Im Winter

Hören | **Sprechen** | Lesen | Schreiben

a) Beschreiben Sie das Bild. Was gibt es zu sehen? Was machen die Personen?

b) Sammeln Sie: Was kann man im Winter sonst noch alles machen? Was macht man in Ihrem Land?

2 SMS von der Piste

Hören | Sprechen | **Lesen** | Schreiben

a) Welche Wörter haben mit Wintersport zu tun?

Renato Freimann arbeitet im Winter als Skilehrer bei der Schneesportschule Pontresina. Er steigt in die Gondel zur Bergstation, wo der Treffpunkt für seinen heutigen Skikurs ist. Einige seiner Skischüler sind noch im Lift, andere stehen schon oben an der Piste und warten aufgeregt auf ihre erste Abfahrt. Ein paar Teilnehmer haben ihre Handys herausgeholt und verschicken noch schnell eine SMS.

b) Bitte ordnen Sie zu: Welche SMS passt zu welcher Person?

A

So ein Mist, ich habe meine Skibrille verloren. Nachher muss ich mal ins Fundbüro gehen.

B

Hey, die Piste hier ist super: Total steil und voller Kurven. Gut, dass ich so fit bin. Treffen wir uns nachher in der Stüva-Bella?

C

Allegra! Gerade bin ich voll in den Tiefschnee gefallen – wie peinlich. Wenigstens war's schön weich.

D

Meine erste Fahrt mit dem Skilift! Mein Gott, geht es da tief den Berg runter – senkrecht. Ich bin noch ganz schwach in den Knien.

E

Mama, es ist so windig hier oben. Das ist ganz schlimm für mich, meine Jacke ist zu dünn. Krieg ich eine neue?!

F

Die Nora aus meinem Skikurs finde ich so was von dumm, frech und hässlich! Die fährt gar nicht, die redet nur dauernd mit unserem süßen Skilehrer.

1. Christian findet Ski fahren schwierig. SMS ______
2. Vanessa friert. SMS ______
3. Michael fährt wesentlich besser als Christian. SMS ______
4. Katja fürchtet sich ein bisschen. SMS ______
5. Fred ist nicht immer ganz konzentriert. SMS ______
6. Sophie hat sich in den Skilehrer verliebt. SMS ______

3

Hören | **Sprechen** | Lesen | **Schreiben**

Ein Winterwochenende

Planen Sie ein Wochenende in einer Berghütte und stellen Sie Ihren Plan im Kurs vor.

Arbeiten Sie zu zweit. Hier ist Ihr Notizzettel:

1. Wer fährt mit?
2. Wie kommen Sie hin?
3. Wie sind die An- und Abreisezeiten?
4. Was müssen Sie mitnehmen?
5. Welche Aktivitäten planen Sie für die Hütte?
6. Wer übernimmt welche Aufgaben?

4

Hören | **Sprechen** | Lesen | Schreiben ⏭ 27

Hören und sprechen: p oder b? t oder d? k oder g?

a) Welchen Buchstaben hören Sie?

1.	p	b	4.	t	d	7.	k	g
2.	p	b	5.	t	d	8.	k	g
3.	p	b	6.	t	d	9.	k	g

b) Hören Sie noch einmal und schreiben Sie die Wörter.

Patient, ... ______________________________

c) Zungenbrecher. Sprechen Sie die Sätze mehrmals hintereinander.

1. Peter packt pausenlos prima Picknickpakete.
2. Traurig trinkt Trude trotzdem Traubentee.
3. Im Keller kühlt Konrad Kohlköpfe aus Köln.
4. Wenn der Benz bremst, brennt das Benz-Bremslicht.
5. Der dünne Diener trägt die dicke Dame durch das dunkle Dorf.
6. Gute Glut grillt Grillgut gut, Grillgut gut grillt gute Glut.
7. Dreißig Greise treten drei Treppen krumm, drei Treppen krumm treten dreißig Greise.
8. Ein plappernder Kaplan klebt Papp-Plakate – Papp-Plakate klebt ein plappernder Kaplan.

Heidi

1 Heimweh

Hören | **Sprechen** | Lesen | Schreiben

Erklären Sie, wann man Heimweh hat, und finden Sie Beispielsituationen.

Heimweh ist, wenn man gern zu Hause wäre.

2 „Heidi" – ein Roman von Johanna Spyri (1827–1901)

Hören | Sprechen | **Lesen** | Schreiben

a) Was glauben Sie: Was fehlt Heidi in Frankfurt?

In dem folgenden Ausschnitt aus dem Roman „Heidi" (1880) wird erzählt, wie die kleine Heidi die heimatlichen Schweizer Berge verlassen musste. Nun lebt Heidi in der Großstadt Frankfurt bei der Familie Sesemann.

Aber in seinem Herzen wurde die Last, die darinnen lag, immer schwerer; es konnte nicht mehr essen und jeden Tag wurde es ein wenig bleicher. Am Abend konnte es oft lange, lange nicht einschlafen, denn sobald es allein war und alles still ringsumher, kam ihm alles so lebendig vor die Augen, die Alm und der Sonnenschein darauf und die Blumen, und schlief es endlich doch ein, so sah es im Traum die roten Felsenspitzen und das feurige Schneefeld, und erwachte dann Heidi am Morgen und wollte voller Freude hinausspringen aus der Hütte – da war es auf einmal in seinem großen Bett in Frankfurt, so weit, weit weg, und konnte nicht mehr heim. Dann drückte Heidi oft seinen Kopf in das Kissen und weinte lang, ganz leise, dass niemand es höre.
Heidi wusste gar nicht, ob es Sommer oder Winter sei, denn die Mauern und Fenster, die es aus allen Fenstern des Hauses Sesemann erblickte, sahen immer gleich aus. Und wenn es einmal aus dem Haus herauskam, sah es immerfort nur große, schöne Straßen, wo Häuser und Menschen in Fülle zu sehen waren, aber nicht Gras und Blumen, keine Tannen und keine Berge, und Heidis Verlangen nach dem Anblick der schönen, gewohnten Dinge steigerte sich mit jedem Tage mehr.

b) Können Sie Heidis Gefühle in Ihren Worten und in heutigem Deutsch beschreiben?

c) Wo fühlen Sie sich zu Hause? In den Bergen, am Meer, in der Stadt...? Was fehlt Ihnen besonders, wenn Sie nicht in Ihrer Heimat sind?

3 Eine Erfolgsgeschichte aus der Schweiz

Hören | **Sprechen** | **Lesen** | Schreiben

a) Kannten Sie „Heidi" schon? Können Sie etwas über die Geschichte erzählen?

b) Vorschlag für ein Projekt „Heidi".

Wählen Sie eines der Stichwörter und recherchieren Sie. Stellen Sie Ihre Ergebnisse im Kurs vor.

1. Autorin 2. Verfilmungen 3. Fanclubs 4. Heidiland 5. ...

Grammatik

1 Passiv mit Modalverben

→ S. 196, 203

Präsens:

	Modalverb		**Partizip Perfekt**	***werden***
Heute	können	schwere Lasten mit dem Traktor	transportiert	werden.
Die Milch	kann	industriell zu Butter	gerührt	werden.

Satzklammer

Präteritum:

	Modalverb		**Partizip Perfekt**	***werden***
Das Gras	konnte	nicht einfach mit der Maschine	gemäht	werden.
Früher	musste	alles auf dem Rücken ins Tal	getragen	werden.

Satzklammer

2 Satzkombinationen

→ S. 194

Hauptsatz 1	**Konjunktion: Position 0**	**Hauptsatz 2**
Das ist zwar interessant,	aber	meistens sind es nur kurze Begegnungen.
Entweder ist man ein flexibler Typ	oder	man hat keine Chance.
Die Gäste kommen nicht nur aus Europa,	sondern	(sie kommen) auch aus Übersee.

Regel: Konjunktionen zwischen zwei Hauptsätzen stehen auf Position 0 *(aber, denn, und, sondern, oder)*.

Natürlich sind sowohl nette als auch weniger nette Leute dabei.
Spaß machen die Berge sowohl im Winter wie im Sommer.
In der Hochsaison habe ich weder Wochenende noch Freizeit.

Regel: *sowohl – als auch / sowohl – wie, weder – noch:* Diese Konjunktionen verbinden meistens Satz**teile**.

2 Modale Angaben

→ S. 208

vielleicht	Vielleicht nimmt der Patient von Fabrizia Gadola das nächste Mal pflanzliche Medikamente.
eventuell	Skilehrer Renato kann nächsten Sommer eventuell als Bergführer für das Hotel Rosatsch arbeiten.
vermutlich	Vermutlich kommen die meisten Feriengäste immer wieder gern nach Pontresina.
wohl	Bauer Keiser arbeitet wohl weniger als sein Großvater.
wahrscheinlich	Wahrscheinlich haben die meisten Einwohner von Pontresina nichts gegen Schnee und Eis.
bestimmt	Der Vortrag von Frau Caflisch wird bestimmt interessant.
sicher	Sicher haben Sie schon mal von der berühmten „Heidi" aus den Schweizer Alpen gehört.

Ebenso: *zum Glück, hoffentlich, leider, wirklich, natürlich, normalerweise, interessanterweise*

Regel: Die modale Angabe steht entweder auf Position 1 oder in der Satzmitte.
In der Satzmitte steht die modale Angabe *vor* der Negation.
Wörter mit der Endung *-weise* sind immer Angaben.

Lektion 23 Eindrücke aus Kärnten

1 Gesichter des Landes Kärnten

Hören | **Sprechen** | **Lesen** | Schreiben

a) Ordnen Sie jedem Text ein Bild zu.

1. Der Erhalt der Traditionen ist den Kärntnern sehr wichtig. Berühmt ist das große Volksfest „Villacher Kirchtag“, das mit einem feierlichen Gottesdienst eingeleitet wird. Dann folgen eine Woche lang Veranstaltungen mit Volksmusik und Volkstanz, es gibt einen Vergnügungspark und als Höhepunkt einen festlichen Trachtenumzug. C
2. In Kärnten gibt es eine slowenische Minderheit. In manchen Orten gibt es Kärntner, deren Muttersprache Slowenisch ist. Die meisten von ihnen sind zweisprachig, und diese Zweisprachigkeit wird auch geschützt und gepflegt.
3. Der Wörthersee ist der größte See Kärntens. Außer der Landeshauptstadt Klagenfurt liegt an seinem Ufer der Ort Velden, eines der beliebtesten Urlaubsziele Kärntens. Tagsüber sind den Sport- und Freizeitmöglichkeiten keine Grenzen gesetzt, am Abend heißt es „sehen und gesehen werden“ entlang der Spaßmeile mit Bars, Restaurants und Diskotheken.
4. Kärnten ist eins von neun österreichischen Bundesländern. Der Kärntner Landtag wird alle fünf Jahre direkt vom Volk gewählt. Die Landesregierung wird nach der Wahl von den Parteien im Parlament gebildet. Der Regierungschef des Landes heißt in Österreich Landeshauptmann.
5. Die Lage im südlichsten Teil der Republik an der Grenze zu Slowenien und Italien sowie die Koexistenz verschiedener Kulturen innerhalb einer Region sind charakteristisch für Kärnten. Das Land hat viele Gesichter: eine majestätische Bergwelt mit dem höchsten Berg von Österreich, ein Badeparadies mit 198 Seen und lebendige Städte wie Villach und Klagenfurt.

b) Welcher Begriff passt zu welchem Textabschnitt? Notieren Sie die passende Nummer.

politische Strukturen 4 typische Traditionen ____ geografische Besonderheiten ____
touristische Bedeutung ____ sprachliche Minderheiten ____

c) Kärnten-Quiz

Überlegen Sie sich in Partnerarbeit möglichst viele Quizfragen zum Thema „Kärnten“ und stellen Sie die Fragen im Kurs. Wer kann am schnellsten antworten?

2 Der Villacher Bürgermeister eröffnet die Kirchtagswoche

Hören | Sprechen | Lesen | Schreiben | 28

a) Bitte hören Sie. Worüber spricht der Bürgermeister nicht? Kreuzen Sie an.

1. ☐ Er begrüßt die Gäste.
2. ☐ Er dankt den Villachern für ihre Gastfreundschaft.
3. ☐ Er bedankt sich bei den Helfern.
4. ☐ Er beschreibt das Kirchtagsprogramm für die ganze Woche.
5. ☐ Er nennt die wichtigsten Programmpunkte des heutigen Tages.

b) Wann und wo findet das statt? Hören Sie noch einmal und ergänzen Sie die Tabelle.

Programmpunkt?	Uhrzeit	Ort
1. Eröffnungskonzert		______________platz
2. Trachtenmodenschau		
3. Tanz für alle		
4.		Kongresszentrum
5.	ab sofort	

c) Gibt es bei Ihnen auch Volksfeste? Wie sehen diese Feste aus? Was macht man da?

A

B

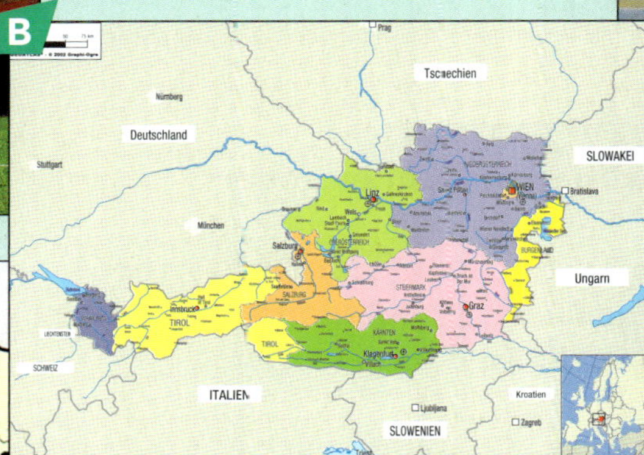

C

D

E

Ludmannsdorf / Bilčovs

1

Hören | Sprechen | Lesen | Schreiben 29

Der Wirt vom Gasthof Ogris erzählt

a) Warum gibt es auf der Ortstafel zwei Ortsnamen?

b) Bitte hören Sie und entscheiden Sie.

In Kärnten hat es nie Probleme mit der Zweisprachigkeit gegeben. ______ r f

c) Was sagt Herr Ogris? Verbinden Sie bitte.

1. Nach dem Zweiten Weltkrieg wollte man die Minderheiten — schützen.
2. Ich habe meine Kinder schon immer zweisprachig
3. Die meisten Slowenen mussten zwar in deutschsprachige Schulen
4. Aber wenigstens konnte man 1957 ein slowenisches Gymnasium
5. Auf den Ämtern haben die Slowenen normalerweise Deutsch
6. Die österreichischen Slowenen haben immer
7. Ab 1946 haben wir Slowenisch im Radio
8. Früher durfte man keine zweisprachigen Ortstafeln

sprechen müssen.
schützen.
hören können.
erziehen wollen.
gehen.
gründen.
aufstellen.
wählen dürfen.

2

Hören | Sprechen | Lesen | Schreiben

Schreiben und verstehen: Modalverben im Perfekt

	Verb (*haben*)	Satzmitte	Verb (Infinitiv)	Modalverb (Infinitiv)
Herr Ogris	*hat*	seine Kinder zweisprachig		*wollen.*
Die Slowenen		auf den Ämtern Deutsch	*sprechen*	
Sie		immer	*wählen*	
Ab 1946		wir Slowenisch im Radio		

3

Hören | Sprechen | Lesen | Schreiben

Was war in Ihrem Heimatland früher anders?

die Lebensweise die Sprache das politische System Lebensmittel und andere Produkte Reisemöglichkeiten die Arbeitsweise persönliche Beziehungen...

Ich habe früher viel öfter zu meinen Verwandten reisen können.

Der Wirt vom Gasthof Ogris

4

Hören | Sprechen | **Lesen** | Schreiben

Einige informative Daten

a) Lesen Sie den Text und kreuzen Sie die jeweils richtige Antwort an.

1. Ludmannsdorf liegt ...
   - **A** in einem Tal.
   - **B** auf 2200 Meter Höhe.
   - **C** oberhalb des Rosentals.
2. Früher ...
   - **A** lebten in Kärnten Alpenslawen.
   - **B** gehörte Bayern zu Kärnten.
   - **C** sprachen die Bayern Slowenisch.
3. Bei der Volksabstimmung 1920 ...
   - **A** entschied sich eine Minderheit für Österreich.
   - **B** stimmte nur eine Minderheit für das damalige Königreich Jugoslawien.
   - **C** gab es in vielen Orten keine Mehrheit.
4. Die meisten Ludmannsdorfer ...
   - **A** sind zweisprachig.
   - **B** sind Slowenen.
   - **C** können Deutsch.

Ludmannsdorf/Bilčovs liegt auf einem Höhenrücken zwischen dem Wörthersee und der Drau mit Blick auf das tiefer gelegene Rosental und die Karawanken. Dieses bis zu 2200 Meter hohe Gebirge bildet die natürliche Grenze zur Republik Slowenien.
In Kärnten siedelten zunächst die Alpenslawen (schon im 6. Jahrhundert) und brachten die slowenische Sprache dorthin. Dann kamen christliche Missionare und etwas später auch Siedler aus Bayern in die Region, und so wurde Kärnten schon im Mittelalter zweisprachig.
1920 mussten sich die Bewohner Kärntens bei einer Volksabstimmung entscheiden, ob sie zu Österreich oder dem damaligen Königreich Jugoslawien gehören wollten. Eine knappe Mehrheit stimmte für Österreich, geblieben ist jedoch in vielen Orten die slowenische Sprache. Auch in Ludmannsdorf spricht man Slowenisch und Deutsch: Ungefähr ein Drittel der Einwohner ist zweisprachig, der Rest ist rein deutschsprachig. Nur ein winziger Teil spricht ausschließlich Slowenisch.

b) Welche Sprachen sprechen die Kärntner in Ludmannsdorf? Tragen Sie die Informationen rechts in die Grafik ein.

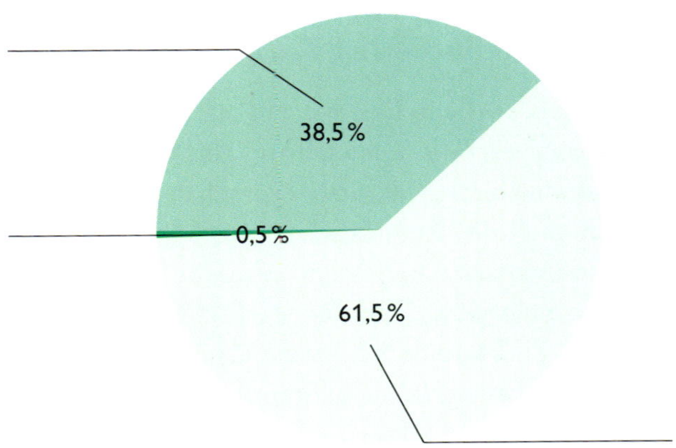

5

Hören | **Sprechen** | Lesen | Schreiben

Mehrsprachigkeit

Informieren Sie sich.

1. Außer Deutsch und Slowenisch ist in Österreich auch Kroatisch eine Amtssprache. Wissen Sie wo und warum?
2. Welche Amtssprachen spricht man in Deutschland?
3. Wie finden Sie es, wenn Kinder mehrsprachig aufwachsen? Haben Sie damit eigene Erfahrungen?
4. Wenn Sie Deutsch hören oder lesen: Übersetzen Sie in Ihre Muttersprache oder verstehen Sie „direkt“?

Eine parlamentarische Demokratie

1

Hören	**Sprechen**	**Lesen**	Schreiben

Definitionen

a) Welches Wort passt zu welcher Erklärung?

Staatsbürger (Pl.) **die Bundesrepublik** **das Parlament** **die Partei** **das Gesetz** **die Gemeinde**

1. das Gesetz: Regel, die für alle Menschen in einem Staat gültig ist.
2. ______: Einwohner eines Staates, die politische Rechte und Pflichten haben.
3. ______: Eine Gruppe von Menschen, die gleiche politische Interessen haben (z. B. konservativ, liberal, fortschrittlich usw.).
4. ______: Ein Staat, der aus mehreren Bundesländern mit eigenen Rechten besteht.
5. ______: Bezeichnung für eine Stadt oder ein Dorf, auch *Kommune* genannt.
6. ______: Es wird vom Volk gewählt; seine Mitglieder gehören normalerweise verschiedenen Parteien an.

b) Welche politischen Begriffe kennen Sie außerdem?

c) Interessieren Sie sich für Politik? Warum oder warum nicht? Diskutieren Sie, ob Politik wichtig und interessant ist oder nicht.

2

Hören	Sprechen	**Lesen**	Schreiben

Alle Macht geht vom Volk aus

a) Lesen Sie bitte den Text und markieren Sie den politischen Wortschatz.

Österreich ist – wie Deutschand auch – eine parlamentarisch-demokratische Bundesrepublik mit 9 Bundesländern (in Deutschland gibt es 16 Bundesländer). Wahlberechtigt sind alle Bürger ab 18 Jahren mit österreichischer Staatsbürgerschaft (in Deutschland natürlich mit deutscher Staatsbürgerschaft). Staatschef ist der Bundespräsident.
Die Bundesregierung besteht aus dem Bundeskanzler und seinem Kabinett, den Ministern. Der Kanzler wird normalerweise von der stärksten Partei im Parlament bestimmt, sie ist dann die Regierungspartei. Die anderen Parteien bilden die Opposition. Vom Vertrauen des Parlaments ist die Bundesregierung natürlich abhängig: Je mehr Stimmen sie dort hat, desto einfacher ist das Regieren für sie.
Das Parlament (in Österreich *Nationalrat*, in Deutschland *Bundestag* genannt) wird alle 4 Jahre vom Volk gewählt. Es beschließt die Gesetze, die dann im gesamten Staatsgebiet in Kraft treten.
Die Landesparlamente, die so genannten Landtage, werden alle 4 oder 5 Jahre ebenfalls direkt gewählt. Der Landtag wählt schließlich die Landesregierung, also den österreichischen Landeshauptmann (das entspricht in Deutschland dem *Ministerpräsidenten*), und die Landesräte *(Minister)*.
Neben der Bundes- und der Landesebene gibt es noch die kommunale Ebene mit dem Bürgermeister und dem Gemeinderat oder Stadtrat. Jede Ebene hat ihre eigene Verwaltung. So genehmigen die Kommunen z. B. den Bau von Gebäuden und kümmern sich um die Wasserversorgung.

b) Lesen Sie noch einmal Aufgabe 2 a. Ergänzen Sie dann das Schaubild. Wählen Sie entweder die österreichischen oder die bundesdeutschen Begriffe.

Bundesebene	______	______
Staatschef = (______)		
Bundesregierung = (______) + (Minister)	Landesregierung = (______) + (______)	(Bürgermeister)
Parlament = (______)	Landesparlament = (______)	Gemeindeparlament = (______)

alle ______ ab 18 Jahren wählen

3 Stimmt das?

Hören | Sprechen | **Lesen** | Schreiben

Was meinen Sie? Lesen Sie noch einmal Aufgabe 2.

1. Je älter die Bürger sind, desto mehr Rechte und Pflichten haben sie. ______ r f
2. Je mehr Stimmen eine Partei bei einer Parlamentswahl bekommt, desto größeren Einfluss hat sie auf die Politik. ______ r f
3. Je stärker die Opposition ist, umso schwieriger ist das Regieren. ______ r f
4. Je größer ein Bundesland ist, desto öfter wählen die Bürger den Landtag. ______ r f

4 Schreiben und verstehen: *je … desto / umso*

Hören | Sprechen | Lesen | **Schreiben**

***je* + Komparativ**		**Verb**	***desto* + Komparativ**	**Verb**	
Je ______	Stimmen eine Partei	be-kommt	______ größeren Einfluss	______	sie auf die Politik.
______ ______	die Opposition	______ ,	umso ______	______	das Regieren.

Kirchtag in Villach

1 | Hören | Sprechen | Lesen | Schreiben | ⏭ 30–35

Der Villacher Kirchtag – Durchsagen auf dem Volksfest

a) Hören Sie und finden Sie die passenden Szenen auf dem Bild.

1. Durchsage: Szene ______
2. Durchsage: Szene ______
3. Durchsage: Szene ______
4. Durchsage: Szene ______
5. Durchsage: Szene ______
6. Durchsage: Szene ______

b) Hören Sie noch einmal und notieren Sie die Antwort.

1. Wie heißt die Suppe, zu der man Reinling, eine typische Kärntner Mehlspeise isst? Kirchtagssuppe
2. Wie lange muss man auf die nächste Ringelspielrunde warten? ______________
3. Wie viel kostet das Vergnügen, auf einem Pony zu reiten? ______________
4. Was sind die „Wernberger Buam" von Beruf? ______________
5. Was steht vor der Einfahrt zur Feuerwehr? ______________
6. Wie heißt das Kind, das verloren gegangen ist? ______________

c) Was sehen Sie noch auf dem Bild? Beschreiben Sie.

2 Dialoge auf dem Volksfest – was gehört zusammen?

Hören | Sprechen | **Lesen** | Schreiben

Auf jede Frage gibt es eine positive und eine negative Antwort.

1. Kann man hier irgendwo sein Auto parken?
2. Kann mir irgendjemand 10 € wechseln?
3. Fängt jetzt nicht irgendwann der Umzug endlich an.
4. Wir sollten jetzt irgendwas essen.
5. Gibt es hier irgendwelche Souvenirs zu kaufen?

A Wir könnten an dem Stand dort etwas zu essen holen.
B Ich will lieber nichts essen wegen dem Ringelspiel.
C Ja, aber man bekommt einen Strafzettel.
D Nein, nirgends, nur noch im Parkhaus.
E Ja, auf dem Kunsthandwerksmarkt gibt es welche.
F Hm, ich sehe leider keine.
G Doch, bestimmt geht es gleich los.
H Ich glaube, der fängt überhaupt nie mehr an!
I Ja, ich habe zwei 5-€-Scheine.
J Nein, niemand von uns hat noch Kleingeld.

① C, D ② ___ ③ ___ ④ ___ ⑤ ___

3 Schreiben und verstehen: Indefinitpronomen

Hören | Sprechen | Lesen | **Schreiben**

positiv	negativ	positiv	negativ
	nirgends		niemand
irgendwohin	nirgendwohin		nichts
irgendein- (Sg.) / irgendwelch- (Pl.)	kein-	irgendwann	

4 Erfinden Sie Dialoge für die Personen auf dem Bild!

Hören | **Sprechen** | Lesen | **Schreiben**

5 Hören und sprechen: der Vokaleinsatz

Hören | **Sprechen** | Lesen | Schreiben ⏭ 36–37

a) Hören und sprechen Sie. Die senkrechten Striche | markieren den Vokaleinsatz.

1. | Irgend | ein | Auto
2. | immer wieder
3. fast | alle Leute
4. | alle | anderen
5. | immer | öfter
6. | Er | innerung
7. | über | all
8. be | antworten
9. | immer | um | acht | Uhr

b) Hören Sie und markieren Sie den Vokaleinsatz mit einem senkrechten Strich.

1. Kann | irgendjemand | einen | Euro wechseln?
2. Österreich liegt irgendwo in Europa.
3. Überall auf der Welt leben Ausländer.
4. Irgendwann erinnere ich mich bestimmt an ihn.
5. Am Abend aß Adam einen Apfel.
6. Und Eva aß auch einen.

Bräuche und Traditionen

1

Hören | **Sprechen** | **Lesen** | Schreiben

Der Kirchtag und andere Feste

a) Welche Nomen aus den Lexikonartikeln passen in die Lücken?

Brauch, von der Sitte gefordertes, sozial bestimmtes, bei gewissen Anlässen geübtes traditionelles Verhalten, z. B. Ernte-, Hochzeitsbräuche, Fasnacht.

Erntebräuche, die verschiedenen Erntebräuche orientierten sich v. a. am Beginn und Ende der Ernte. Erntebräuche hielten sich bis zum Ende des 19. Jahrhunderts in der dörflichen Arbeitswelt, sind jedoch heute, mit Ausnahme des Erntedankfestes, durch die Umstrukturierung der Landwirtschaft fast völlig verschwunden.

Jahrmarkt, in Verbindung mit Volksfesten einmal oder mehrmals im Jahr abgehaltener Krammarkt.

Kirchtag, auch Kirmes oder Kirchweih, Fest zur Erinnerung an die Kirchweihe, das häufig mit dem Fest des Kirchenpatrons zusammenfällt. Nahm schon früh (heute überwiegend) Formen weltlicher Volksfeste an und wurde zumeist in den Herbst (Zeit nach der Ernte) verlegt.

Schutzpatron, in der katholischen Kirche Engel oder Heiliger, der als Beschützer einer Kirche, eines Standes oder einer Berufsgruppe, einer Stadt oder eines Landes oder einer Person verehrt wird.

Volksfest, seit Ende des 18. Jahrhunderts Bezeichnung für große örtliche oder regionale Feiern und Feste; herausragende Einschnitte im Volksleben, mit bewusst erlebter Befreiung vom Alltag, gekennzeichnet durch Arbeitsruhe, Geselligkeit und religiöses Brauchtum, aber auch Aberglaube (z. B. Erntefest, Fasnacht). Viele ursprünglich kirchliche Feste entwickelten sich im Mittelalter, verbunden mit Jahrmärkten, u. a. zu weltlichen Volksfesten (z. B. Kirmes). Im 20. Jahrhundert entstanden neue Volksfeste; das bekannteste deutsche Volksfest ist heute das Münchner Oktoberfest.

Der Kirtag oder Kirchtag, auch __________ oder __________ genannt, ist ursprünglich ein religiöses Fest, bei dem ein Heiliger, der __________ der Kirche, des Dorfes oder der Stadt gefeiert wurde. An vielen Orten wurde aber aus dem kirchlichen Fest schon bald ein __________ mit __________märkten und anderen Vergnügungen. Eine wichtige Rolle bei der Entstehung dieser weltlichen Feste spielten auch __________bräuche. Zwar sind die meisten dieser Bräuche inzwischen verschwunden, bis heute erhalten geblieben ist jedoch das kirchliche Erntedankfest. Ein Volksfest, das trotz seines Namens im September beginnt, ist heute in der ganzen Welt berühmt: das __________ in München.

b) Welche Rolle spielen bei Ihnen alte Bräuche, Traditionen und Folklore?

2

Hören | **Sprechen** | Lesen | Schreiben

Religionen

a) Verstehen Sie alle Wörter im Kasten?

der Tempel · sich waschen · die Kirche · die Synagoge · der Koran · christlich · islamisch · jüdisch · schweigen · hinduistisch · buddhistisch · der Christ / die Christin · lesen · der Moslem / die Moslemin · singen · der Buddhist / die Buddhistin · der Hindu / die Hindu · die Moschee · beichten · nach ... pilgern · die Pilgerfahrt · der Jude / die Jüdin · die Meditation · beten · Kerzen anzünden · die Bibel

b) Welche Wörter können oder möchten Sie ergänzen?

meditieren,

c) Ordnen Sie die Wörter aus 2 a den Fotos zu und sprechen Sie darüber. Viele Wörter passen zu mehreren Bildern!

A

B

C

D

E

3

Hören	Sprechen	Lesen	Schreiben

Welche Religionen gibt es in Ihrem Land? Welche religiösen Riten kennen Sie?

Erzählen Sie im Kurs.

Die Männer müssen ihre Hüte abnehmen, wenn sie in …

Ich zünde eine Kerze an und …

Man muss die Schuhe ausziehen, bevor man das Gotteshaus betritt.

4

Hören	Sprechen	Lesen	Schreiben

Projektvorschlag: Religionen in den deutschsprachigen Ländern

Wollen Sie mehr über dieses Thema wissen? Recherchieren Sie und stellen Sie die Ergebnisse im Kurs vor.

1. Deutschland, Österreich, Schweiz: Wählen Sie ein Land und informieren Sie sich, welchen christlichen Konfessionen (protestantisch, katholisch, orthodox …) und Religionen die Bewohner angehören.
2. Gibt es (heute) religiöse Konflikte? Gab es früher welche?

Das Wörthersee-Männchen

Das „Wörthersee-Mandl“ in Klagenfurt

1

Hören | Sprechen | Lesen | **Schreiben**

Wie der Wörthersee in Kärnten entstanden ist

Schreiben Sie eine Geschichte. Die Wörter und Textbausteine unten können Ihnen helfen. Schreiben Sie im Präsens oder im Präteritum.

reiche Stadt, gottlose Einwohner — Männchen mit einem Fass unter dem Arm — sich am Vorabend des Osterfestes amüsieren statt zu beten — singen und tanzen, Alkohol trinken und sehr viel essen — schweigen, das Fass aufmachen — schimpfen, vor einer Katastrophe warnen — bestrafen — Gewitter mit Blitz und Donner — über das Männchen lachen, sich nicht ändern wollen — manchmal unter Wasser sichtbar — böse werden — nass werden — ertrinken — heute an dieser Stelle: der Wörthersee — das Wasser hört nicht auf zu fließen, bis die Stadt verschwunden ist

Es war einmal ____________________

2

Hören | **Sprechen** | Lesen | Schreiben

Erzählen Sie Geschichten!

Wählen Sie eine Geschichte, die Sie kennen, notieren Sie sich Stichwörter und erzählen Sie im Kurs. Sie kennen keine Geschichten? Unter www.sagen.at finden Sie jede Menge Sagen und Märchen.

Grammatik

1 Modalverben im Perfekt

→ S. 195, 200

	Verb (*haben*)		Satzende: Verb im Infinitiv	Satzende: Modalverb im Infinitiv
Ich	habe	meine Kinder schon immer zweisprachig	erziehen	wollen.
Die Slowenen	haben	meistens Deutsch	sprechen	müssen.
Sie	haben	als Österreicher immer	wählen	dürfen.
Ab 1946	haben	wir Slowenisch im Radio	hören	können.

Satzklammer

Regel: Im Perfekt steht das Modalverb im Infinitiv, Position: Satzende.
Modalverben hört man nur manchmal im Perfekt, meistens benutzt man das Präteritum.
Achtung: Nur Modalverb → dann steht das Modalverb im Partizip Perfekt. *Das habe ich nicht gewollt.*

2 *je ... desto / umso*

→ S. 194

Nebensatz:	Komparativ		Verb	Hauptsatz:	Komparativ	Verb	
Je	stärker	die Opposition	ist,	desto	schwieriger	ist	das Regieren.
Je	größer	ein Bundesland	ist,	desto	mehr Bürger	wählen	den Landtag.
Je	wärmer	das Wetter	wird,	umso	häufiger	kommen	Besucher an den Wörthersee.

Nebensatz

Regel: : *je* + Komparativ → Nebensatz; *desto / umso* + Komparativ → Hauptsatz. Der Nebensatz mit *je* steht immer zuerst.

3 Indefinitpronomen

→ S. 206

Kombinationen mit *irgend-*	Negationswörter
irgendjemand / irgendwer / irgendein-	niemand, keiner, kein-
irgendwas	nichts
irgendwann	nie
irgendwo	nirgends
irgendwohin	nirgendwohin
irgendwie	nicht

jemand, niemand

Nominativ	jemand
Akkusativ	jemanden
Dativ	jemandem
Genitiv	jemandes

Regel: *jemand / irgendjemand* und *niemand* benutzt man auch ohne Endung → *Ich habe niemand gesehen.*

Regel: Diese Wörter verwendet man meistens allein; *irgendein-* und *kein* kann man als Artikelwörter (vor dem Nomen) und als Pronomen (allein) verwenden. Deklination → wie *jemand, wer, was, ein*
Bedeutung von *irgend-*: Es ist nicht wichtig/Ich habe vergessen, wer/wann/wo/wie … Aber es ist wichtig, *dass* es passiert.

Lektion 24 Menschen in Jena

1 Jenaer Gesichter

Hören | **Sprechen** | **Lesen** | Schreiben

a) Was vermuten Sie? Welches Zitat passt zu welcher Person?

1. „Durch besondere Aktionen versuchen wir, eine möglichst breite Bevölkerungsschicht zum Lesen zu motivieren." Bild ______
2. „Kennen Sie den Unterschied zwischen Astrologie und Astronomie?" Bild ______
3. „Als ich in Rente gegangen bin, wollte ich endlich ein Studium beginnen." Bild ______
4. „Wenn der FC Carl Zeiss spielt, bin ich natürlich im Stadion." Bild ______

b) Wählen Sie das Foto einer Person und sprechen Sie über Ihre Vermutungen: Biografie, Beruf, Freizeit …

A

Brigitte Hamm, 78

B

Adrian Moll, 40

c) Bitte lesen Sie die Annonce. Warum könnte die von Ihnen gewählte Person sich dafür bewerben?

TV Thüringen

Für unsere Sendereihe: „Jenaer Bürger hautnah“ suchen wir Menschen,

- die ihre Träume leben,
- die sich verändern und sich dabei treu bleiben,
- die ihren eigenen Weg gehen.

Wir porträtieren

- Menschen, deren Entwicklung spannend ist.
- Menschen in Lebenssituationen, die uns berühren.
- Menschen, die uns an ihrem Leid und ihrem Glück teilhaben lassen.

Neugierig?
Kontakt und weitere Informationen: Beata Reinhard TV Produktion
Tel.: 0 36 41/8 71 49 03, E-Mail: beata.reinhard@yahoo.de

2 Vier Jenaer für die Sendereihe

Hören | Sprechen | Lesen | Schreiben ⏭ 38–41

a) Hören Sie bitte, was die vier Personen sagen. Wer gibt welche Informationen?

	Herr Moll	______	______	______
1. Informationen zur Person (Alter, Familienstand)	☐	☐	☐	☐
2. Arbeit	☐	☐	☐	☐
3. Freizeit	☐	☐	☐	☐
4. Träume	☐	☐	☐	☐
5. Veränderungen in ihrem Leben	☐	☐	☐	☐
6. Institution in Jena	☐	☐	☐	☐

b) Hören Sie noch einmal und machen Sie Notizen. Vergleichen Sie dann die Informationen mit Ihren Vermutungen aus Nummer 1.

C

Stefan Kienecke, 21

D

Laura Taubald, 30

Brigitte Hamm

1

Hören | Sprechen | **Lesen** | **Schreiben**

Ein Interview mit Frau Hamm

a) Welche Überschrift passt Ihrer Meinung nach am besten zum Text?

A Lebenslanges Lernen **B** Ein Traum hat sich erfüllt **C** Der Neuanfang

Natürlich fällt sie im Seminarbetrieb auf. Nicht nur wegen der grauen Haare und der zahlreichen Falten im Gesicht, sondern auch wegen ihres Interesses, ihrer kritischen Fragen und nicht zuletzt wegen ihrer freundlichen Art.
Brigitte Hamm ist mit 78 Jahren eine der ältesten Studentinnen der Friedrich-Schiller-Universität Jena. Trotz ihrer Sonderrolle sieht man sie nie allein auf dem Campus. Manche jungen Studenten scheinen ihre Nähe zu suchen und zu genießen.
„So gut wie heute ging es mir nicht immer“, sagt die rüstige Rentnerin. Zwar wusste sie schon mit 14, dass sie Ärztin werden wollte, statt des erwünschten Medizinstudiums konnte sie jedoch nur eine Ausbildung als Krankenschwester machen. „Während der Kriegszeit konnten ja nur die wenigsten ihre Wünsche realisieren.“ Und nach dem Krieg konnte sie natürlich auch nicht mehr an ein Studium denken. Da kamen die Heirat, vier Schwangerschaften, die Arbeit im Krankenhaus. Und die eigenen Wünsche standen an letzter Stelle. „Aber dann, als ich in Rente gegangen bin, habe ich mir vorgenommen ein bisschen mehr an mich zu denken. Jetzt endlich war der Moment gekommen, mit meinem Studium zu beginnen.“ Leider wurde aber auch daraus nichts: Nach einer schweren Krankheit wurde Frau Hamms Mutter ein Pflegefall. „Das war eine harte Zeit für meinen Mann und mich. Jahrelang musste meine Mutter betreut werden. Man konnte sie praktisch nie allein lassen.“ Und so konnte Brigitte Hamm erst mit 73 ihren Traum verwirklichen, sich für ein Studium einzuschreiben. „Letztendlich habe ich mich aber nicht für Medizin, sondern für Psychologie eingeschrieben“, sagt sie mit einem glücklichen Lächeln.
„Du spinnst wohl“, war die Reaktion ihres Mannes. „In deinem Alter tust du dir so etwas an?“, fragte ihre Freundin. Nur Tochter Roswitha ermutigte sie: „Lass dich bloß nicht davon abhalten, das wird dir sicher guttun.“
Sich selbst und ihrer Familie will Brigitte Hamm beweisen, dass sie es trotz ihres Alters schafft, einen Studienabschluss zu bekommen.
Das Lernen fällt ihr nämlich nicht sehr schwer. Vielleicht braucht sie etwas länger als junge Leute, aber für die Prüfung nächste Woche fühlt sie sich optimal vorbereitet.

b) Fassen Sie den Text in maximal 5 Sätzen zusammen.

2

Hören | **Sprechen** | Lesen | Schreiben

Besser spät als nie

Sprechen Sie im Kurs.

1. Was halten Sie von Frau Hamms Idee, im Rentenalter zu studieren? Begründen Sie Ihre Meinung bitte.
2. Was meinen Sie: Womit sollen sich ältere Leute beschäftigen, wenn sie im Rentenalter sind?
3. Wie leben alte Menschen in Ihrem Land? Wie wohnen sie? Was machen sie?
4. Wie möchten Sie selbst im Alter leben?

3

Hören | Sprechen | Lesen | Schreiben

Was passt wohin?

mit **während** **statt** **wegen** **nach** ~~**trotz**~~

1. Trotz ihres Alters möchte Frau Hamm einen Studienabschluss machen.
2. ___________ des Medizinstudiums musste sie eine Ausbildung zur Krankenschwester machen.
3. ___________ der Kriegszeit konnten viele ihren Berufswunsch nicht erfüllen.
4. ___________ dem Krieg heiratete Frau Hamm und bekam Kinder.
5. ___________ ihrem Studium konnte Frau Hamm erst im Alter beginnen.
6. ___________ ihrer grauen Haare fällt sie an der Uni auf.

4

Hören | Sprechen | Lesen | Schreiben

Schreiben und verstehen: die Präpositionen *statt*, *während*, *wegen*, *trotz*

Präposition	**Genitiv (gesprochene Sprache: meistens Dativ)**	
Wegen	ihrer Fragen	fällt Frau Hamm in der Uni auf.
	ihres Alters	fällt ihr das Lernen nicht schwer.
	des Krieges	konnte man seine Wünsche nicht realisieren.
	des Studiums	konnte sie nur eine Ausbildung machen.

5

Hören | Sprechen | Lesen | Schreiben | 42–50

Aussagen

a) Wie viele Studenten sagen etwas Negatives über Frau Hamm?

b) Wer sagt was über Frau Hamm? Notieren Sie die Nummer des Hörtextes neben dem jeweiligen Begriff.

[ ] Freundlichkeit	[2] Alter	[ ] Langsamkeit
[ ] Hilfsbereitschaft	[ ] Egoismus	[ ] kritische Fragen
[1] Interesse	[ ] junge Ideen	[ ] unnötige Fragen

c) Machen Sie Vorschläge für die Ergänzung der Lücke mithilfe der Nomen aus 5 b.

Frau Hamm ist ___________ bei den Studenten sehr beliebt.

wegen ihres Interesses, trotz ihres Alters

Adrian Moll

1 Hören | Sprechen | Lesen | Schreiben ⏭ 51

In der Ernst-Abbe-Bücherei

a) Was kann man in einer Bibliothek alles machen bzw. ausleihen?

b) Adrian Moll und Jana Lofajova, eine Kollegin aus der Slowakei, im Gespräch. Über welche Themen wird gesprochen?

Geld, Arbeitsbedingungen in der Bibliothek, ein Verein, öffentliche Verkehrsmittel in Jena, eine frühere Aktivität der Bibliothek, eine aktuelle Aktivität der Bibliothek, verschiedene Autoren, Jugendliche und das Lesen, die Biografie eines Autors

c) Machen Sie beim zweiten Hören Notizen zu den einzelnen Stichpunkten und vergleichen Sie dann im Kurs.

2 Hören | Sprechen | Lesen | Schreiben

Buchtitel

a) Welches der Bücher hat Adrian Moll seiner Kollegin wohl gegeben?

A

B

C

D

E

F

b) Welcher Begriff könnte zu welchem Buch passen?

1. der Gedichtband
2. die Erzählung
3. der Roman
4. das Kinderbuch
5. das Jugendbuch
6. das Hörbuch
7. das Sachbuch
8. der Krimi
9. das Lehrbuch

3 Hören | Sprechen | Lesen | Schreiben

Klappentexte

a) Zu welchen Büchern aus Aufgabe 2 passen die drei Klappentexte?

1

Alles begann damit, dass Zuppi bei einer Tombola den Hauptpreis gewann: ein Ferkel. Und das verändert den Familienalltag gründlich. Aber der Hausbesitzer Buselmeier hat kein Verständnis für diese Art Haustiere. So zieht die Familie an den Rand eines Fußballfeldes. Hier kann der Vater, ein arbeitsloser Ägyptologe, als Platzwart arbeiten und Rudi in Ruhe Schwein sein. Doch dann entdeckt Rudi seine wahre Größe als Rennschwein … Ein Lesespaß für die ganze Familie mit und ohne Haustier.

2

Der Ausgangspunkt der Geschichte ist eine harmlose Familienszene: Die Ehefrau und die beiden jugendlichen Kinder warten beim Abendessen auf den Vater. Doch der Vater kommt nicht. Spannend und mitreißend schildert die Autorin das bisherige Familienleben, das vom Vater bestimmt wurde. Je mehr sie aus der Perspektive der vierzehnjährigen Tochter erzählt, desto schrecklicher wird das Bild des Vaters. Hinter der harmonischen Fassade entdeckt man immer schlimmere Geheimnisse und fragt sich, warum die übrigen Familienmitglieder nicht schon lange gegen dieses Verhalten rebelliert haben.
Das von der Autorin selbst gelesene Hörbuch ist kein schneller Freizeitspaß. Wenn man aber deutlich hinhört, muss man es lieben.

3

Hinrich Lobek, seit dem Zusammenbruch des DDR-Regimes arbeitslos, sieht eine neue Chance. Das Wochenhoroskop ruft zur Initiative und so bewirbt sich Lobek mutig bei einer westdeutschen Firma für Zimmerspringbrunnen. Zu seinem eigenen Erstaunen beginnt hier der Aufstieg von Hinrich Lobek zum erfolgreichen Vertreter Ost für Zimmerspringbrunnen. Sein berufliches Glück spiegelt sich aber ganz und gar nicht im Privaten, wo ihm nach einer Ehekrise nur noch Freitag, der Hund, bleibt. Mit viel Humor schildert der Autor komische und tragische Momente der Wende.

b) Würden Sie eins der Bücher gern lesen? Welches? Warum?

c) Bringen Sie ein Buch oder andere Medien (Zeitschrift, CD, Video ...) mit und stellen Sie es im Kurs vor.

4

Hören | **Sprechen** | **Lesen** | **Schreiben**

Haben Sie Lust auf Projektarbeit? Bitte wählen Sie!

1. Schreiben Sie einen Klappentext für ein Buch, das Sie gelesen haben.
2. Stellen Sie einen Autor oder eine Autorin aus Ihrem Land vor.
3. Organisieren Sie einen Vorlesewettbewerb.
4. Machen Sie Interviews zum Thema „Lesen".
5. Stellen Sie die Bibliothek Ihres Kursortes vor.

5

Hören | **Sprechen** | Lesen | Schreiben ⏭ 52–53

Hören und sprechen: Akzent, Pausen, Sprechmelodie (→) (↗) (↘)

a) Hören Sie einen Satz in verschiedenen Varianten und sprechen Sie nach.

b) Wie viele Varianten finden Sie selbst für den folgenden Satz?

Vater will das Schwein nicht.

c) Hören Sie einen Ausschnitt aus „Rennschwein Rudi Rüssel", markieren Sie Akzente, Pausen und Sprechmelodie (→) (↗) (↘) und lesen Sie dann selbst vor.

Es sah wirklich niedlich aus, trotzdem machte Vater ein finsteres Gesicht. Als ein Bauer, der an unserem Tisch saß, uns zu dem Ferkel gratulierte, lächelte Vater gequält. Man muss wissen, Vater mag keine Haustiere. Tiere gehören nicht ins Haus, sagt er immer. Und jetzt hatte Mutter dieses Ferkel auf dem Schoß (...).
„Niedlich, nicht", sagte Zuppi begeistert, „guck mal dieser kleine Ringelschwanz."
Vater nahm die Pfeife aus dem Mund. „Ganz nett", sagte er, „aber wenn wir gehen, dann gibst du das Tier zurück!"

Stefan Kienecke

1

Hören | Sprechen | **Lesen** | Schreiben

Die Abteilungen des Turn- und Sportvereins (TuS) Jena stellen sich vor

a) Bitte schreiben Sie den Buchstaben des passenden Bildes zu jeder Sportart.

1. Leichtathletik ____
2. Fechten ____
3. Turnen ____
4. Fitness ____
5. Ringen ____
6. Judo ____
7. Basketball ____
8. Behindertensport ____

A

B

C

D

E

F

G

H

b) Ordnen Sie den Texten der einzelnen Abteilungen die passenden Bilder zu.

1

JUNIORENWELTCUP IM DAMENFLORETT AM 16./17.11. IN BOCHUM
Nationale Qualifikation:
71 deutsche Fechterinnen beteiligten sich am Samstag an der Qualifikation für das Weltcupturnier. Dass unter den 24 besten Fechterinnen dieses ersten Tages 6 Jenaer Fechterinnen den Einzug in das internationale Turnier schafften, war ein schöner Erfolg.

2

Die aus Japan stammende Kampfsportart wurde um 1880 von dem Pädagogen Jigoro Kano entwickelt. Die Kämpfer tragen einen weißen Anzug, dessen Jacke von einem Gürtel zusammengehalten wird. Die Farbe des Gürtels zeigt den Grad des Kämpfers an.

3

Herausragend bei den Deutschen Jugendmeisterschaften war TuS-Athlet *Sascha Krauel* als dreifacher Deutscher Meister: im Weitsprung mit 6,23 m, 100 m Hürden in 13,25 Sek. und mit der 4 x 100-m-Staffel mit *Gregor Kaiser*, *Konstantin Geißler* und *Benno Schmidt* in 47,03 Sek.

4

Wir bieten Kunstturnen für Männer und Jugend sowie für Kinder, allgemeines Geräteturnen für Kinder ab fünf Jahren, Jugendliche und Erwachsene, Gymnastik für Frauen und Faustball.

5

Bei den deutschen Meisterschaften der Behinderten in der Leichtathletik wurde *Viktor Bader-Bille* deutscher Meister im Weitsprung und im Hochsprung. Der Ausnahmeathlet aus Thüringen holte außerdem noch die Silbermedaille im Sprint über 100 Meter.

6

Diese Abteilung gibt es seit 10 Jahren. Zurzeit haben wir ca. 260 Mitglieder. Der Ringkampfsport im Jugend- und Männerbereich hat in Jena eine lange Tradition. Durch die enge Zusammenarbeit mit dem Sportgymnasium konnten in den letzten Jahren hervorragende Leistungen bei nationalen und internationalen Wettkämpfen erbracht werden.

7

Unsere Abteilung hat zurzeit ca. 180 Mitglieder, die in fünf Erwachsenen- und acht Jugendmannschaften im männlichen und im weiblichen Bereich aktiv sind. Mit dem Aufstieg in die Zweite Bundesliga feierten die Basketballer des TuS Jena ihren bislang größten Erfolg. Der hohe Einsatz in der Organisation, im Management und die großzügige Unterstützung von Sponsoren trugen entscheidend zu diesem Erfolg bei.

8

Danke für euer Verständnis während des Umbaus. Es hat sich gelohnt! Jetzt haben wir Jenas schönstes Studio. Außer dem Training an den Geräten bieten wir ein reichhaltiges und abwechslungsreiches Kursangebot an.
In unserem neu eröffneten Kursraum (120 m²) könnt ihr euch bei den Kursen Thai Bo, Step, Aerobic und Spinning fit halten oder machen und bei BBP (Bauch/Beine/Po) die eben genannten Körperpartien kräftigen und straffen.
Nahere Infos gibt's bei unserem Fitnessteam unter der Telefon-Nr. 0 36 41/38 20 18.

2 Ein Gespräch mit Stefan Kienecke

Hören | Sprechen | Lesen | Schreiben ⏭ 54–58

a) Hören Sie die 5 Aussagen nur einmal: richtig (r) oder falsch (f)?

1. Stefan sieht Fußballspiele öfter im Stadion als im Fernsehen. ____ r f
2. Er findet Autorennen zu gefährlich. ____ r f
3. Er wäre gern Mitglied im Golfclub. ____ r f
4. Er ärgert sich über Sportler, die Doping nehmen. ____ r f
5. Er findet, dass man in einem Sportverein viele Freunde finden kann. ____ r f

b) Hören Sie die Aussagen noch einmal und sagen Sie jeweils Ihre eigene Meinung dazu.

c) Die interessanteste Sportart

1. Welche Sportarten kennen Sie sonst noch?
2. Stellen Sie im Kurs eine Sportart vor und überzeugen Sie die anderen davon, diese Sportart zu treiben.

3 Welcher Kommentar passt zu welcher Sportart?

Hören | Sprechen | Lesen | Schreiben

1. Ein Spieler bleibt im Tor stehen.
2. Man sieht den roten Ferrari an den anderen vorbeiziehen.
3. Der Ball ist vor dem Loch liegen geblieben.
4. Der Schiedsrichter hat die Mannschaften länger spielen lassen.
5. Er lässt sein Auto voll tanken.
6. Ich habe die Männer in ihre Wagen steigen sehen.
7. Man hört die Fans „Tor!" rufen.
8. Man hat den Trainer mit den Spielern schimpfen hören.
9. Was ist passiert? Er bleibt im Schnee liegen.

Golf
Fußball
Skispringen
Autorennen

4 Schreiben und verstehen: Verben mit Infinitiv

Hören | Sprechen | Lesen | Schreiben

Präsens	Perfekt
Ein Spieler *bleibt* im Tor ____.	Ein Spieler ist im Tor ____ *geblieben*.
Sie ____ regelmäßig *tanzen*.	Sie ____ regelmäßig *tanzen gegangen*.
Im Verein *lernst* du sicher schnell *schwimmen*.	Im Verein *hast* du sicher schnell ____ ____.
Man hört die Fans „Tor!" *rufen*.	Man *hat* die Fans „Tor!" *rufen* *hören*.
Man *sieht* die Männer in ihre Wagen ____.	Man *hat* sie in ihre Wagen ____ *sehen*.
Er ____ sein Auto voll *tanken*.	Er ____ sein Auto voll *tanken* ____.

5 Ratespiel: Formulieren Sie selbst Aussagen zu verschiedenen Sportarten!

Hören | Sprechen | Lesen | Schreiben

Laura Taubald

1

Hören | Sprechen | Lesen | Schreiben 59

Gespräch mit der Astrologin

a) Beantworten Sie nach dem ersten Hören die Fragen.

1. Wo findet das Gespräch statt?
2. Um welches Thema geht es?
3. Wer sind die Gesprächspartner?

b) Lesen Sie die 10 Sätze. Kreuzen Sie beim zweiten Hören r oder f an.

1. Bodo Breuer beschäftigt sich mit der Bedeutung von Sternen. r f
2. Herr Breuer ist der Überzeugung, dass die Arbeit seiner Frau wissenschaftlich ist. r f
3. Laura Taubald findet, dass ihr Mann zu negativ über ihre Arbeit spricht. r f
4. Um das genaue Horoskop einer Person zu erstellen, braucht Laura genaue Informationen über Geburtsort und -zeit. r f
5. Herr Breuer ist der Meinung, dass die Aussagen eines Horoskops nur auf bestimmte Menschen zutreffen. r f
6. Frau Taubald möchte ihren Gesprächspartnern keine Prognosen geben. r f
7. Sie hat keinen bestimmten Kundenkreis. r f
8. Ihre Kunden wollen sich selbst erkennen. r f
9. Laura Taubald interessiert sich zurzeit für die Kunst des Kartenlegens. r f
10. Die Reporterin erfährt von Laura einiges über ihre Zukunft. r f

2

Hören | Sprechen | Lesen | Schreiben

Bodo geht weg – warum?

Markieren Sie Ihre Vermutungen und vergleichen Sie im Kurs.

1. ☐ Vielleicht muss er zur Arbeit.
2. ☐ Er wird keine Zeit haben.
3. ☐ Wahrscheinlich hat er keine Lust, noch länger zuzuhören.
4. ☐ Er wird das für Quatsch halten.
5. ☐ Eventuell hat jemand an der Tür geklingelt.
6. ☐ Sicher glaubt er nicht an so etwas.

3

Hören | Sprechen | Lesen | Schreiben

Prognosen

a) Wie interpretieren Sie die Symbole auf den drei Karten?

A

B

C

b) Welche Prognose könnte zu welcher Karte passen? Bitte sortieren Sie.

1. Sie werden sehr einsam sein. __A__
2. Sie werden sich unsicher fühlen. _____
3. Sie werden eine lange Reise machen. _____
4. Sie werden eine Spitzenposition bekommen. _____
5. Die Sonne wird immer wieder scheinen. _____
6. Niemand wird Ihnen helfen. _____
7. Es wird auf und ab gehen. _____
8. Den richtigen Weg werden Sie nicht so leicht finden. _____
9. Eine neue Beziehung wird auf Sie zukommen. _____
10. Sie werden Probleme lösen. _____
11. Sie werden den richtigen Weg finden. _____
12. Sie werden ein Herz öffnen. _____

4

Hören | Sprechen | Lesen | **Schreiben**

Schreiben und verstehen: Vermutungen und Vorhersagen mit *werden*

Vermutungen:	Er	wird	(vielleicht) keine Zeit	haben .
	Herr Breuer		das Kartenlegen für Quatsch	.
Vorhersagen:	Die Sonne	wird	wieder	scheinen .
	Niemand		Ihnen	helfen .
	Sie		eine lange Reise	.
	Sie		sehr einsam	.

5

Hören | **Sprechen** | Lesen | Schreiben

Was ist hier geschehen?

Was denken Sie: Was ist hier wohl passiert? Was werden die Leute jetzt tun?

6

Hören | **Sprechen** | Lesen | Schreiben

Wie wird die Welt in 100 Jahren aussehen?

Was wird sich wohl verändern? Bitte sprechen Sie über die einzelnen Themen.

Freizeit Sprache Menschen Klima
Reisen Medizin Technik

Ich denke, es wird nur noch eine Sprache geben.

Im Zeiss-Planetarium Jena

1 Sternbilder und Sterngeschichten

Hören | Sprechen | Lesen | Schreiben | 60–61

a) Kennen Sie Sternbilder oder Geschichten darüber? Bitte erzählen Sie.

b) Hören Sie zwei Geschichten über Sternbilder und entscheiden Sie jeweils, welche Zusammenfassung am besten passt.

Wie die Sternbilder entstanden *Eine Geschichte der Navaho-Indianer, Nordamerika*

1. Nach einer Geschichte der Navahos aus Nordamerika haben die Götter die Sternbilder gemacht. Sie haben den Schmuck des Gottes der Dunkelheit gestohlen und ihn an den Himmel geworfen. Einer von ihnen, der kleine Kojote, hat den Schmuck dann am Himmel zu Sternbildern geordnet.
2. Nach einer Geschichte der Navahos aus Nordamerika sind die Sternbilder entstanden, als die Götter dem kleinen Kojoten eine Tasche mit Edelsteinen gaben und ihn baten, diese am Himmel zu verteilen. Da der Gott der Dunkelheit diese Aufgabe aber gern selbst erledigt hätte, war er beleidigt und zerstörte die Ordnung am Himmel.
3. Nach einer Geschichte der Navahos aus Nordamerika hat der Gott der Dunkelheit die Sternbilder gemacht. Er hat Edelsteine und Kristalle in einer bestimmten Ordnung an den Himmel geworfen. Diese Ordnung wurde aber von dem bösen Kojoten zerstört, weil dieser viele andere Sterne über den ganzen Himmel warf.

Das Sternbild „Die große Bärin"

1. Zeus hat das Mädchen Kallisto in das Sternbild einer Bärin verwandelt, weil seine Frau Hera ihn darum gebeten hatte.
2. Zeus hat die schöne Kallisto zuerst in eine Bärin verwandelt, um sie vor Hera zu schützen, und später als Sternbild an den Himmel gesetzt, damit sie nicht getötet werden konnte.
3. Zeus hat Kallisto in eine Bärin verwandelt, weil sie schwanger war und ein Kind von ihm erwartete. Dann hat er sie als Sternbild an den Himmel gesetzt, um sie nachts immer zu sehen.

2 Die Plejaden – das Siebengestirn

Hören | Sprechen | Lesen | Schreiben

Erfinden Sie mithilfe der Wörter selbst eine Geschichte über das Sternbild, machen Sie Notizen und erzählen Sie dann.

sieben kleine Mädchen **sich verirren** **dunkel** **Bären** **Angst**
zusammen **auf einen großen Stein klettern** **Stein wachsen** **hoch**
Himmel **sieben Sterne werden**

Grammatik

1 Die Präpositionen *während, statt, wegen, trotz*

→ S. 207

m	f	n	Pl
während des Krieges	während der Pause	während des Seminars	während der Ferien
statt eines Professors	statt einer Antwort	statt eines Problems	statt Schwierigkeiten
wegen seines Ratschlags	wegen ihrer Angst	wegen ihres Alters	wegen ihrer Kinder
trotz seines Ratschlags	trotz ihrer Angst	trotz ihres Alters	trotz ihrer Kinder

Regel: *während; statt; wegen; trotz* mit Genitiv. ***Achtung:*** In der gesprochenen Sprache meistens mit Dativ.

2 Verben mit Infinitiv

→ S. 196, 204

Präsens:

	Verb		**Satzende (Infinitiv)**
Sie	bleiben		stehen.
Ihr	lernt	Golf	spielen.
Wir	gehen		schwimmen.

Satzklammer

Perfekt:

	Verb		**Satzende (Infinitiv + Partizip)**
Sie	sind		stehen geblieben.
Ihr	habt	Golf	spielen gelernt.
Wir	sind		schwimmen gegangen.

Satzklammer

Regel: Perfekt → *haben / sein* + Infinitiv + Partizip

	Verb		**Satzende (Infinitiv)**
Man	hört	die Fans	schreien.
Ich	sehe	jemanden	einsteigen.
Sie	lässt	das Auto	reparieren.

Satzklammer

	Verb		**Satzende (Infinitiv + Infinitiv)**
Man	hat	die Fans	schreien hören.
Ich	habe	jemanden	einsteigen sehen.
Sie	hat	das Auto	reparieren lassen.

Satzklammer

Regel: Perfekt → *haben* + 2 Infinitive

Regel: Diese Verben können einen Infinitiv ohne zu bei sich haben: *hören, sehen, lassen, bleiben, lernen, gehen, fahren, helfen.* ***Achtung:*** *Ich helfe **ihr** kochen.*

3 *werden* + Infinitiv (Futur)

→ S. 196, 201

ich	werde
du	wirst
er • sie • es	wird
wir	werden
ihr	werdet
sie • Sie	werden

	werden		**Infinitiv**
Du	wirst	sehr einsam	sein.
Es	wird	auf und ab	gehen.
Wir	werden	den richtigen Weg	finden.

Satzklammer

Regel: Präsens von *werden* + Infinitiv benutzt man bei Vermutungen über Gegenwart und Zukunft, Versprechen oder unsicheren Aussagen für die Zukunft.
Achtung: Um über zukünftiges Geschehen zu sprechen, benutzt man in der Regel Präsens mit Temporalangaben (*nächste Woche, 2050, in einigen Jahren, übermorgen…*).

Übungsbuch

Zu jeder Kursbuchlektion finden Sie hier im Übungsbuch eine Lektion mit passenden Übungen.
Am besten benutzen Sie Kurs- und Übungsbuch parallel:
Nach jedem Abschnitt im Kursbuch können Sie den neuen Stoff im Übungsbuch üben.

Ein Verweis zeigt Ihnen, zu welchem Abschnitt im Kursbuch die Übungen gehören:

Seite 64/65	Aufgabe 1–4

Das bedeutet: Wenn Sie im Kursbuch auf Seite 64 und 65 die Aufgaben 1 bis 4 gelöst haben, können Sie alle Übungen im Übungsbuch bis zum nächsten Verweis machen.

Übrigens können alle Übungen allein, z. B. zu Hause, gemacht werden:
Ein Beispiel zeigt, wie jede Übung funktioniert.
Und mit dem Lösungsschlüssel im Anhang kann man seine Antworten auch selbst kontrollieren.

Die Übungen auf den Seiten *Arbeiten mit dem Wörterbuch* im Übungsbuch wurden am Beispiel von **Passwort Deutsch Lernerwörterbuch** entwickelt.

Lektion 19 .... **82**
Lektion 20 .... **98**
Lektion 21 .... **114**
Lektion 22 .... **130**
Lektion 23 .... **146**
Lektion 24 .... **162**
Lösungen zum Übungsbuch **180**

Lektion 19

An der Nordseeküste

Seite 8/9	Aufgabe 1–2

1 Kleines Meerlexikon

~~die Hallig~~ der Deich die Gezeiten (Pl.) die Düne das Wattenmeer das Festland

1. die Hallig : winzig kleine Insel vor der deutschen Nordseeküste
2. ________________ : durch den Wind entstandener Berg oder Hügel, normalerweise aus Sand
3. ________________ : von Menschen gebaute „Mauer" zum Schutz vor dem Meer
4. ________________ : das „trockene" Meer an der Nordseeküste bei Ebbe – man kann dann zu Fuß darüber gehen
5. ________________ : das Gegenteil von einer Insel
6. ________________ : das Kommen (Flut) und Gehen (Ebbe) des Meeres

2 Was passt nicht?

1. Deich – Düne – Strand – ~~Abenteuer~~
2. Ebbe – Flut – Insel – Gezeiten
3. Wind – Wattwandern – Sturm – Nebel
4. Dächer – Städte – Höfe – Dörfer
5. Landwirtschaft – Fischfang – Festland – Windkraftanlagen
6. Himmel – Wolke – Küste – Horizont

3 Das Wetter

a) Welches Verb passt?

~~fallen~~ scheinen sich bilden aufziehen wehen fallen sich bilden aufziehen

1. der Schnee: fallen
2. der Sturm: ________________
3. der Nebel: ________________
4. der Wind: ________________
5. die Sonne: ________________
6. der Regen: ________________
7. das Eis: ________________
8. die Wolke: ________________

b) Ergänzen Sie *-ig* oder *-isch*.

1. eis ig
2. stürm________________
3. wolk________________
4. wind________________
5. regner________________
6. sonn________________
7. nebl________________
8. verschneit________________

4 Friesisch, Plattdeutsch und Dänisch

a) Welche Überschrift passt wo?

A

Jeden Mittwochabend zwischen 20 und 21 Uhr können Sie im Norddeutschen Radio auf „Welle 1“ die Sendung „Friesisch für alle“ mit Informationen rund um die friesische Sprache hören. An den anderen Tagen der Woche gibt es zur selben Zeit Informationen und Neuigkeiten aus Kultur, Wissenschaft und anderen Bereichen – auf Hoch- und Plattdeutsch.

B

Im Bundesland Schleswig-Holstein spricht man neben Deutsch nicht nur Friesisch und Plattdeutsch, sondern auch Dänisch; denn hier leben 50 000 Dänen. Alle vier Sprachen gelten in Schleswig-Holstein auch als offizielle Landessprachen.

C

Die friesische Volksgruppe, die an der Westküste mit ihren Inseln und Halligen zu Hause ist, zählt 40 000 Menschen. Das Friesische besteht aus mehreren Dialekten, z. B. dem Saterfriesischen oder dem Nordfriesischen. Nur noch wenige Leuten sprechen aber diese Sprachen.

D

Es gibt Versuche, die Minderheitensprachen wieder zu beleben: Im Saterland besuchen ältere Damen Kindergärten, um Kindern in ihrer Sprache Geschichten zu erzählen und mit ihnen zu singen. Denn nur noch 2000 Menschen sprechen heute Saterfriesisch. Auch die neuen Medien helfen, das Aussterben der alten Sprachen zu verhindern. So gibt es im Internet Seiten über Institutionen, die sich für die Sprachen einsetzen, oder informative Artikel auf Plattdeutsch oder Friesisch.

E

Heute gelten Friesisch, Plattdeutsch und Dänisch als Sprachen mit eigenen kulturellen Welten in Norddeutschland, die deshalb zu schützen sind. So lässt sich vielleicht doch noch verhindern, dass diese regionalen Sprachen in Vergessenheit geraten.

1. Minderheitensprachen in Schleswig-Holstein — Text B
2. Schutz der Minderheitensprachen — Text ______
3. Friesisch und Plattdeutsch im Radio — Text ______
4. Versuche, die Minderheitensprachen zu retten — Text ______
5. Die friesische Sprache — Text ______

b) Richtig (r) oder falsch (f)? Markieren Sie bitte.

1. Auf „Welle 1“ gibt es auch ein dänisches Programm. ______ r f
2. In Deutschland spricht man nicht nur Deutsch. ______ r f
3. Dänisch spricht man nicht nur in Dänemark. ______ r f
4. Ungefähr 4000 Menschen sprechen Friesisch. ______ r f
5. Das Internet hilft beim Schutz der Minderheitensprachen. ______ r f
6. Die Sprachen und Dialekte in Norddeutschland sind kulturell geschützt. ______ r f

Inseln im stürmischen Meer

Seite 10/11	Aufgabe 1–5

1 Informationen über Pellworm

a) Welche Überschrift passt besser?

A Pellworm – grüne Insel im Wattenmeer
B Pellworm – mehr als nur Baden und Wattwandern

Seit 1997 ist Pellworm anerkanntes Nordseeheilbad. Pellworm ist 37 km² groß und wird von einem 8 m hohen und 28 km langen Seedeich umgeben. Die Insel hat 1 180 Einwohner. Der Fremdenverkehr ist nach der Landwirtschaft auf dieser bäuerlichen und noch recht ursprünglichen Insel der zweitgrößte Wirtschaftsfaktor. 2000 Gästebetten werden regelmäßig vermietet.

„Pelle“, das Schaf, ist das Maskottchen von Pellworm. Nicht umsonst, denn die Deichschafe prägen das Bild von Pellworm vom Frühjahr bis zum Herbst. Die Schafe sorgen dafür, dass der Deich fest und sicher bleibt.
Es gibt 10 Badestellen auf der Wasserseite des grünen Deichrandes. Hier kann man sich sonnen, baden oder einfach im Strandkorb den Blick auf das Wattenmeer genießen.
Sehenswert ist der alte Leuchtturm von 1907, der besichtigt werden kann und in dem heute bis zu 140 Hochzeiten im Jahr stattfinden. Die alte Kirche St. Salvador an der Westseite der Insel, deren Geschichte im 11. Jh. begann, ist ebenfalls einen Ausflug wert. Im Sommer werden hier wöchentlich Orgelkonzerte bei Kerzenschein veranstaltet.
Außerdem werden regelmäßig Wattwanderungen zur Hallig Hooge und zur Hallig Süderoog sowie Schiffsausflüge zu anderen nordfriesischen Inseln angeboten.
Auf Pellworm gibt es übrigens den wohl einzigen Wattbriefträger Deutschlands. Zweimal wöchentlich läuft Knud Knudsen die 7 km von Pellworm zur Hallig Süderoog, um die zwei Bewohner dort mit Post zu versorgen.
(Quelle: www.nordsee-treff.de)

b) Richtig (r) oder falsch (f)?

1. Die Insel Pellworm ist 28 km groß. ______ (r) (f)
2. Der wichtigste Wirtschaftszweig auf Pellworm ist die Landwirtschaft. ______ (r) (f)
3. Auf Pellworm gibt es viele Schafe. ______ (r) (f)
4. Im Jahr 1907 fanden 140 Hochzeiten im Leuchtturm statt. ______ (r) (f)
5. Der Briefträger Knut Knudsen bringt die Post vom Festland zu Fuß nach Pellworm. ______ (r) (f)
6. Von Pellworm aus kann man zu anderen Halligen wandern oder mit dem Schiff zu anderen Inseln fahren. ______ (r) (f)

2 Amrum – Insel unter weitem Himmel

a) Ergänzen Sie.

laden ... ein | ~~Insel~~ | neuem | Vögel | Ruhe | grenzen

Amrum ist die _Insel_ der Weite und Freiheit. Im Westen brandet die Nordsee an den über 10 Quadratkilometer großen Strand. Großartige Dünenlandschaften türmen sich bis zu 32 Meter auf und ____________ zu Wanderungen ____________. Helle Sanddünen treffen in der Inselmitte auf dunkle Wald- und Wiesenflächen.

____________ und Beschaulichkeit findet man in den Dörfern der Friesen. Hier scheint die Zeit stillzustehen. Die Dörfer ____________ an das Wattenmeer, das sich im Wechsel der Gezeiten mit immer ____________ Gesicht zeigt. Und überall die Rufe der ____________, die den weiten Himmel Amrums prägen.

b) In welches Dorf gehen Sie?

A

Wittdün, die Südspitze Amrums, erhält durch die Fähren in seinem kleinen Hafen und das bunte Bild der Fischkutter ein maritimes Flair. Die Hauptstraße mit vielen Geschäften lädt zum gemütlichen Bummeln ein.

B

Nebel vermittelt mit reetgedeckten Friesenhäusern und dem historischen Ortskern mit der St.-Clemens-Kirche Idylle und Beschaulichkeit. Zahlreiche Cafés und Restaurants runden das Ortsbild ab.

C

Süddorf ist mit Norddorf der älteste Ort der Insel und hat bis heute etwas von der früheren ländlichen Gemütlichkeit bewahrt. Zahlreiche Friesenhäuser und die Süddorfer Mühle prägen das Ortsbild. Gemütlicher Badestrand.

D

Steenodde liegt zwischen Nebel und Wittdün am Wattenmeer. Hier findet man Ruhe und Entspannung im Wechsel der Gezeiten. Viele Friesenhäuser mit Blumengärten, prähistorische Hügelgräber aus der Bronzezeit, Boote am Steg und das Leben hinterm Deich geben dem Ort die besondere Note.

E

Norddorf hat als moderner Kur- und Familienferienort seine besondere Atmosphäre bewahrt. Eine belebte Fußgängerzone mit Geschäften und Cafés lädt zum Bummeln und Verweilen ein. Der nahe gelegene Strand sorgt für ein fröhliches Treiben.

(Quelle: www.amrum.de)

1. Sie interessieren sich für frühgeschichtliche Archäologie. _D_
2. Sie lieben traditionelle Dorfarchitektur. ________
3. Sie sind gern unter Menschen, kaufen gern in netten Läden ein, lieben aktiven Strandurlaub. ________
4. Sie lieben Häfen, Schiffe, Fischerei. ________
5. Sie suchen einen wirklich ruhigen Badestrand. ________

3 Und ab die Post!

a) Ordnen Sie bitte zu.

der Briefkasten **der Brief** **~~der Briefumschlag~~** **der Briefträger** **die Briefmarke**

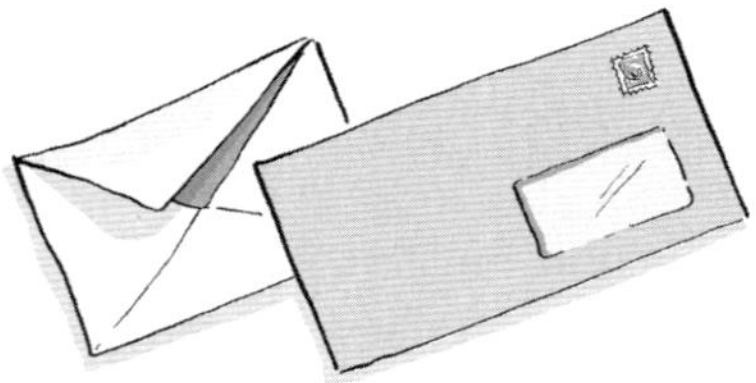

1. *der Briefumschlag*

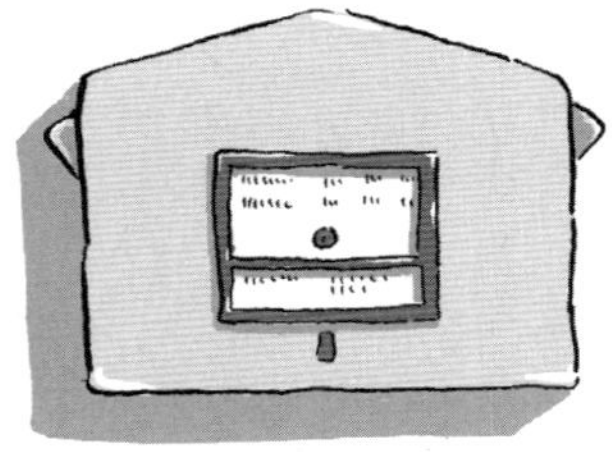

2. ______

3. ______

4. ______

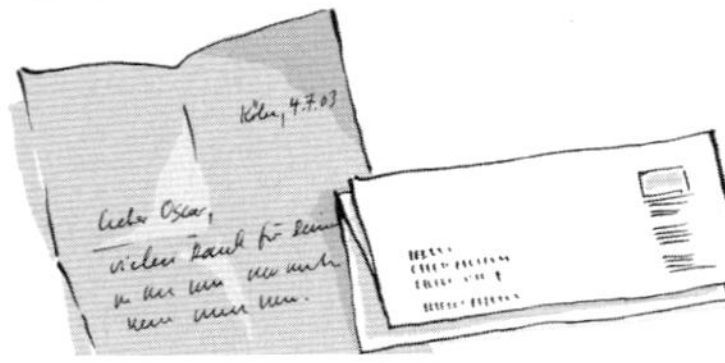

5. ______

b) Nomen und Verben. Bitte verbinden Sie.

①	das Briefpapier	A	stecken	1	*C*
②	den Brief in den Umschlag	B	schreiben	2	
③	den Umschlag	C	holen	3	
④	die Adresse auf den Umschlag	D	kleben	4	
⑤	die Briefmarke auf den Brief	E	werfen	5	
⑥	den Brief in den Briefkasten	F	zumachen	6	

Meer erleben

Seite 12	**Aufgabe 1**

1 Wind, Sand und mehr. Bitte ordnen Sie zu.

~~Sand~~ **Welle** **Wind** **Luft** **Menschen** **Meer**

1. *Sand*: fein, nass, fest
2. ______: klar, salzig, stürmisch
3. ______: frisch, klar, feucht
4. ______: gastfreundlich, nett, sympathisch
5. ______: stürmisch, schwach, stark
6. ______: leicht, stark, hoch

2 Wortbildung: zusammengesetzte Wörter

1. der Boden, der unter dem Meer liegt: *der Meeresboden*
2. die Wanderung durch das Watt: ______
3. ein Tier, das im Meer lebt: ______
4. ein Korb, der am Strand steht: ______
5. ein Fleck, der aus Öl ist: ______
6. Erlebnisse, die man in der Natur hat: ______

3 *der See – die See.* Was passt?

1. ____________: Nordsee – Ostsee – Südsee
2. ____________: Bodensee – Helene-See – Vierwaldstätter See

4 Am Meer. Welches Wort passt?

1. Die Nordsee ist fast 300 Millionen Jahre alt. So wie wir sie heute kennen, war sie jedoch nicht immer, sondern erst seit 20000 Jahren. Sie ist **(1)** ____________ der letzten Eiszeit durch Überflutung von Teilen des Festlands entstanden. Man kann sagen, dass die Nordsee ein relativ junges Meer ist.

2. An der Nordseeküste kann man täglich beobachten, wie das Wasser immer näher kommt und sich dann wieder entfernt. Diese Ereignisse nennt man die Gezeiten oder **(2)** ____________. Schon die alten Griechen stellten sich die Frage, wie diese Erscheinung zu erklären ist, und fanden heraus, dass die Gezeiten mit dem Mond zu tun haben. Heute weiß man, **(3)** ____________ die Anziehungskraft des Mondes und die Drehung der Erde dafür verantwortlich sind.

3. Man kann alle Muscheln aus der Nordsee essen. Nach alter Tradition isst man sie aber nur in Monaten, die den Buchstaben „r" enthalten (also von September bis April). Diese Regelung hat mehrere **(4)** ____________. Zum einen war der Transport in der warmen Jahreszeit ein Problem, da man die Produkte nicht kühl halten **(5)** ____________. Auch schmecken Muscheln in den Sommermonaten wirklich nicht so gut wie im Winter; sie können **(6)** ____________ giftig und ihr Verzehr für den Menschen tödlich sein.

4. Ein beliebtes Fotomotiv für alle Nordsee-Urlauber sind die Leuchttürme **(7)** ____________ ihrer typischen Bemalung und Form. Früher dienten sie als Seezeichen bei Tag und Nacht, um den Schiffen den Weg zu zeigen. Heute haben sie ihre Bedeutung als Signale fast ganz verloren, denn die meisten Schiffe haben Radar. Sie bleiben aber eine touristische Attraktion: Es ist ein Muss im Nordseeurlaub, auf einen Leuchtturm zu steigen, um von dort aus den weiten Rundblick über die See zu **(8)** ____________.

5. Für den Menschen unangenehme, jedoch meistens ungefährliche Bewohner der Nordsee sind die Quallen. Der Kontakt mit ihnen kann aber Hautreizungen verursachen, die **(9)** ____________ schmerzen. Eine tödliche Gefahr stellen sie nicht dar, wenn sie auch in Einzelfällen bei sehr empfindlichen Personen starke allergische Reaktionen mit Kreislaufproblemen verursachen können. Quallen, die am Strand liegen, sind keine **(10)** ____________.

	a)	b)	c)
1.	a) (während)	b) bevor	c) als
2.	a) Tag und Nacht	b) Ebbe und Flut	c) Monat für Monat
3.	a) dass	b) wann	c) ob
4.	a) Meinungen	b) Ansichten	c) Gründe
5.	a) durfte	b) musste	c) konnte
6.	a) sogar	b) natürlich	c) unbedingt
7.	a) ohne	b) mit	c) durch
8.	a) beobachten	b) genießen	c) fühlen
9.	a) stark	b) gesund	c) krank
10.	a) Abenteuer	b) Unfall	c) Gefahr

Seite 12/13	Aufgabe 2–4

1 Ferien auf dem Bauernhof von Frau Mommsen

1. (die Feriengäste, sich erholen / Frau Mommsen, arbeiten)
   Während die Feriengäste sich erholen, arbeitet Frau Mommsen.
2. (die Gäste, morgens ausschlafen / Frau Mommsen, das Frühstück vorbereiten)
   ______
3. (die Gäste, frühstücken / Frau Mommsen, sich um den Gemüsegarten kümmern)
   ______
4. (Sabrina und Ellen, an den Strand gehen / Frau Mommsen, Zimmer aufräumen, Essen kochen)
   ______
5. (Christian, Steffi und Henri Burkhard, Bootsfahrt machen / Frau Mommsen, das Haus putzen)
   ______
6. (Herr und Frau Sedlmayr, mit dem Rad über die Insel fahren / Frau Mommsen, Mahlzeiten einkaufen)
   ______
7. (alle Gäste, zu Abend essen / Frau Mommsen, noch mal nach dem Garten sehen)
   ______
8. (die Gäste, zusammen Karten spielen, sich unterhalten / Frau Mommsen, todmüde ins Bett gehen)
   ______

2 Semesterferien. Ergänzen Sie die richtige Subjunktion.

als	weil	~~während~~	bis	während	wann

1. Während Antonia in der Bibliothek saß und lernte, erholte sich Angelina im Schwimmbad.
2. Weißt du, ______ Antonia ihre Prüfungen hat?
3. ______ Angelina kein Geld mehr hat, muss sie einen Ferienjob annehmen.
4. ______ Antonia zur Prüfung ging, regnete es.
5. ______ Angelina im Café saß, schrieb Antonia ihre erste Prüfung.
6. Wie lange dauern die Prüfungen? ______ das neue Semester beginnt.

Seewind

Seite 14/15	Aufgabe 1–2

1 Verbinden Sie bitte.

1. die Umwelt	sparen
2. Energie	aktiv sein
3. in einer Bürgerinitiative	nutzen
4. Müll	verschmutzen
5. Windenergie	protestieren
6. gegen den Bau einer Straße	trennen

(Beispiel: 1. die Umwelt – verschmutzen)

2 Welche Begriffe haben eine ähnliche Bedeutung? Markieren Sie.

1. Müll – Abfall – Produkt
2. Container – Metall – Abfalltonne
3. Recycling – Strom – Elektrizität
4. Küste – Meer – Ufer
5. Windenergie – Windrad – Windmühle

3 Strom aus Wind. Wie funktioniert das?

a) So sieht eine Windkraftanlage aus. Sehen Sie sich die Zeichnung an und lesen Sie dann den Text in Übungsteil b).

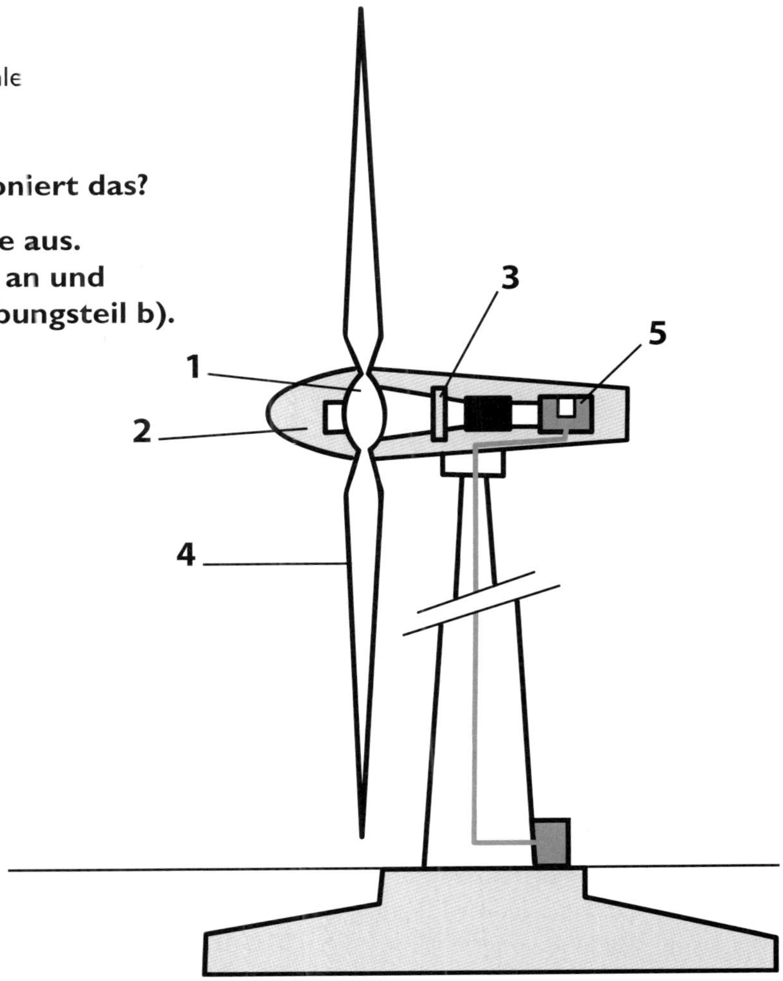

b) Windräder auf Pellworm

Wie macht man Strom aus Wind?
Die im Wind enthaltene Strömungsenergie setzt den Rotor (1–3) einer Windkraftanlage in Bewegung. Durch die Drehung des Flügels (4) entsteht mechanische Energie, die auf einen Generator (5) übertragen wird. Dieser Generator wandelt die mechanische Energie in elektrische Energie um.

Windpower für Pellworm
Schon seit Ende der 70er-Jahre experimentiert man auf Pellworm mit Windkraftanlagen. Die Windkraftnutzung stellt das größte Potenzial an erneuerbaren Energien auf der Insel dar. Derzeit werden 16 Windkraftanlagen mit einer Gesamtleistung von 5 900 Kilowatt betrieben, das entspricht einer Jahresleistung von 15 100 Megawatt. Unter Ausschöpfung der Energiesparmaßnahmen im Strom- und Wärmebereich reicht dies theoretisch schon jetzt aus, um die Insel autark zu versorgen.
(Quelle: www.pellworm-energy.org)

1. Ein Windrad produziert zunächst mechanische Energie. Erst ein Generator macht daraus elektrische Energie. r f
2. Auf Pellworm stehen zurzeit 16 Windkraftanlagen. r f
3. Schon jetzt gibt es auf Pellworm nur noch Strom aus Windkraftanlagen. r f

4 Die Bürgerinitiative fordert ...

1. ... den Schutz der Umwelt.
   Die Politiker sollen die Umwelt schützen. ____
2. ... die Aufstellung von mehr Windrädern.
   Die Politiker ____
3. ... die Sammlung von Altglas und Altpapier.
   Die Bürgerinnen und Bürger ____
4. ... die Benutzung von Bussen und Bahnen.
   Die Bürgerinnen und Bürger ____
5. ... den Kauf von Pfandflaschen.
   Die Bürgerinnen und Bürger ____
6. ... den Verbrauch von weniger Energie.
   Die Bürgerinnen und Bürger ____

5 Eine Meinung, Ablehnung oder Zustimmung ausdrücken.

a) Ordnen Sie die Sprechabsichten den folgenden Redemitteln zu.

1. Also ich glaube / denke / meine, dass ...
   Ich bin der Meinung / Ansicht, dass ...
   Meiner Meinung nach ...
2. Ich bin deiner Meinung.
   Ganz meiner Meinung.
   Das ist ein guter Vorschlag.
   Ich bin dafür
   Einverstanden. / In Ordnung. / Genau.
3. Ich kann dir da nicht zustimmen.
   Ich kann das nur entschieden ablehnen.
   Ich bin (völlig) anderer Meinung.
   Damit will ich nichts zu tun haben.
   Ich bin dagegen.

1. *eine Meinung ausdrücken* ____
2. ____
3. ____

b) Sie sind anderer Meinung. Schreiben Sie das Gegenteil.

Vorschlag ~~**finde**~~ **Ansicht** **zustimmen** **zu tun haben**
Meinung **dafür** **Meinung nach** **ablehnen**

1. Ich *finde* Recycling sinnlos. Was meinst du dazu?
   Ich kann dir da nicht ____.
2. Ich bin der ____, dass ökologische Produkte viel zu teuer sind.
   Ich bin völlig anderer ____.
3. Ich bin gegen den Einsatz von alternativen Energien. – Also, ich bin ____.
4. Wir werfen den Müll am besten hier in den Wald. Einverstanden?
   Damit will ich nichts ____.
5. Meiner ____ sollten die Leute nur noch mit dem Auto und nicht mehr mit der Bahn fahren. – Ich kann das nur entschieden ____.
6. Ich bin dafür, dass wir uns in einer Bürgerinitiative engagieren.
   Nein, das ist kein guter ____.

Seite 15	Aufgabe 3–4

1 Bevor der Briefträger einen Brief bringen kann, ...

1. (der Briefträger, einen Brief bringen können / einiges zu tun geben)
2. (den Brief in den Briefkasten werfen / eine Briefmarke auf den Umschlag kleben)
3. (eine Briefmarke auf den Umschlag kleben / Adresse auf den Briefumschlag schreiben)
4. (Adresse auf den Umschlag schreiben / den Brief in einen Umschlag stecken)
5. (den Brief in einen Umschlag stecken / den Brief schreiben)
6. (den Brief schreiben / das passende Briefpapier suchen)

Bevor der Briefträger einen Brief bringen kann, gibt es einiges zu tun.

Bevor man ______

2 Ergänzen Sie einen Nebensatz mit *seit/seitdem*.

~~Elektrizität geben~~ Alexander Fleming, Penicillin entdecken Carl Benz, Auto erfinden die Leute, ein Handy haben Menschen, zum Mond fliegen können Konrad Zuse, den ersten Computer bauen

1. *Seit es Elektrizität gibt,* ______
   hat sich das Leben der meisten Menschen sehr verändert.
2. ______
   sterben weniger Menschen an Infektionen und Krankheiten.
3. ______
   gehen die Leute zu selten zu Fuß.
4. ______
   telefonieren sie viel mehr als früher.
5. ______
   haben sich die Computer unglaublich schnell weiterentwickelt.
6. ______
   scheinen Menschen mit ihrer Technik alles erreichen zu können.

3 *seit* oder *bevor*?

1. Auto haben / nur noch selten Rad fahren (ich)
   Seit ich ein Auto habe, fahre ich nur noch selten Rad.
2. Rentner sein / keine Zeit mehr haben (er)
   ______
3. ins Bett gehen / Zähne putzen müssen (wir)
   ______
4. keinen Fernseher mehr haben / viel mehr lesen (sie)
   ______
5. Kuchen backen / Zutaten einkaufen (sie)
   ______

4 *während* oder *bevor*?

1. Während _______ das Meer sich bei Ebbe zurückzieht, kann man zu Fuß über den Meeresboden gehen.
2. Aber natürlich muss eine Wattwanderung zu Ende sein, _______ die Flut kommt.
3. _______ man mit der Wanderung beginnt, sollte man also sicher sein, dass man den Gezeitenkalender richtig gelesen hat.
4. _______ man durchs Watt wandert, gibt es viel zu sehen, zu hören und sogar zu fühlen.
5. _______ man über den Sand geht, sollte man also aufmerksam auf alle Sinneseindrücke achten.
6. _______ man losgeht, zieht man am besten Schuhe und Strümpfe aus und geht barfuß – so ist es am schönsten!

5 *während*, *bevor* oder *seit/seitdem*?

1. Bevor _______ sie verheiratet waren, war alles wunderbar.
   _______ sie verheiratet sind, streiten sie oft.
2. _______ du die Koffer holst, bezahle ich die Hotelrechnung.
   _______ sie die Koffer geholt und bezahlt haben, haben sie gefrühstückt.
3. _______ er Einkäufe machte, räumte sie die Wohnung auf.
   _______ er die Einkäufe machte, schrieb sie den Einkaufszettel.
4. _______ ich die Prüfung gemacht habe, war ich sehr nervös.
   _______ ich die Prüfung gemacht habe, weiß ich, dass die Nervosität unnötig war.

6 Die Arbeit einer Krimiautorin. Schreiben Sie mindestens 5 Sätze mit *während*, *bevor* oder *seit/seitdem*.

Clarissa ist Krimiautorin. Sie schreibt gerade ihren zweiten Kriminalroman. Diesen Winter hat sie ein Haus auf der Nordseeinsel Pellworm gemietet, wo sie in aller Ruhe arbeiten will.

Wind, Flut, Nebel, Sonne, ~~Wolken~~, Regen	~~ziehen~~, wehen, aufziehen, fallen, steigen, scheinen	nachdenken, Wellen beobachten, konzentriert arbeiten, Tee trinken, im Garten frühstücken, ~~vor dem Computer sitzen~~

Während am Himmel die Wolken ziehen, sitzt Clarissa vor dem Computer.

____

____

____

____

____

____

____

____

Der Seeräuber Klaus Störtebeker

Seite 16/17	Aufgabe 1–2

1 Kombinieren Sie.

~~Zeitungs-~~ / -plan	Fahr- / -anweisung	Internet- / -buch
Wörter- / -seite	Gebrauchs- / -geschichte	Abenteuer- / ~~-anzeige~~

1. *Zeitungsanzeige*
2. ______
3. ______
4. ______
5. ______
6. ______

2 Kennen Sie das Gegenteil?

1. hoch — *tief*
2. beliebt — ______
3. ______ — wertlos
4. voll — ______
5. sicher — ______
6. wichtig — ______
7. reich — ______
8. ______ — viel
9. gefährlich — ______
10. genau — ______

3 Zeitangaben in der Vergangenheit

früher **gerade** **neulich** **~~einmal~~** **gerade** **damals** **vorgestern**

1. Es war *einmal* ein Seeräuber, der hieß Klaus Störtebeker. ______ gab es viele Seeräuber in der Nord- und Ostsee, aber keiner war so berühmt und gefährlich wie Störtebeker.
2. Heute gibt es Spülmaschinen, Kaffeemaschinen, Waschmaschinen, Küchenmaschinen … Das alles musste man ______ von Hand machen.
3. Wann seid ihr in Düsseldorf angekommen? Gestern? – Nein, vor zwei Tagen. – Ach, also schon ______.
4. Ist Frau Schlegel schon in der Firma? – Ja, ich glaube, sie ist ______ gekommen.
Kannst du mir mal schnell helfen? Ich versuche ______ meine Hausaufgaben zu machen.
5. Hast du in letzter Zeit mal wieder was von Achmed gehört? – Ja, ich habe ihn vor kurzem gesehen. ______ war ich in der Buchhandlung Hanse, da stand er vor dem Regal mit Deutschbüchern.

1 Das Präteritum – besondere Verben

a) Wie heißt der Infinitiv?

1. ich nannte *nennen*
2. du brachtest mit ______
3. sie wusste ______
4. wir dachten ______
5. ihr kanntet ______
6. sie brannten ______

b) Wie heißt das Präteritum?

1. ich bringe mit: *ich brachte mit*
2. du nennst: ______
3. es brennt: ______
4. wir kennen: ______
5. ihr denkt: ______
6. sie wissen: ______

2 Marzipan – eine Lübecker Spezialität? Eine Wortgeschichte.

1. Zu Beginn des 15. Jahrhunderts gab es in der norddeutschen Stadt Lübeck eine Hungersnot. Es gab kein Brot und die Leute *wussten* (wissen) nicht, was sie essen sollten. Deshalb ______ (ausdenken) sich ein Lübecker Bäcker ein neues Rezept ______. Er machte ein Brot aus Mandeln. Das Brot aus Mandeln ______ (nennen) die Lübecker Marzipan. Seitdem ist Lübeck für sein Marzipan bekannt.
2. Lange ______ (wissen) man nicht, woher der Name Marzipan kommt. Sprachforscher glauben, dass er von einer byzantinischen Geldmünze, die man „Mauthaban" ______ (nennen), kommt. Aus dem Wort „Mauthaban" wurde später Marzapane. Marzapane ______ (nennen) man im Mittelmeerraum kleine Schachteln. Die Bedeutung ist dann von der Verpackung auf den Inhalt übergegangen.
3. Das Marzipan ______ (mitbringen) italienische Seefahrer vermutlich aus dem Orient ______. Vielleicht ______ (kennen) man Marzipan aber auch schon vorher in Venedig. Denn dort gab es eine Spezialität mit dem Namen „marci panis", Brot des Markus. Das Rezept dafür ______ (bringen) Kaufleute nach Lübeck.

3 Trennbare Verben. Formulieren Sie die Sätze um.

1. Hannah brachte noch eine Freundin auf die Party mit.
   Stimmt es, dass Hannah noch eine Freundin auf die Party mitbrachte?
2. Stimmt es, dass Karim ihn oft anrief?
   Ja, Karim ______?
3. Sie luden ihre Eltern nicht zur Hochzeit ein.
   Stimmt es, dass ______?
4. Stimmt es, dass Viktor in den Ferien den ganzen Tag fernsah?
   Ja, ______?
5. Stimmt es, dass Herr Hagmann an der Besprechung nicht teilnahm?
   Ja, ______?

4 Nach welchem Muster ändert sich der Verbstamm?

trinken ~~essen~~ wissen verstehen lesen beginnen denken bringen
fahren laufen nennen ~~brennen~~ gehen anbieten einladen
kennen kommen aufbrechen schreien beschließen ~~singen~~

A	B	A
essen,	aß,	gegessen,
A	**B**	**B**
brennen,	brannte,	gebrannt,
A	**B**	**C**
singen,	sang,	gesungen,

5 Welche Erklärung stimmt?

A Nur Kaufleute mit Waffen konnten Mitglieder der Hanse sein.
B Die Hanse hatte ihre europäische Zentrale im norwegischen Bergen.
C Die Hanse war eine Art Verein zum Schutz des Handels im nördlichen Europa.

„Hansa" ist ein altes germanisches Wort, das so viel wie bewaffnete Gemeinschaft bedeutet. Im Mittelalter verwendete man den Begriff zur Bezeichnung für Gemeinschaften von Kaufleuten im Ausland.
Die Anfänge der Hanse liegen im 12. und 13. Jahrhundert. Zu dieser Zeit schlossen norddeutsche Kaufleute Vereinigungen, die sich im Ausland gegenseitig vertraten und auch gemeinsam ihre Handelsinteressen schützten. Später traten an die Stelle der einzelnen Kaufleute deutsche Städte, unter Führung der Reichsstadt Lübeck. Aus der Hanse wurde ein internationaler Städtebund. Noch heute sind z.B. in Norwegen in der Stadt Bergen die Häuser des Hansebundes am Hafen zu sehen. In solchen Außenstellen bekamen die Händler Hilfe bei der Abwicklung ihrer Geschäfte, so konnten sie schneller und sicherer wieder mit ihren Schiffen abfahren. Weitere so genannte Kontore gab es in London, in Oslo, Kopenhagen, Nowgorod und anderen Städten. Im 15. Jahrhundert, in ihrer Blütezeit, zählte die Hanse über 160 Mitglieder. Der Handel der Hanse war vor allem Seehandel. Der wichtigste Handelsweg führte von Nowgorod über Reval, Lübeck, Hamburg nach London. Mit dem Dreißigjährigen Krieg kam das Ende für die Hanse. Der letzte Hansetag fand 1669 statt.

Lektion 20

Im Saarland

Seite 20/21	Aufgabe 1

1 **Die Bundesrepublik Deutschland besteht aus 16 Bundesländern. Schauen Sie sich die Deutschlandkarte vorn im Buch an und sortieren Sie die Hauptstädte.**

München ~~**Kiel**~~ **Wiesbaden** **Magdeburg** **Hamburg** **Mainz** **Berlin** **Bremen** **Stuttgart** **Dresden** **Potsdam** **Düsseldorf** **Erfurt** **Saarbrücken** **Hannover** **Schwerin**

1. Schleswig-Holstein: Kiel
2. Hamburg: ______
3. Mecklenburg-Vorpommern: ______
4. Bremen: ______
5. Berlin: ______
6. Niedersachsen: ______
7. Brandenburg: ______
8. Sachsen-Anhalt: ______
9. Nordrhein-Westfalen: ______
10. Sachsen: ______
11. Rheinland-Pfalz: ______
12. Thüringen: ______
13. Hessen: ______
14. Saarland: ______
15. Baden-Württemberg: ______
16. Bayern: ______

2 **Kennen Sie das Saarland? Markieren Sie bitte.**

Saarbrücken **(1)** ______ im Jahr 1909 durch den Zusammenschluss der drei Orte Alt-Saarbrücken, St. Johann und Malstatt-Burbach. Seit 1947 ist die Stadt mit ca. 200 000 **(2)** ______ Hauptstadt des Saarlands. Nach dem Zweiten Weltkrieg wollte Frankreich das Saarland in den französischen Staat integrieren, hauptsächlich **(3)** ______ seiner bedeutenden Industrie, aber seit dem 1. Januar 1957 ist das Saarland ein Bundesland der Bundesrepublik Deutschland. Unmittelbare **(4)** ______ der Saarländer sind die französischen Lothringer, die Luxemburger und die Rheinland-Pfälzer. Die Saar, der Fluss, dem die Stadt und das Land ihren Namen verdanken, ist 246 km **(5)** ______. In Saarbrücken gibt es eine **(6)** ______, vier Fachhochschulen, eine Hochschule für Kunst, Musik und Theater. Seit dem 19. Jahrhundert ist das Saarland ein **(7)** ______. Etwa 13 von 100 Saarländern sind noch heute im Steinkohlebergbau und in der Metallindustrie **(8)** ______.

	a)	b)	c)
1.	a) gründete	b) (entstand)	c) kam
2.	a) Leute	b) Bevölkerung	c) Einwohnern
3.	a) wegen	b) weil	c) für
4.	a) Freunde	b) Nachbarn	c) Grenzgänger
5.	a) lang	b) weit	c) entfernt
6.	a) Dom	b) Gymnasium	c) Universität
7.	a) Inland	b) Industrieland	c) Ausland
8.	a) beschäftigt	b) bedient	c) beruflich

3 Das Saarland kennen lernen. Richtig (r) oder falsch (f)?

1. Es gibt einen 300 km langen Rundwanderweg durch Saarbrücken. ____ r f
2. Man kann mit dem Schiff durch das Saarland reisen. ____ r f
3. Saarbrücken liegt südwestlich von der großen Saarschleife. ____ r f
4. In der Alten Völklinger Hütte kann man Kultur erleben. ____ r f
5. Im Kulturpark Bliesbruck-Reinheim kann man Bewohner von 1700–800 v. Chr. sehen. ____ r f
6. Deutsche und Franzosen haben den Kulturpark zusammen gegründet. ____ r f

Das Saarland kann man gut zu Fuß entdecken, denn es gibt einen etwa 300 km langen Rundwanderweg durch das Gebiet. Man kann aber auch das Schiff nehmen: Von der Schiffsanlegestelle am Staatstheater in Saarbrücken werden regelmäßig Ausflugsfahrten unternommen. Landschaftlich besonders schön ist die große Saarschleife, die nordwestlich von Saarbrücken fast schon an der luxemburgischen Grenze zu finden ist. Den besten Blick hat man dort von der Burgruine Montclair.
Nur 10 km westlich von Saarbrücken liegt die inzwischen stillgelegte Alte Völklinger Hütte, in der man früher Eisen hergestellt hat. Sie ist ein bedeutendes Denkmal der Technikgeschichte und Industriekultur des 19. und frühen 20. Jahrhunderts. Heute kann man dort die alten Anlagen und Maschinen besichtigen, aber auch moderne Kunst, Ausstellungen aller Art, Konzerte und Vorträge finden hier ihren Platz. Der Europäische Kulturpark Bliesbruck-Reinheim südöstlich von Saarbrücken ist ein deutsch-französisches Gemeinschaftsprojekt. Er zeigt Bauten, Alltags- und Kunstgegenstände von den Bewohnern in dieser Region seit der Bronzezeit, also etwa seit 1700–800 v. Chr.

4 Was passt nicht?

1. vermutlich – ~~sicher~~ – wahrscheinlich
2. Leute – Menschen – Babys
3. aufwachsen – Kindheit verbringen – sterben
4. bestehen aus – stammen aus – kommen aus
5. Heimat – Staat – Land

5 Welche Zusammensetzungen mit *Heimat* gibt es wirklich?

~~-stadt~~ -ort -haus -land -region -mensch
-hafen -parkplatz -liebe -freundschaft -museum

Heimatstadt, ____

____

Mladen Franičs Situation

Seite 22	Aufgabe 1

1 Ausländer in Deutschland. Welche Erklärung stimmt?

1. Jadrankas Vater kam 1963 als „Gastarbeiter“ nach Saarbrücken. Wo haben Gastarbeiter damals gearbeitet?
   - [X] In der Industrie
   - [B] Im Büro
   - [C] In der eigenen Firma (z. B. Geschäft oder Restaurant)
2. Zalmai ist Flüchtling. Er ist nach Deutschland gekommen, weil
   - [A] in seinem Land Krieg herrscht.
   - [B] er eine andere politische Meinung hat.
   - [C] er gern Deutsch lernen möchte.
3. Piet ist EU-Bürger. Wenn er in Deutschland leben will, muss er
   - [A] ein Visum haben.
   - [B] eine Arbeitserlaubnis besitzen.
   - [C] nach drei Monaten eine Aufenthaltsgenehmigung beantragen.
4. Irma ist Aussiedlerin. Das bedeutet, dass
   - [A] ihre Vorfahren in Deutschland geboren sind.
   - [B] sie selbst in Deutschland geboren ist.
   - [C] sie sehr gut Deutsch spricht.
5. Farid musste seine Heimat wegen seiner politischen Überzeugung verlassen. Er ist
   - [A] Politiker.
   - [B] Flüchtling.
   - [C] Asylsuchender.
6. Adriano möchte sich einbürgern lassen. Er bekommt den deutschen Pass nur, wenn er
   - [A] seine italienische Staatsangehörigkeit aufgibt.
   - [B] sehr gut Deutsch spricht.
   - [C] mit einer deutschen Frau verheiratet ist.

Seite 23	Aufgabe 2–5

1 Wunsch oder höfliche Bitte?

		Wunsch	Bitte
1.	Ich würde gern mal das Saarland kennen lernen.	☒	☐
2.	Würden Sie mir mal die Saarschleife zeigen?	☐	☐
3.	Ich würde gern auf einem Hausboot auf der Saar wohnen.	☐	☐
4.	Dürfte ich mal mit deinem Auto nach Montclair fahren?	☐	☐
5.	Könntest du mir das Geld für den Eintritt in den Kulturpark leihen?	☐	☐
6.	Würdest du auch lieber mit dem Schiff als zu Fuß das Saarland erleben?	☐	☐

2 Jadrankas Überlegungen. Ordnen Sie bitte zu.

① Wenn der Weg nicht so weit wäre,
② Wenn wir nicht so viel Arbeit hätten,
③ Wenn ich noch keine Familie hätte,
④ Wenn wir besseres Wetter hätten,
⑤ Wenn die Kinder seltener krank wären,
⑥ Wenn mein Mann nicht so bequem wäre,

A würde ich öfter ausgehen.
B wären die Kinder seltener krank.
C würde er besser Deutsch lernen.
D müssten wir nicht so oft zum Arzt gehen.
E hätten wir mehr Zeit für unsere Freunde.
F könnten wir häufiger nach Kroatien fahren.

1	F
2	
3	
4	
5	
6	

3 Ergänzen Sie bitte die Verben im Konjunktiv II.

dürfte würde ~~wollte~~ wäre würden wäre würde wäre müssten würden wäre müsste

1. Wenn Mladen einen deutschen Pass haben *wollte*, __________ er seinen kroatischen Pass abgeben.
2. Wenn er Deutscher __________, __________ er natürlich wählen.
3. Wenn er EU-Bürger __________, __________ er automatisch eine Arbeitserlaubnis bekommen.
4. Wenn er sein Deutsch verbessern __________, __________ Jadranka zufrieden.
5. Wenn die Arbeit weniger anstrengend __________, __________ sie öfter ausgehen.
6. Wenn Jadranka und Mladen weniger arbeiten __________, __________ sie ihre Verwandten in Kroatien häufiger besuchen.

4 Ergänzen Sie die Konjunktivendungen.

	sein	haben	Modalverben	andere Verben
ich	wär*e*	hätt___	könnt___	würd___
du	wär___	hätt___	müsst___	würd___
er • sie • es	wär___	hätt___	dürft___	würd___
wir	wär___	hätt___	wollt___	würd___
ihr	wär___	hätt___	sollt___	würd___
sie • Sie	wär___	hätt___	könnt___	würd___

5 Was hilft? Schreiben Sie bitte Nebensätze mit *wenn*.

1. (keinen Job haben) *Wenn ich keinen Job hätte*, würde ich zum Arbeitsamt gehen.
2. (krank sein) __________, würde ich Medikamente nehmen.
3. (kein Deutsch sprechen) __________, würde ich es lernen wollen.
4. (nichts von Computer verstehen) __________, würde ich einen Kurs machen.
5. (nicht Auto fahren können) __________, würde ich den Führerschein machen.
6. (immer zu spät kommen) __________, würde ich mir eine neue Uhr kaufen.
7. (den Weg nicht finden) __________, würde ich im Stadtplan nachschauen.
8. (mit dem Rauchen aufhören müssen) __________, würde ich immer Süßigkeiten essen.

6 Welches Verb passt? Ergänzen Sie im Konjunktiv.

bekommen	~~sein~~	fahren	finden	sein	können
sein	geben	haben	verstehen	lieben	haben

1. Ich fahre mit der Straßenbahn ins Büro. Ich würde aber mit dem Fahrrad fahren,
   wenn die Straßen nicht so steil _wären._
   wenn die Autos langsamer ______________.
   wenn das Wetter wärmer ______________.
2. Frau Hinz fährt diesen Sommer in die Berge, aber sie würde auch an die Nordsee fahren,
   wenn sie schwimmen ______________.
   wenn sie keine Angst vor dem Wasser ______________.
   wenn sie windiges Wetter ______________.
3. Ich wohne in der Stadt, aber ich würde auf dem Land wohnen,
   wenn ich ein Haus mit Garten ______________.
   wenn die Verkehrsverbindungen besser ______________.
   wenn es mehr Einkaufsmöglichkeiten ______________.
4. Herr Häslinger lebt in Süddeutschland, aber er würde auch gern in der Schweiz leben,
   wenn er eine Aufenthaltserlaubnis ______________.
   wenn er eine Arbeit ______________.
   wenn er Schweizerdeutsch besser ______________.

7 Wenn das Wörtchen *wenn* nicht wär' ...

a) Das denkt der Manager.

Wenn ich Zeit hätte, ...

1. (Sport treiben) _würde ich jeden Tag Sport treiben._
2. (öfter mit meinen Kindern spielen) ______________
3. (ein Musikinstrument lernen) ______________
4. (zur Entspannung im Garten arbeiten) ______________

b) Das denkt die Hausfrau.

Wenn die Kinder schon größer wären, ...

1. (wieder arbeiten gehen können) _könnte ich wieder arbeiten gehen._
2. (regelmäßig ins Fitness-Studio gehen) ______________
3. (öfter meine Freundinnen treffen) ______________
4. (mein Mann und ich ab und zu ins Kino gehen können) ______________

c) Das denkt der Arbeitslose.

Wenn ich wieder einen Job hätte, ...

1. (nett zu den Kollegen sein) _wäre ich nett zu den Kollegen._
2. (immer pünktlich zur Arbeit kommen müssen) ______________
3. (es dem Chef immer recht machen wollen) ______________
4. (gern Überstunden machen) ______________

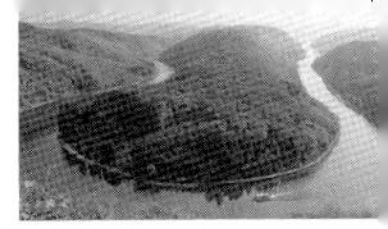

8 Ich wäre so gern Millionär ...

Wenn ich Millionär wäre, ...
1. (immer viel Geld ausgeben) *würde ich immer viel Geld ausgeben.*
2. (ein dickes Auto fahren) ______
3. (in einem Schloss wohnen) ______
4. (nie mehr selbst putzen) ______
5. (immer das feinste Essen kochen) ______
6. (jeden Tag einen neuen Anzug tragen) ______
7. (meinen Eltern einen Park mit Blumen und Tieren schenken) ______
8. (jedes Jahr eine Weltreise machen) ______

9 Manche Verben können den Konjunktiv II auch ohne *würde* bilden.

a) Schreiben Sie den Konjunktiv II mit *würde*.

1. Ich wüsste gern, wie der Mann wirklich heißt. *würde gern wissen*
2. Wenn er doch endlich nach Hause käme! ______
3. Ich bräuchte dringend deine Hilfe, hast du gerade mal Zeit? ______
4. Wenn Sie ruhig blieben, würden die Schmerzen aufhören. ______
5. Schon wieder Stau!! Gäbe es doch endlich fliegende Teppiche! ______
6. Es ginge euch besser, wenn du deinen Sohn mal was allein entscheiden ließest. ______

b) Präteritum oder Konjunktiv II?

1. Wenn es hier nur etwas zu trinken gäbe, es ist so heiß! *Konjunktiv II*
2. Immer wenn er nach Saarbrücken kam, besuchte er seinen Schulfreund Max. ______
3. Wenn ich die Lösung wüsste, würde ich sie dir ja sagen. ______
4. Wir konnten gestern leider nicht kommen, bitte entschuldigen Sie. ______
5. Er musste schon um 12 Uhr gehen, weil seine Tochter auf ihn wartete. ______
6. Du könntest doch einen Obstsalat zum Fest mitbringen. ______
7. Im Saarland gab es lange Zeit vor allem Kohle- und Stahlindustrie. ______
8. Wenn sie nicht immer zu spät käme, wäre sie meine beste Mitarbeiterin. ______
9. Ich wusste gar nicht, dass Sie geheiratet haben. ______
10. Ich müsste mal schnell anrufen, kann ich Ihr Telefon benutzen? ______

Familie Laubensteins Autounfall

Seite 24	Aufgabe 1–2

1 Frau Sommerer berichtet ihrer Versicherung von einem Unfall. Nummerieren Sie die vier Textabschnitte in der richtigen Reihenfolge.

☐ Ich habe gleich den Warnblinker angemacht und bin aus dem Auto ausgestiegen. Dann habe ich nach dem Verletzten gesehen und Erste Hilfe geleistet. Zum Glück ist nicht viel passiert. Ich habe anschließend noch das Warndreieck aufgestellt.

☐ Danach habe ich das Auto zur Seite gefahren und die Warnblinker ausgeschaltet. Dann habe ich das Warndreieck wieder ins Auto gelegt und mit der Versicherung telefoniert.

☐ Ich habe mir den Schaden angesehen und die Polizei angerufen. Sie ist dann auch 10 Minuten später gekommen. Die Polizei hat viele Fragen gestellt und die Adressen aufgeschrieben.

1 Ich bin in die Stadt gefahren. An der Kreuzung ist plötzlich ein Wagen von rechts gekommen. Er hat die Vorfahrt nicht beachtet und ist mit mir zusammengestoßen. Ich war sehr aufgeregt. Ich habe noch nie einen Unfall gehabt

2 Autos und Unfälle

fahren leisten versorgen melden ~~geben~~ gerufen einschalten aufstellen hatte beachten

1. Man sollte nicht zu viel Gas *geben*.
2. Man muss die Vorfahrt ______.
3. Ich ______ noch keinen Unfall.
4. Man sollte den Verletzten schnell ______.
5. Kannst du Erste Hilfe ______?
6. Bei einem Unfall muss man sofort die Warnblinker ______.
7. Und dann sollte man das Warndreieck ______.
8. Der Mann dort hat die Polizei ______.
9. ______ Sie bitte schnell zur Seite.
10. Der Versicherung sollte man den Schaden ______.

3 Immer wieder sonntags

der Sonntagsfahrer das Sonntagskind der Sonntagsspaziergang der Sonntagsanzug ~~der Sonntagsbraten~~

1. Ein besonders gutes Stück Fleisch, das man nur an Sonn- und Feiertagen zubereitet: *der Sonntagsbraten*
2. Ein Mensch, der viel Glück hat und dem im Leben alles gelingt: ______
3. Jemand, der so langsam fährt, als würde er spazieren gehen: ______
4. Ein gutes Kleidungsstück, das man nur zu besonderen Gelegenheiten anzieht: ______
5. Eine traditionelle Aktivität: Am Sonntag zieht die Familie ihre guten Kleider an und promeniert – z. B. nach dem Mittagessen – durch ihren Wohnort: ______

Seite 24/25	Aufgabe 3–6

1 Was man tun sollte und was nicht. Kombinieren Sie bitte.

① Im Winter sollte man sich warm anziehen,	A	damit sie nicht nur fernsehen.	1	G
② Abends sollte man keinen Kaffee trinken,	B	damit man schlafen kann.	2	
③ Man sollte regelmäßig Sport machen,	C	damit keine größeren Konflikte entstehen.	3	
④ Man sollte mit seinen Kindern spielen,	D	damit es nicht zu Unfällen kommt.	4	
⑤ Bei Schnee sollte man vorsichtig fahren,	E	damit man keine Fehler macht.	5	
⑥ Man sollte über Probleme sprechen,	F	damit man nicht die Nachbarn stört.	6	
⑦ Nachts sollte man nicht laut Musik hören,	G	damit man sich nicht erkältet.	7	
⑧ Man sollte lieber erst nachdenken,	H	damit man gesund und fit bleibt.	8	

2 Rotkäppchen und der Wolf (frei nach den Brüdern Grimm)

a) Schreiben Sie bitte *damit*-Sätze.

packen können	**fressen können**
~~hören können~~	**sehen können**

Die Mutter schickte Rotkäppchen mit einem Stück Kuchen und einer Flasche Wein zur Großmutter, die krank im Bett lag. Rotkäppchen musste durch den Wald und sollte auf direktem Weg zum Haus der Großmutter gehen. Im Wald traf sie aber den Wolf. Der Wolf schlug Rotkäppchen vor, im Wald für die Großmutter Blumen zu pflücken, was sie auch tat. Inzwischen ging der Wolf zur Großmutter und fraß sie auf! Er zog ihre Kleider an und legte sich in ihr Bett. Als Rotkäppchen ins Haus der Großmutter kam, war sie sehr überrascht und fragte:

1. „Ei, Großmutter, warum hast du so große Ohren?"
   „Damit ich dich besser hören kann."
2. „Ei, Großmutter, warum hast du so große Augen?"
   „________ ich dich besser ____________ ____________."
3. „Ei, Großmutter, warum hast du so große Hände?"
   „________ ich dich besser ____________ ____________."
4. „Ei, Großmutter, warum hast du ein so großes Maul?"
   „________ ich dich besser ____________ ____________."

Da sprang der böse Wolf aus dem Bett und fraß auch das arme Rotkäppchen.

b) Wissen Sie, wie das Märchen weitergeht? Bitte markieren Sie.

A Der Bauch des Wolfes ist nun so dick, dass er platzt und das Rotkäppchen ist frei.
B Das Rotkäppchen hat ein Schweizer Messer, schneidet dem Wolf den Bauch auf und ist frei.
C Ein Mann kommt, tötet den Wolf und rettet das Rotkäppchen und die Großmutter.

3 Das Auto und seine Teile. Welches Teil hat welche Funktion?

die Gangschaltung · **die Bremse** · **der Rückspiegel** · **der Kofferraum** · **der Tank**
der Beifahrersitz · ~~**das Lenkrad**~~ · **der Reifen** · **der Blinker** · **das Gaspedal**

1. Die Richtung bestimmt man mit dem *Lenkrad*.
2. Das Pedal ganz rechts ist das ______________.
3. Das Pedal in der Mitte ist die ______________.
4. Mit der rechten Hand bedient man die ______________.
5. Was hinten passiert, sieht man im ______________.
6. Vorn rechts ist der ______________.
7. Das Benzin kommt in den ______________.
8. Das Gepäck legt man in den ______________.
9. Wenn man abbiegen will, setzt man den ______________.
10. Im Winter braucht man besondere ______________.

4 Schreiben Sie *damit*-Sätze.

1. (Benzin tanken) Ein Auto braucht einen Tank,
   damit man Benzin tanken kann.
2. (rückwärts fahren) Ein Auto braucht einen Rückspiegel,
   ______________________________.
3. (ohne Gefahr abbiegen) Ein Motorrad braucht einen Blinker,
   ______________________________.
4. (das Gepäck mitnehmen) Ein Fahrrad braucht einen Gepäckträger,
   ______________________________.
5. (gut lenken) Ein Lastwagen braucht ein großes Lenkrad,
   ______________________________.
6. (das Kind darauf sitzen) Ein Dreirad braucht einen Fahrersitz,
   ______________________________.

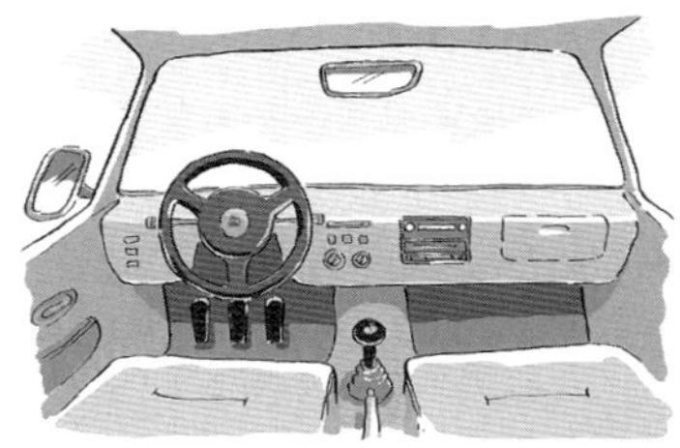

5 *damit* hat zwei Bedeutungen. Wo ist *damit* eine Subjunktion?

1. Ein Auto ist ein Fahrzeug. Man kann also damit fahren. Damit man Auto fahren darf, muss man aber zuerst den Führerschein machen.
2. Ein Fußball ist ein Spielzeug und ein Sportgerät. Damit spielen Jungen sehr gern. Damit man ein erfolgreicher Fußballer wird, muss man aber lang und hart trainieren.
3. Damit ich mich endlich entspanne, hat meine Ärztin mir Yoga-Übungen empfohlen. Damit habe ich vor zwei Wochen angefangen, und ich muss sagen, es hilft schon.
4. Jeden Morgen Stau auf dem Weg ins Büro – damit ist jetzt Schluss! Damit ich endlich Zeit fürs Zeitungslesen habe, fahre ich seit heute mit der Bahn.
5. Damit man die Städte Frankfurt am Main und Frankfurt an der Oder vergleichen kann, muss man ein paar Dinge über die Städte wissen. Frankfurt a.M. z.B. hat 650000 Einwohner; verglichen damit ist Frankfurt/Oder (70000 Einwohner) eine kleine Stadt.

6 Großvater macht den Führerschein. Bitte markieren Sie die Bedeutung des Wortes *brauchen*.

		es ist nötig	es ist nicht nötig
1.	Großvater braucht eine starke Brille.	☒	☐
2.	Er braucht keine Angst vor dem Fahrlehrer zu haben.	☐	☐
3.	Er braucht nicht jede Straße in der Stadt zu kennen.	☐	☐
4.	Er braucht nur die Vorfahrt zu beachten.	☐	☐
5.	Er braucht ja nur Gas zu geben.	☐	☐
6.	Er braucht nicht jeden Sportwagen zu überholen.	☐	☐
7.	Er braucht nur auf die Ampeln zu achten.	☐	☐
8.	Er braucht gute Nerven für die Prüfung.	☐	☐

7 Der Führerschein. Schreiben Sie die Sätze neu mit *brauchen* oder *müssen*.

1. Es ist nötig, einen Sehtest zu bestehen.
   Man muss einen Sehtest bestehen.
2. Wenn man nicht gut sieht, ist eine Brille nötig.
   Wenn man nicht gut sieht, braucht man eine Brille.
3. Eine Sonnenbrille ist nicht unbedingt nötig.
   ____
4. Außerdem ist es nötig, Erste Hilfe leisten zu können.
   ____
5. Zuerst ist es nötig, die theoretische Prüfung abzulegen.
   ____
6. Die theoretische Prüfung ist nötig für die praktische Prüfung.
   ____
7. Wenn man kleine Motorräder fahren will, ist nur der Autoführerschein nötig.
   ____
8. Wenn man aber richtig große Motorräder fahren will, ist ein besonderer Führerschein nötig.
   ____

Helmut Rivoirs Versicherungen

Seite 26/27	Aufgabe 1–3

1 *versichern*. Welche Bedeutung passt?

A versprechen **B** durch eine Versicherung schützen **C** nachprüfen

1.	Meine Frau versicherte mir, pünktlich zu kommen.	Bedeutung [A]
2.	Museen müssen ihre Bilder versichern.	Bedeutung [ ]
3.	Er versicherte sich, dass alle Fenster geschlossen waren.	Bedeutung [ ]
4.	Sie hat ihren Schmuck nicht versichert.	Bedeutung [ ]
5.	Wir sollten uns versichern, dass alles in Ordnung ist.	Bedeutung [ ]
6.	Die Bank versicherte, mir einen Kredit geben zu wollen.	Bedeutung [ ]

7 Was ist Ihre Meinung? Ergänzen Sie *damit*, *weil* oder *um ... zu*.

1. Man lebt,
   damit ______ man Geld / ______ verdient und Erfolg hat.
   ______ das Leben ______ genießen.
   ______ es einfach schön ______ ist zu leben.
2. Man arbeitet,
   ______ ______ leben.
   ______ Arbeit glücklich ______ macht.
   ______ man sich schöne Dinge ______ kaufen kann.
3. Man träumt manchmal auch am Tag,
   ______ Träumen glücklich ______ macht.
   ______ die unangenehmen Dinge ______ vergessen.
   ______ der Tag schneller zu Ende ______ geht.

Seite 27	Aufgabe 4

1 Telefonieren

a) Nummerieren Sie bitte in der passenden Reihenfolge.

- [ ] Es geht um meine Schadensmeldung. Ich habe gestern bereits mit Herrn Arndt telefoniert.
- [ ] Peters.
- [1] KUK-Versicherung, Peters, guten Tag.
- [ ] Könnten Sie ihm vielleicht ausrichten, dass er mich heute noch zurückrufen soll?
- [ ] Selbstverständlich. Bleiben Sie dran, ich stelle Sie durch ... Herr Rivoir? Es tut mir leid, aber Herr Arndt spricht gerade auf der anderen Leitung. Kann ich Ihnen weiterhelfen?
- [ ] Danke auch. Wiederhören.
- [ ] Ach so. Ich denke, da sprechen Sie doch besser mit Herrn Arndt selbst.
- [ ] Rivoir, guten Tag. Mit wem spreche ich bitte?
- [ ] Ja, natürlich. Ich lege ihm eine Notiz auf den Schreibtisch. Wie ist denn Ihre Telefonnummer?
- [ ] Ah, Frau Peters. Ich würde gern mit Herrn Arndt sprechen. Könnten Sie mich bitte verbinden?
- [ ] Wird gemacht, Herr Rivoir. Und vielen Dank für Ihren Anruf. Auf Wiederhören.
- [ ] 364091 im Büro und ab 17 Uhr bei mir zu Hause unter der Nummer 2000541.

b) Was sagt man am Telefon? Suchen Sie die passende Floskel.

1. Sie haben den Namen Ihres Gesprächspartners nicht verstanden.
   Mit wem spreche ich bitte?
2. Sie möchten eine andere Person in der Firma sprechen.
   ____
3. Die gewünschte Person hat gerade ein anderes Telefongespräch.
   ____
4. Sie möchten, dass Ihr Gesprächspartner eine Information an eine andere Person weitergibt.
   ____
5. Ihr Gesprächspartner soll den Hörer nicht auflegen, sondern warten.
   ____
6. Sie bedanken sich für den Anruf und verabschieden sich.
   ____

Hilde Meiers Biografie

Seite 28/29	Aufgabe 1–3

1 Wer hat wohl welche Meinung? Ordnen Sie die Aussagen den Personen zu.

Eine Umfrage für das Radio: Stress, Überstunden, Herzprobleme nehmen zu – leben wir, um zu arbeiten? Oder arbeiten wir, um zu leben? Die befragten Personen:

1. Dietrich Rund, Unternehmer, arbeitet 10 bis 12 Stunden am Tag, oft auch am Wochenende, hat zwei Autos, ein Haus mit Garten und eine Ferienwohnung am Meer. __F__
2. Dagmar Hohl, Verkäuferin im Supermarkt, allein erziehende Mutter von drei Kindern; ihr ältester Sohn Lukas hat gerade den Hauptschulabschluss nicht bestanden. ____
3. Uschi Engel-Kiefer, Straßenbahnfahrerin, im Betriebsrat und in der Gewerkschaft aktiv, hat neulich eine Demonstration für Arbeitszeitverkürzung mitorganisiert. ____
4. Ovidio Martínez, arbeitet an der Kasse eines Zirkusvarietés, wollte Berufsmusiker werden, musste aber während seiner Ausbildung sein Heimatland aus politischen Gründen verlassen. ____
5. Elena Kasparova, halbtags am Flughafen beschäftigt, wo sie ihren Mann kennen gelernt hat; bei seinem Job gab es viel Lärm und Zeitdruck, und bei Verspätungen im Flugplan musste er oft länger bleiben als geplant. ____
6. Julian Leick, Werbefachmann, schreibt Texte für Anzeigen und Werbefilme, arbeitet mindestens 60 Stunden pro Woche; seine Hobbys: reisen, reisen, reisen … ____

A „Die Situation ist doch absurd. Die einen arbeiten und arbeiten, bis sie krank werden und umfallen. Die anderen stehen auf der Straße und sind arbeitslos. Man sollte die Arbeitszeit verkürzen, damit auch die Arbeitslosen eine Chance bekommen."

B „Ich arbeite nur so viel, dass ich die Miete und die Lebensmittel bezahlen kann. Ich fahre nie in den Urlaub und ein Auto brauche ich auch nicht. Aber dafür habe ich sehr viel Zeit, um so lange und so oft wie möglich Klavier zu spielen."

C „Ich bin der Meinung, dass wir insgesamt zu viel arbeiten und zu viel Stress haben. Wenn wir weniger arbeiten würden, hätten wir mehr Zeit für den Partner und die Kinder, für die Familie. Dann gäbe es wahrscheinlich weniger Scheidungen."

D „Wenn ich weniger arbeiten würde, wär's mir zu langweilig. Ich mag meinen Job sehr und ich habe nette Kollegen. Außerdem mache ich immer richtig lang Urlaub, um mich ordentlich zu erholen."

E „Mein Mann ist Frührentner. Er hatte eine stressige Arbeit. Nichts als Überstunden. Und mit 52 hatte er dann einen Herzinfarkt. Was soll ich da noch sagen?"

F „Na ja, wenn man einen hohen Lebensstandard haben will, wenn man gut leben will, dann muss man eben arbeiten. Von nichts kommt nichts!"

2 Ergänzen Sie das *h*, wo es wirklich fehlt.

1. Kommt __/__er __h__er?
2. Wir ____offen, das Geschäft ist noch ____offen.
3. Wer rennt da ____aus dem ____aus?
4. ____ans fährt gern ____ans Meer.
5. Mein ____und ____und meine Katze verstehen sich gut.
6. Wo fahrt ihr ____in? Auch ____in die Stadt?

3 Kennen Sie die Bedeutungen des Verbs *scheinen*?

Das Verb *scheinen* hat drei Bedeutungen. Welche Bedeutung finden Sie in welchem Satz?

A ich vermute etwas: Nr. 1, ____________

B helle Dinge leuchten oder scheinen, z. B. das Licht: ____________

C es sieht so aus (vielleicht ist es aber nicht so): ____________

1. Er scheint sehr reich zu sein, jedenfalls wohnt er in einem wunderschönen Haus.
2. Kannst du die Lampe mal wegdrehen? Sie scheint mir genau ins Gesicht.
3. Du scheinst müde zu sein. Jedenfalls hast du ganz kleine Augen.
4. Das scheint ein schwerer Unfall zu sein.
5. Diese Sorte Kerzen scheint besonders hell.
6. Dein Auto war bestimmt sehr teuer! – Aber nein, das scheint nur so, ich hab's doch gebraucht gekauft.

Eingewanderte Wörter

Seite 30	Aufgabe 1–3

1 Welche Wörter haben die gleiche oder eine ähnliche Bedeutung? Verbinden Sie.

verstehen	korrigieren
berichtigen	Adresse
Rechtschreibung	Computer
Anschrift	Korrespondenz
Rechner	kapieren
Briefwechsel	Orthografie

2 In der Deutschschweiz verwendet man besonders viele französische Wörter.

~~die Anzeige~~ die Eintrittskarte der Briefumschlag der Sessel der Lastwagen der Fahrer der Rock gegenüber der Geldbeutel der Friseur der Nachtisch der Bürgersteig das Fahrrad der Reifen

in der Schweiz	in Deutschland	in der Schweiz	in Deutschland
1. die Annonce/-en	die Anzeige	8. der Coiffeur/-e	
2. das Couvert/-s		9. das Dessert/-s	
3. das Portemonnaie/-s		10. der Jupe/-s	
4. der Camion/-s		11. der Pneu/-s	
5. der Fauteuil/-s		12. vis-à-vis	
6. der Chauffeur/-e		13. das Billett/-s	
7. das Trottoir/-s		14. das Velo/-s	

3 Welches der folgenden Wörter ist wirklich deutsch?

☐ Butter ☐ Käse ☐ Milch ☐ Quark

Butter kommt aus dem Altgriechischen, Käse aus dem Lateinischen, Quark aus dem Polnischen.

Arbeiten mit dem Wörterbuch

1 Abkürzungen. Was passt?

pl — m — gen — dat — prät — akk — n — präs — präp — superl — adj — inf — f — ~~CH~~ — ÖSTERR — refl

1. Schweizerdeutsch CH
2. Akkusativ ______
3. Österreichisch ______
4. feminin ______
5. Genitiv ______
6. Dativ ______
7. Plural ______
8. maskulin ______
9. Adjektiv ______
10. reflexiv ______
11. Präposition ______
12. Präteritum ______
13. Präsens ______
14. Infinitiv ______
15. neutral ______
16. Superlativ ______

2 Ordnen Sie die Abkürzungen und Zeichen den Erklärungen zu.

①	Wortbildung	A	≈	1	D
②	jemand	B	umg	2	
③	etwas	C	Komp	3	
④	Synonym	D	Wobi	4	
⑤	Antonym	E	komp	5	
⑥	umgangssprachlich	F	jd	6	
⑦	Kompositum/-a	G	etw	7	
⑧	Komparativ	H	↔	8	

Maß·stab ['ma:sʃta:p] <-(e)s, -stäbe> *der* **1.** das Verhältnis zwischen der Größe, die Dinge in Wirklichkeit haben, und der Größe, in der sie z. B. auf einer Landkarte dargestellt werden *eine Karte mit kleinem ~* **2.** das, woran man etw messen muss *Das ist für mich kein ~., Maßstäbe setzen*

mäs·ten ['mɛstn̩] <mästet, mästete, gemästet> *tr* [K] *jd mästet ein Tier* viel füttern, damit ein Tier fett wird *Schweine ~*

• **Ma·te·ri·al** [mate'ri̯a:l] <-s, -ien> *das* **1.** Stoff, Substanz *das ~ auf seine Qualität prüfen* **2.** Hilfsmittel für eine bestimmte Arbeit *Wir brauchen noch ~ für den Hausbau.* **3.** Unterlagen *Wir haben genügend ~, um das Referat zu schreiben.* ***Komp:** -fehler, -kosten, Übungs-*

Ma·te·ri·a·lis·mus [materi̯a'lɪsmʊs] <-> *kein pl der* Denken, nach dem der persönliche Besitz das Wichtigste im Leben ist *Sein ~ ist unerträglich, immer denkt er nur an Geld.* ***Wobi:** materialistisch*

• **Ma·the·ma·tik** [matema'tik] <-> *kein pl die* Wissenschaft von den Zahlen, Mengen und Formeln *höhere/angewandte ~*

Mat·rat·ze [ma'tratsə] <-, -n> *die* weicher Teil des Bettes, auf dem man schläft *die ~ ausklopfen*

Matsch [matʃ] <-(e)s> *kein pl der* nasser, weicher Boden *Bei Regen löst sich der ganze Weg in ~ auf.* ***Wobi:** matschig*

matt [mat] <matter, mattest-> *adj* **1.** glanzlos *~es Papier, eine ~e Glühbirne* **2.** schwach, kraftlos *Der Kranke fühlte sich sehr ~.*

• **Ma·tu·r** [ma'tu:ɐ̯] <-/-s> *kein pl die/das siehe* **Matura**

• **Ma·tu·ra** [ma'tu:ra] <-> *kein pl die* (CH, ÖSTERR) Zeugnis nach dem Gymnasium in der Schweiz und in Österreich *die ~ machen* ***Wobi:** Maturand(in), Maturant(in)*

• **Mau·er** ['mauɐ] <-, -n> *die* Wand aus Steinen *eine ~ bauen*

Maul [maul] <-(e)s, Mäuler> *das* Mund bei Tieren *Der Hund reißt das ~ weit auf.*

mau·len ['maulən] <mault, maulen, gemault> *itr* (*umg* ≈ *nörgeln*) nur negativ reden *Er hatte schlechte Laune und maulte den ganzen Tag.*

Mau·rer(in) ['maurɐ] <-s, -> *der* Handwerker, der Häuser baut *Der ~ arbeitet auf dem Bau.*

• **Maus** [maus] <-, Mäuse> *die* **1.** ZOOL kleines Nagetier, das im Haus und auf dem Feld lebt *Die Mäuse haben das ganze Getreide gefres-*

1

2

Maus

3 Welche Wörter gehören zum Wortschatz des *Zertifikat Deutsch*?

1. A verwickeln / B verwirren / ~~C~~ verwitwet
2. A männlich / B Majestät / C Makler
3. A Ohrfeige / B Öl / C Olive
4. A Kater / B Kaugummi / C Katze
5. A Zement / B Zelt / C Zelle
6. A schlank / B schlampig / C schlaff

Lektion 21

Münchner Ansichten

Seite 32/33	Aufgabe 1–2

1 **Sie möchten ausgehen. Welche Anzeigen passen zu den Situationen 1–5?**

1. Heute ist ein wunderschöner Sommerabend. Sie möchten mit der ganzen Familie in den Biergarten gehen. Sie haben nicht viel Geld und … Sie hassen bayrische Blasmusik! __E__
2. Leider regnet es heute. Sie möchten in stilvoller Atmosphäre essen gehen, am liebsten bayrische Küche. Geld spielt dabei keine Rolle. ______
3. Ein warmer Frühlingsabend. Das richtige Biergartenwetter! Sie sind zu Besuch in der Stadt und möchten die Münchner kennen lernen. ______
4. Nächste Woche haben Sie Geburtstag und möchten mit Ihrem Partner alleine essen gehen, am besten in ruhiger, gemütlicher Atmosphäre. Sie lieben die Münchner Küche. ______
5. Ein typischer Winterabend, grau und kalt. Sie möchten heute Abend bayrische Spezialitäten probieren. Das Gasthaus muss nicht sehr gemütlich sein, Hauptsache es ist echt bayrisch und billig. Sie haben in letzter Zeit schon so viel Geld ausgegeben. ______

A
Hundskugel, Hotterstr. 18, Tel. 264272, tägl. 10.30–24 Uhr
In Münchens ältester Gaststätte haben nur etwa 60 Gäste Platz. Eine Reservierung ist deshalb unbedingt notwendig! In angenehmer Atmosphäre werden typische Münchner Spezialitäten angeboten. Das Essen ist hervorragend, aber nicht billig!

B
Straubinger Hof, Blumenstr. 5, Tel. 2608444, tägl. außer So. 9–23 Uhr
Bitte etwas Geduld mitbringen, es dauert manchmal etwas länger, bis man bedient wird. Ein sehr beliebtes und nicht teures Gasthaus, in dem viele Münchner verkehren. Die exzellente Küche entschädigt für den Lärm und das lange Warten.

C
Augustiner Großgaststätten, Neuhauser Str. 27, Tel. 23183257, tägl. 10–24 Uhr
In der herrlichen renovierten Jugendstilhalle gibt es köstliche bayrische Spezialitäten. Die Atmosphäre rechtfertigt die hohen Preise.

D
Am Platzl 9, Tel. 221676, tägl. 9–24 Uhr
In der wohl berühmtesten Gaststätte Münchens findet man unter den vielen Touristen leider kaum Einheimische. Internationale Atmosphäre, schlechte Luft, hohe Preise. Trotzdem sollte man diesen legendären Ort einmal gesehen haben.

E
Augustiner Keller, Arnulfstr. 52, Tel. 594393, bei gutem Wetter 10–23 Uhr
Münchens einziger Biergarten, in dem keine Musik gespielt werden darf. Man kann das Essen selbst mitbringen. Wer nichts dabei hat, kann den Hunger mit bayrischen Spezialitäten vom Grill stillen. Kinderfreundlich und günstig.

F
Chinesischer Turm, bei gutem Wetter 10–23 Uhr
Riesiger Biergarten mit über 7000 Plätzen, mitten im Englischen Garten. Faszinierend das bunt gemischte Publikum. Hier treffen sich Jung und Alt, Manager sitzen neben Punks und typischen bayrischen Lederhosenträgern und genießen ihr Bier. Lohnt sich immer!

2 ***aus*, *zu* oder *vor*? Ergänzen Sie die richtige Präposition.**

1. Augsburg gehört __zu__ Bayern.
2. Alois Huber stammt ______ Augsburg.
3. Er fürchtet sich ______ Hunden.
4. Im Vergleich ______ anderen Großstädten ist München relativ sicher.
5. Das passt überhaupt nicht ______ ihm.

3 Modalpartikeln. Bitte kombinieren Sie.

① München ist eigentlich ein Millionendorf.
② Die Bayern sind halt schon irgendwie anders.
③ Ich weiß, München ist ja oft im Fernsehen zu sehen.
④ Auf dem Oktoberfest ist es aber laut!

A Sie sind überrascht.
B Im Grunde ist das so.
C Das kann man nicht ändern.
D Das ist (mir auch) bekannt.

1	B
2	
3	
4	

4 Modalpartikeln. Formulieren Sie Ihre Sätze mit mehr Gefühl.

a) *ja.* Das ist Ihnen auch bekannt.

1. Sie fährt morgen nach Italien. (Italienisch lernen wollen)
   Ich weiß, sie will ja Italienisch lernen.
2. Er repariert den Fernseher immer selbst. (Hobby sein)
   ______
3. Er besucht alle Spiele des FC Bayern. (Bayern-Fan sein)
   ______
4. Sie fährt jetzt mit dem Fahrrad. (Auto verkauft haben)
   ______
5. Er kennt sich gut mit Computern aus. (bei einer Computerfirma arbeiten)
   ______

b) *aber, halt.* Sie sind überrascht, für Ihren Münchner Freund ist das normal.

1. ▶ München ist teuer. — ▶ *München ist aber teuer.*
   ◁ München ist eine Weltstadt. — ◁ *München ist halt eine Weltstadt.*
2. ▶ In der Stadt ist viel Verkehr. — ▶ ______
   ◁ München hat mehr als 1 Million Einwohner. — ◁ ______
3. ▶ In München ist die Luft schlecht. — ▶ ______
   ◁ Hier gibt es viel Industrie. — ◁ ______
4. ▶ Die Biergärten sind voll. — ▶ ______
   ◁ Die Münchner treffen sich gern im Biergarten. — ◁ ______

Zurück aus Berlin

Seite 34/35	Aufgabe 1–5

1 Vorteile von München. Ein Begriff passt nicht.

1. groß: das Kulturangebot – die Wohnung – ~~die Lage~~ – der Biergarten
2. hoch: die Miete – der Preis – das Kulturangebot – die Lebensqualität
3. attraktiv: die Lage – der Apfelsaft – die Einkaufsmöglichkeiten (Pl.) – das Umland
4. toll: das Angebot an Konzerten – die Arbeitslosigkeit – die Aussicht – die Wohnung
5. gut: die Sportmöglichkeiten (Pl.) – das Wetter – das Einkommen – die Miete

2 So finden die Leute München. Wer sagt was?

Herbert Huber: „Ich bin sehr gerne in der Natur. Da ist es schon toll, wenn man am Wochenende schnell mal in die Berge fahren kann."

Evi Jordan: „Wenn ich im Sommer draußen sitze und ein kühles frisches Radler trinke, dann geht's mir in München richtig gut."

Ralf Kontarsky: „Ich komme aus Berlin. Da ist es normalerweise viel kälter und der Winter dauert länger. Das Klima ist schon ein großer Vorteil von München."

Margarita Dörr: „Es gibt hier so viele Theater und Museen. Das ist wirklich wunderbar!"

Frau Weber: „Man findet kaum eine Wohnung, die man sich leisten kann. Alle sind so teuer!"

1. Ralf Kontarsky ist sehr zufrieden in München, vor allem mit dem guten Wetter.
2. ______________ stören die hohen Mieten.
3. ______________ gefällt besonders das große Kulturangebot.
4. ______________ liebt die tollen Biergärten.
5. ______________ würde München ohne das attraktive Umland nicht gefallen.

3 Wiederholen Sie die Adjektivdeklination.

a) Ergänzen Sie die Endungen.

Liebe Katja,
ich sitze gerade im Englisch<u>en</u> Garten in der Sonne und erhole mich. Die drei Tage in München waren ganz schön anstrengend! Gestern haben wir uns stundenlang die blöd____ Gemälde in der Alt____ Pinakothek angeschaut. Danach sind wir noch ins Deutsch____ Museum gegangen. Das war zwar viel <u>interessanter.</u> Aber den ganz____ Tag im Museum, das muss wirklich nicht sein! Das waren die langweiligst____ Stunden meines Lebens.
Da hat mir das gemütlicher____ Abendprogramm schon viel besser gefallen. Vorgestern waren wir in einem typisch____ Biergarten und gestern in der groß____ Halle der berühmtest____ Sehenswürdigkeit von München, im Hofbräuhaus. Das war das schönst____ Erlebnis! Alle haben bayrisch____ Lieder gesungen und viel Bier getrunken. Eine toll____ Atmosphäre! Und jeder hat ein klein____ Geschenk bekommen, eine winzig____ Lederhose als Schlüsselanhänger. Die nett____ Gasthäuser und die gut____ Bratwürste haben mir eigentlich am besten gefallen, viel besser als die Museen.
Ich muss jetzt leider Schluss machen, die Reiseführerin ruft.
Bis bald, dein Heinz

b) Markieren Sie in a) alle Adjektive im Komparativ und Superlativ. Notieren Sie sie dann in der richtigen Spalte.

Superlativ / Komparativ vor dem Nomen	Superlativ / Komparativ ohne Nomen
	interessanter,

4 Großstadt – Kleinstadt. Vergleichen Sie München mit Rosenheim.

a) Der Komparativ *ohne* Nomen.

1. Das Kulturangebot ist in München sehr groß. In Rosenheim ist es *kleiner.*
2. Die Restaurants in Rosenheim sind relativ billig. In München sind sie ______.
3. Die Mieten sind in München sehr hoch. In Rosenheim sind sie ______.
4. In München ist das Nachtleben sehr spannend. In Rosenheim ist es ______.
5. Der Arbeitsmarkt ist in Rosenheim ziemlich klein. In München ist er ______.
6. Die Einkaufsmöglichkeiten sind in Rosenheim nicht so gut. In München sind sie ______.

b) Adjektiv und Komparativ *vor* dem Nomen.

1. In München hat man ein groß*es* Kulturangebot. In Rosenheim hat man *ein kleineres* Kulturangebot als in München.
2. In Rosenheim findet man billig____ Restaurants. In München findet man ______ Restaurants als in Rosenheim.
3. In München bezahlt man hoh____ Mieten. In Rosenheim bezahlt man ______ Mieten als in München.
4. München hat ein spannend____ Nachtleben. Rosenheim hat ein ______ Nachtleben als München.
5. Rosenheim hat einen klein____ Arbeitsmarkt. München hat einen ______ Arbeitsmarkt als Rosenheim.
6. In Rosenheim hat man nicht so gut____ Einkaufsmöglichkeiten. In München hat man ______ Einkaufsmöglichkeiten als in Rosenheim.

5 Er und Sie. Ergänzen Sie das Adjektiv im Komparativ.

1. Sie (lang / kurz) Welches Kleid gefällt dir besser? Das *längere* oder das *kürzere* ?
   Er Mir gefällt das *kürzere* besser.
2. Sie (klein / groß) Welchen Hut soll ich nehmen? Den ______ oder den ______?
   Er Nimm den ______.
3. Sie (teuer / billig) Welche Jacke soll ich kaufen? Die ______ oder die ______?
   Er Kauf lieber die ______.
4. Sie (sportlich / elegant) Welche Schuhe sind besser? Die ______ oder die ______?
   Er Die ______.
5. Sie (dick / dünn) Mit welcher Hose gefalle ich dir besser? Mit der ______ oder der ______?
   Er Mit der ______.

6 Die beste Übung. Superlativ.

1.	Übung, gut:	*Diese Übung ist am besten.*	*Das ist die beste Übung.*
2.	Stadt, alt:	______	______
3.	Land, klein:	______	______
4.	Buch, spannend:	______	______
5.	Mieten, hoch:	______	______
6.	Computer, schnell:	______	______

7 Nicht „die Nummer eins", aber fast.

~~groß~~	trocken	berühmt	hoch	reich

1. Welches ist die _größte_ Stadt der Welt?
   Ich weiß nicht genau, aber São Paulo ist eine der _größten_ Städte der Welt.
2. In welcher Stadt befindet sich das __________ Museum der Welt?
   Ich weiß nicht, aber Madrid hat eines der __________ Museen der Welt, den Prado.
3. Weißt du, wie das __________ Land der Welt heißt?
   Ich weiß nicht genau, aber die Schweiz ist eins der __________ Länder der Welt.
4. Wo ist die __________ Region der Welt?
   Ich weiß nicht genau, aber die Sahara ist eine der __________ Regionen der Welt.
5. Welches ist der __________ Berg der Welt?
   Ich weiß nicht genau, aber der K2 ist einer der __________ Berge der Welt.

8 Meine Lieblingsstadt

a) Barbara Dittmann schwärmt von Freiburg. Welches Wort passt in die Lücke?

Meine Lieblingsstadt ist Freiburg. Warum? Freiburg ist **(1)** __________ als Stuttgart oder München und das Leben ist **(2)** __________. Natürlich hat München ein **(3)** __________ Kulturangebot, aber man muss dort auch **(4)** __________ Mieten bezahlen. Außerdem sind die Leute in Freiburg **(5)** __________. Sie haben mehr Zeit.
Freiburg hat normalerweise das **(6)** __________ Wetter in Deutschland. Es ist fast immer ein paar Grad **(7)** __________ als zum Beispiel in Köln. Freiburg hat auch ein **(8)** __________ Umland als andere Städte. In 10 Minuten ist man in einer der **(9)** __________ Regionen Deutschlands, im Schwarzwald. Freiburg ist wirklich die **(10)** __________ Stadt, die ich kenne!

	a)	b)	c)
1.	a) kleinere	b) (kleiner)	c) am kleinsten
2.	a) ruhiger	b) ruhigere	c) ruhigste
3.	a) attraktiveres	b) attraktivstes	c) attraktiver
4.	a) höchster	b) am höchsten	c) höhere
5.	a) freundlichste	b) freundliche	c) freundlicher
6.	a) beste	b) am besten	c) bessere
7.	a) am wärmsten	b) wärmere	c) wärmer
8.	a) größtes	b) größer	c) größeres
9.	a) beliebtesten	b) beliebter	c) am beliebtesten
10.	a) schöner	b) schönste	c) schönere

b) Schreiben Sie jetzt selbst einen Text über Ihre Lieblingsstadt.

Schreiben Sie etwas über folgende Punkte:
das Wetter – die Leute – das Freizeitangebot – die Mieten

Meine Lieblingsstadt ist ______________________

____

____

Das Oktoberfest

Seite 36	Aufgabe 1

1 **Oktoberfeste in aller Welt. Welche Überschrift passt zu welchem Abschnitt? Zwei Überschriften passen nicht.**

A Das Oktoberfest ist schon lange nicht mehr nur ein Münchner Fest. Überall auf der Welt wird es kopiert. Mehr als 3000 Oktoberfeste finden jedes Jahr weltweit statt. Und viele sind alles andere als klein. Auf dem „Zinzinnati Oktoberfest" in Cincinnati (Ohio) werden jährlich rund 500 000 Gäste erwartet.

B Die meisten Oktoberfeste werden in den USA gefeiert; viele kleine Städte veranstalten jedes Jahr ihr „Oktoberfest". Dabei wird gerne mit „typisch deutscher Kultur" geworben. „Old-world-Gemütlichkeit", „Umtata, Heidi Singers und Bavarian Lederhosens" sowie „Original Bavarian Blasmusik" sollen Gäste anlocken. Mit deutscher Kultur hat das alles aber eher wenig zu tun.

C Das größte und vielleicht bekannteste Oktoberfest außerhalb Deutschlands wird jedoch nicht in den USA, sondern in der brasilianischen Kleinstadt Blumenau gefeiert. Über 600 000 Gäste kommen jedes Jahr auf das zweitgrößte Bierfest der Welt. Original bayrisch ist das Fest aber nicht. Zwar gibt es typisch deutsche Spezialitäten in Erinnerung an die Emigranten, die vor Generationen aus Deutschland kamen, um Kolonien im Süden Brasiliens zu gründen. Es wird aber nicht nur bayrische Musik gespielt, man hört auch zunehmend Samba-Rhythmen. Das Oktoberfest mit der brasilianischen Atmosphäre ist ein Geheimtipp für Freunde der Bierfest-Tradition.

D Die Organisatoren des Münchner Oktoberfestes haben keine Angst davor, dass die ausländischen Gäste in Zukunft das berühmte Fest zu Hause feiern. Im Gegenteil: Wem die Kopie gefällt, der möchte eines Tages das Original, das „echte" Oktoberfest, kennen lernen. Eine bessere Werbung für das Münchner Fest kann man sich nicht vorstellen.

1. Die Kopie – gute Werbung für das echte Oktoberfest ___D___
2. Typisch deutsche Kultur in Brasilien ______
3. Das Oktoberfest – eine Erfolgsgeschichte ______
4. Deutsche Gemütlichkeit in den USA ______
5. Oktoberfest auf Brasilianisch ______
6. Amerika – Land der Oktoberfeste ______

Seite 37	Aufgabe 2–5

1 **Welche Funktion hat *werden*? Hilfsverb / Passiv Präsens oder Vollverb?**

		Hilfsverb/Passiv	Vollverb
1.	Der Chef hat morgen Geburtstag. Er wird 70.	☐	☒
2.	Wird er von zu Hause abgeholt?	☐	☐
3.	Nein, er wird von seiner Tochter gefahren.	☐	☐
4.	Das Essen wird kalt!	☐	☐
5.	Die Getränke werden um 18 Uhr gebracht.	☐	☐
6.	Wenn das so weitergeht, werde ich verrückt!	☐	☐

2 Nummerieren Sie die Angaben in der Reihenfolge temporal – kausal – modal – lokal.

1. Das erste Oktoberfest fand … statt.
   - [2] anlässlich der Hochzeit von König Ludwig I.
   - [1] 1810
   - [3] auf einer großen Wiese außerhalb der Stadt

2. Die Festwirte fahren …
   - [ ] auf das Festgelände
   - [ ] in einem festlichen Zug
   - [ ] am ersten Tag

3. Der Fassanstich wird … übertragen.
   - [ ] um 12 Uhr
   - [ ] im Fernsehen
   - [ ] live

4. Viele ausländische Gäste kommen …
   - [ ] wegen des Oktoberfests
   - [ ] jedes Jahr
   - [ ] in die bayrische Hauptstadt

5. Bis zu 600 Personen werden … eingeliefert.
   - [ ] ins Krankenhaus
   - [ ] jährlich
   - [ ] wegen Alkoholvergiftung

6. Die Polizei kann das Festgelände … überwachen.
   - [ ] mithilfe moderner Videokameras
   - [ ] seit einigen Jahren
   - [ ] besser

3 Helgas Biografie. Bringen Sie die Satzteile in die te-ka-mo-lo-Reihenfolge.

1. Helga Beimer / geboren / ist / in Bochum / am 24. März 1940 /.
   Helga Beimer ist am 24. März 1940 in Bochum geboren.
2. Sie / vor ihrer Heirat mit Hans / machte / eine Lehre als Bankkauffrau / bei der Sparkasse /.
   ____
3. Die Beimers / nach München / zogen / aus beruflichen Gründen / 1976 /.
   ____
4. Hans / wegen einer anderen Frau / Helga / nach 13 Jahren Ehe / verließ /.
   ____
5. Helga / in der Lindenstraße / als Angestellte / ab 1992 / in einem Reisebüro / arbeitete /.
   ____
6. Sie / zusammen mit einem Freund / gründete / ein Jahr später / die „Ehrlich Reisen GmbH" /.
   ____
7. Helga / mit Onkel Franz zusammen / in einer 4-Zimmer-Wohnung / heute / lebt /.
   ____

4 Sie können eine Angabe auch akzentuieren, indem Sie sie in Position 1 stellen.

1. Onkel Franz ist schon vor vielen Jahren in die Lindenstraße gezogen. (wann?)
   Schon vor vielen Jahren ist Onkel Franz in die Lindenstraße gezogen.
2. Er bekam bald wegen seines schwierigen Charakters mit allen Probleme. (warum?)
   ____
3. Franz kümmerte sich eine Zeit lang als Babysitter um Helgas Enkelin. (wie lange?)
   ____
4. Helga pflegt ihren Onkel mit Hildes Hilfe in ihrer Wohnung. (wie?)
   ____
5. Helga hat wegen Onkel Franz große Probleme im Reisebüro. (wo?)
   ____
6. Helga muss wegen einer Herzkrankheit für einige Zeit ins Krankenhaus. (warum?)
   ____

5 Was gehört zusammen?

a) Bitte sortieren Sie.

1 Die Türme der Frauenkirche sind das Wahrzeichen von München.

2 Der Marienplatz war der Mittelpunkt des alten München und ist heute das Zentrum für Touristen und Münchner.

3 Etwas außerhalb des Zentrums befindet sich der Olympiapark, der für die Olympischen Sommerspiele 1972 in München gebaut wurde.

4 Im Süden von Bayern steht auf einem kleinen Berg Schloss Neuschwanstein.

5 München ist auch die Stadt der Museen. Das Deutsche Museum ist eines der größten Museen für Technik und Naturwissenschaften auf der Welt.

6 Auf dem Viktualienmarkt bekommt man Lebensmittel aller Art.

A Auf dem Platz stehen die Mariensäule sowie das Alte und das Neue Rathaus mit seinem berühmten Glockenspiel.

B Das von König Ludwig I. erbaute Märchenschloss ist eine der beliebtesten Sehenswürdigkeiten Deutschlands. Im Sommer kommen im Durchschnitt täglich mehr als 6000 Besucher.

C Erbaut wurde der Dom zwischen 1468 und 1488 (Spätgotik); er ist eine der größten Hallenkirchen Süddeutschlands. Vom Turm aus hat man einen herrlichen Blick über die ganze Stadt.

D Hier kaufen die Münchner ihr Obst und Gemüse. An einem der Stände oder im Biergarten kann man die typische Münchner Atmosphäre genießen.

E Hier finden auch viele Konzerte statt. Um die ganze Anlage mit den verschiedenen Stadien zu betrachten, steigt man am besten auf den Turm.

F Mit der Alten und Neuen Pinakothek sowie der Pinakothek der Moderne besitzt München Gemäldegalerien von Weltrang.

1. C 2. ___ 3. ___ 4. ___ 5. ___ 6. ___

b) Welche Sehenswürdigkeit befindet sich nicht in München?

____

Das Drehbuch

Seite 42	Aufgabe 1

1 **Das Fernsehen oder der Fernseher. Markieren Sie bitte.**

1. [X] Im Fernsehen [ ] Im Fernseher kommt heute ein interessanter Film.
2. [ ] Unser Fernsehen [ ] Unser Fernseher ist schon wieder kaputt.
3. Diesen Schauspieler kenne ich aus [ ] dem Fernsehen [ ] dem Fernseher.
4. Endlich hat er [ ] das Fernsehen [ ] den Fernseher ausgeschaltet.
5. Letztes Jahr haben wir [ ] ein neues Fernsehen [ ] einen neuen Fernseher gekauft.
6. Er hat schon viele Drehbücher für [ ] das Fernsehen [ ] den Fernseher geschrieben.

2 **Unser Fernsehtipp: „Die unendliche Geschichte“**

a) Setzen Sie die Abschnitte A–D an den markierten Stellen in den Text ein.

1. In Geiselgasteig, einem Vorort von München, befindet sich das Gelände der Bavaria Filmgesellschaft. [D]

2. Der Publikumserfolg „Die unendliche Geschichte“ basiert auf dem gleichnamigen Buch von Michael Ende, dem Autor so bekannter Bücher wie „Momo“ oder „Jim Knopf und Lukas der Lokomotivführer“. Der Film erzählt die Geschichte des kleinen Bastian Bux, der von seinen Mitschülern nicht akzeptiert wird, weil er langweilig, dick und unsportlich ist. [ ]

3. Eines Tages findet er in einer Buchhandlung ein altes Buch mit dem Titel „Die unendliche Geschichte“. Er nimmt das Buch mit und wird in die Welt des Reichs „Phantasien“ geführt. [ ]

4. Zusammen mit dem Glücksdrachen Fuchur versucht er sein Land zu retten. Während Bastian die Geschichte von Atréju und der Kindlichen Kaiserin liest, wird er selbst zu einem Teil des Romans und erlebt zahlreiche Abenteuer. [ ]

A Dort regiert die Kindliche Kaiserin, die an einer unheilbaren Krankheit leidet. Auch ihr Land ist in Gefahr und auf der Suche nach dem Retter, der es vor der Zerstörung durch eine fremde Macht, das „Nichts“, retten kann. Atréju, ein Junge in Bastians Alter, macht sich auf den Weg, der Kaiserin zu helfen und Phantasien zu befreien.

B Deshalb flüchtet er sich in seine eigene Phantasiewelt.

C Am Ende gelingt es Bastian, das Reich „Phantasien“ und die Kindliche Kaiserin zu retten.

D Hier werden vor allem Fernsehproduktionen gedreht. Aber auch so bekannte Filme wie „Das Boot“ oder „Die unendliche Geschichte“ sind in den Bavaria-Studios entstanden.

b) Markieren Sie die Wörter, die Ihnen geholfen haben, den Text zu sortieren.

Arbeiten mit dem Wörterbuch

1 Wo ist der Fehler?

a) Hier fehlt ein Buchstabe.

1. Misserfolg	4. Unterschi__d	7. veran__wortlich
2. Schl__ssel	5. ti__ken	8. Run__funk
3. Korre__tur	6. Höh__e	9. Schnau__e

b) Welcher Buchstabe ist falsch? Korrigieren Sie bitte.

1. Halz Hals
2. Besprächung ____________
3. Caffé ____________
4. Ehepahr ____________
5. Flieke ____________
6. laud ____________
7. schwierik ____________
8. Dialegt ____________

• **Hal·le** ['halə] <-, -n> *die* großer Raum *die ~ betreten, in der ~ trainieren* **Komp:** *Bahnhofs-, Fabrik-, Hotel-, Schwimm-, Sport-, Tennis-, Werks-*

hal·len ['halən] <hallt, hallte, gehallt> *itr* wie ein Echo klingen *Seine Stimme hallte in dem hohen Raum.*

• **hal·lo** [ha'lo:/'halo] *interj* **1.** Begrüßungsformel, auch am Telefon *H~, wer ist dran?* **2.** Ausruf zum Ausdruck der Überraschung *H~! Was machst du denn hier?*

Hal·lu·zi·na·ti·on [halutsina'tio:n] <-, -en> *die* Täuschung der Sinne, bei der man etw sieht, was gar nicht da ist *~en haben*

Halm [halm] <-(e)s, -e> *der* dünner Stengel einer Pflanze, Stiel *die langen ~e dieser Gräser* **Komp:** *Gras-, Stroh-*

• **Hals** [hals] <-es, Hälse> *der* der Körperteil, das Kopf und Körper verbindet *Mir tut der ~ weh.;* **aus vollem ~e lachen** *(umg)* laut lachen *Bei dem Witz musste sie aus vollem ~e lachen.;* **jdm um den ~ fallen** *(umg)* jdn leidenschaftlich umarmen *Vor Freude ist sie mir um den ~ gefallen.;* **etw hängt jdm zum ~ heraus** *(umg!)* jd hat zu viel von jdm/etw und deshalb keine Lust mehr auf jdn/etw *Dieses Essen hängt mir zum ~ heraus.;* **etw in den falschen ~ bekommen** *(umg)* etw falsch verstehen *eine Bemerkung in den falschen ~ bekommen* **Komp:** *-kette, -schmerzen, -tuch*

• **halt¹** [halt] *interj* Ausruf, um auszudrücken, dass jd stehen bleiben soll *H~! Hier darfst du nicht hinein!*

• **halt²** [halt] *PART* (SD, ÖSTERR, CH ≈*eben)* verwendet, um zu betonen, dass man hilflos ist *Er ist oft so aggressiv. – Das ist ~ so.*

• **halt·bar** ['haltba:ɐ̯] <haltbarer, haltbarst-> *adj* **1.** so, dass etw über längere Zeit gelagert werden kann *~e Lebensmittel* **2.** so, dass etw sehr stabil ist *~es Spielzeug kaufen;* **etw ist nicht ~** so, dass etw nicht überzeugend ist *Diese Theorie ist nicht ~.*

Hals

2 Wie trennt man was?

a) Wie trennen Sie folgende Wörter?

1. Dezember De-zem-ber
2. Fehler ____________
3. anfangen ____________
4. Chaos ____________
5. fallen ____________
6. Hecke ____________
7. impfen ____________
8. Spritze ____________

b) Welche Verben sind trennbar? Bitte markieren Sie.

1.	☒ unterordnen	☐ unterhalten
2.	☐ abschließen	☐ beschließen
3.	☐ einfallen	☐ einigen
4.	☐ missachten	☐ mitbringen
5.	☐ widersprechen	☐ wiedergeben
6.	☐ vorlesen	☐ vergeben

Lektion 22

Pontresina

Seite 44/45	Aufgabe 1–3

1 In den Bergen und am Meer. Was passt wo?

surfen   Tal   nass   Bergtour   Piste   Strandkorb
steil   hoch   bergauf   baden   ~~wandern~~   schneien
Ski fahren   segeln   Möwe   Küste   ~~salzig~~   barfuß

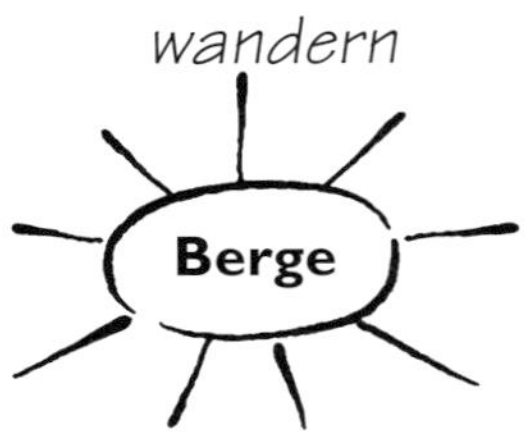

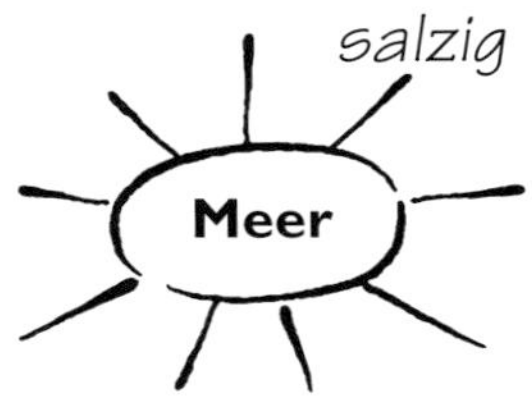

2 Was passt nicht? Markieren Sie bitte.

1. einen Bauernhof: ~~verwenden~~ – verkaufen – haben – besitzen
2. Patienten: behandeln – vermuten – untersuchen – haben
3. Zimmer: vermitteln – vermieten – melken – suchen
4. einen Skikurs: beenden – machen – besuchen – betrachten

3 Jahreszeiten und Monate. Bitte ergänzen Sie.

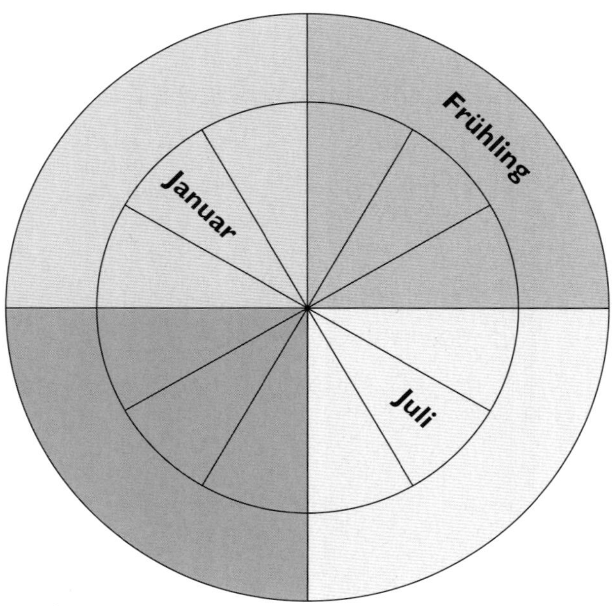

4 Das Bergdorf Galtür im österreichischen Paznauntal. Porträtieren Sie den Dorfbewohner Bruno Behr und benutzen Sie dabei folgende Informationen.

Name: Bruno Behr
Herkunft: in Galtür geboren
Familienstand: ledig, lebt bei seinen Eltern
Beruf: Milchwagenfahrer
Nebenverdienst: eigener kleiner Bauernhof: 12 Kühe; eine Ferienwohnung; bietet Ferien auf dem Bauernhof an
Tagesablauf: früh aufstehen; Milch abholen bei den Tal-Bauern; Transport ins Milchwerk; Arbeit auf eigenem Hof
Leben in Galtür: zufrieden in Galtür; in einem anderen Ort leben, ist für ihn nicht möglich

Bruno Behr ist in Galtür geboren und ____________________

____

5 Vermutungen. Beschreiben Sie das Bild.

Die Frau **Ihr Mann** **Sie** **Ihre Tochter**	**ist** **hat** **will** **möchte** **musste**	**vermutlich** **vielleicht** **sicher** **eventuell** **wahrscheinlich** **wohl** **bestimmt**	**ihren Arbeitsplatz verloren** **verliebt** **große Sorgen** **schlechte Laune** **eine schwere Krankheit** **ausziehen** **heute früh aufgestanden**

1. *Die Frau hat vielleicht ihren Arbeitsplatz verloren.*
2. ____________________
3. ____________________
4. ____________________
5. ____________________
6. ____________________
7. ____________________

6 Noch mehr modale Angaben. Kreuzen Sie bitte an.

1. ▶ Hast du ihn ☒ wirklich ☐ leider nicht gefragt?
   ◁ ☐ Interessanterweise ☐ Natürlich habe ich ihn gefragt.
2. ▶ Wir gehen ☐ normalerweise ☐ zum Glück nicht ins Kino.
   ◁ ☐ Wirklich ☐ Hoffentlich gefällt es dir dann überhaupt.
3. ▶ Er hat sich ☐ leider ☐ zum Glück nicht das Bein gebrochen.
   ◁ Aber er hat sich ☐ wirklich ☐ leider am Kopf verletzt.

Im Gesundheitszentrum

Seite 46/47	Aufgabe 1–3

1 Naturmedizin und Schulmedizin. Was passt wo?

Heilpflanzen ______ Rezept ______

~~Heilpflanzen~~ Operation Tee Medikament Krankenkasse Versichertenkarte Kräuter Hausmittel Akupunktur ~~Rezept~~

2 Lesen Sie die Anzeigen im Kursbuch Seite 46, Aufgabe 1. Wohin gehen Sie? Eine Situation passt nicht.

1. Sie haben starke Rückenschmerzen und sollen unter medizinischer Anleitung gymnastische Übungen machen. Anzeige 4
2. Sie wollen einen hausgemachten Kräutertee kaufen. Anzeige ______
3. Sie hatten einen Unfall beim Skifahren und müssen operiert werden. Anzeige ______
4. Ihr Arzt verschreibt Ihnen medizinische Bäder und eine Klimaveränderung. Anzeige ______
5. Sie haben seit Jahren eine starke Allergie. Nichts hilft dagegen. Ihre Freundin rät Ihnen, Akupunktur auszuprobieren. Anzeige ______

3 Wortbildung

a) Wie heißen die Nomen zu diesen Adjektiven?

1. der Erfolg — Die Behandlung war sehr erfolgreich.
2. ______ — Mein Sohn ist seit gestern krank.
3. ______ — Peters Hals ist entzündet.
4. ______ — Ich nehme lieber pflanzliche Medikamente.
5. ______ — Zu viel Kaffee ist nicht gesund für Herz und Magen.

b) Wie heißen die Nomen zu diesen Verben?

1. der Schmerz — Au! Mein Arm schmerzt!
2. ______ — Die Ärztin untersucht den Patienten.
3. ______ — Der Verletzte blutet stark.
4. ______ — Der Arzt behandelt die Entzündung mit Antibiotika.
5. ______ — Der Patient hustet seit Tagen.

4 Beim Arzt. Was hört man wo? Bitte ordnen Sie zu.

A
Dr. med. Ute Vogelberg
Ärztin für Frauenheilkunde
und Geburtshilfe
(auch Hausgeburten)
Mo–Fr 8–12 Uhr
Di + Do 14–18 Uhr
alle Kassen Tel. 89 65 45

C
Otto Buchholz, Christa Egner
Kinderärzte
Gemeinschaftspraxis
Termine
nach Vereinbarung
☎ 66 68 94
Eingang um die Ecke

E
Dr. med. Helmut Wiese
Naturheilverfahren,
Homöopathie, Akupunktur
(Diplom A)
Sprechzeiten Mo–Do 9–17 h
Telefon 89 90 90

B
P. Hartmann, Dr. med.
Facharzt für Allgemeinmedizin
und Allergologie
Offene Sprechstunde:
Mo–Fr 16–18 Uhr
2. Stock links

D
Privatklinik für Unfallchirurgie
Mack, Bernhard Dr. med.
Forgács, Andrea Dr. Univ. Budapest
Ambulante und stationäre Operationen
Tel. 56 45 87

www.klinik-engel.de

F
Krankengymnastik
Physiotherapie
Susanne Bohlenz & Karin Zopp-Karle
• manuelle Therapie (OMT)
• Massage / Reflexzonen
• physikalische Therapie

Mo–Fr 8–16.30 Uhr

1. „Wir haben keine offenen Sprechzeiten, Sie müssen vorher einen Termin ausmachen." [C]
2. „Der Geburtstermin ist sehr wahrscheinlich Anfang August nächsten Jahres." [ ]
3. „Meine Kleine hat seit gestern hohes Fieber." [ ]
4. „Sie haben eine starke Grippe. Da werde ich Sie eine Woche krankschreiben." [ ]
5. „Ich fürchte, da kommen wir um eine Operation nicht herum." [ ]
6. „Tja, Ihr Bein war eben gebrochen! Wir machen nun einige Übungen, damit Sie es wieder so wie früher bewegen können." [ ]
7. „Bringen Sie bitte Ihren Mutter-Pass mit." [ ]
8. „Nein, die Krankenkasse übernimmt leider die Kosten für die Akupunktur-Sitzungen nicht." [ ]
9. „Es tut mir sehr Leid, aber wir nehmen keine Kassenpatienten." [ ]
10. „Wir machen einen Allergietest, damit wir wissen, auf welche Stoffe Sie allergisch reagieren." [ ]
11. „Die Hand öffnen und schließen, öffnen und schließen, gut! Immer weitermachen!" [ ]
12. „Ja, die Medikamente sind alle auf natürlicher, pflanzlicher Basis." [ ]

5 Ein Zeitungstext

a) Bitte lesen Sie den Text und wählen Sie eine Überschrift.

A Neue Erfolge in der modernen Medizin ☐
B Medizin für den ganzen Menschen ☐
C Interesse an Alternativmedizin steigt ☐

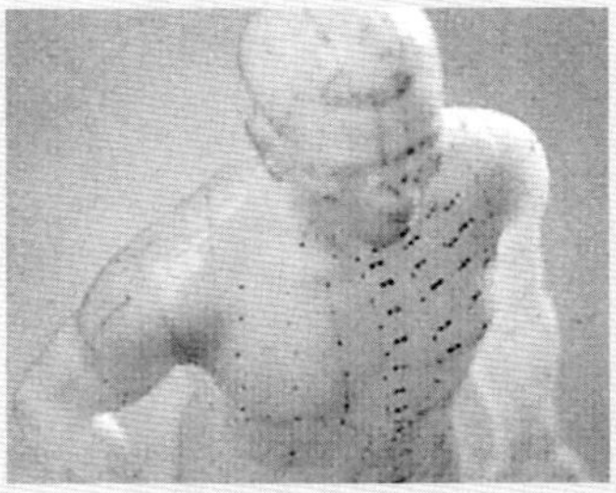

Die letzten Jahre haben deutlich die Grenzen der modernen Medizin vor Augen geführt. Gesundheit und Krankheit sind mehr als sich in naturwissenschaftlichen Begriffen beschreiben lässt. Denn Krankheit ist ein Problem des ganzen Menschen, betrifft also Körper, Geist und Seele. Deshalb gibt es in den letzten Jahren bei Ärzten und Patienten ein wachsendes Interesse an Natur- und Alternativmedizin.

b) Richtig (r) oder falsch (f)? Bitte markieren Sie.

1. Nur die Naturwissenschaften erklären Krankheiten ganz genau. ________ r f
2. Die Umgebung, in der ein Mensch lebt, ist wichtig für seine Gesundheit. ________ r f
3. Immer mehr Menschen informieren sich über Alternativmedizin. ________ r f

6 Einladung zum Medien-Chat! Heute: „Sollte man Kinder allein fernsehen lassen?“ Zustimmung oder Ablehnung?

WILLKOMMEN IM CHATROOM!

Send a message: ________

Tina72	Einverstanden. Aber nur, wenn die Eltern dabei sind.	Zustimmung
snoopy	Das würde ich so nicht sagen! Kinder können schon auch mal alleine gucken. Man kann doch nicht 24 Stunden auf sie aufpassen!!	________
Harald	Da hast du wirklich Recht. Man sollte aber ab und zu ins Zimmer reinschauen.	________
Blümchen	Aber wenn es ein Kinderfilm ist? Dann doch nicht?!	________
SilviaM	Ich finde, auch bei Kinderfilmen sollte man mitgucken. Der Grund ist ganz einfach der, dass man mit den Kindern mitlacht, etwas erklären kann – einfach dabei ist!	________
TomJones	Nee, da kann ich dir nicht zustimmen. Die Kinder wollen auch mal allein sein, zeigen, dass sie allein groß sind! Meine jedenfalls!	________
SilviaM	Da bin ich ganz deiner Meinung. Man sollte aber schon kontrollieren, ob der Film auch für Kinder geeignet ist.	________
ElliMeyers	Hallo zusammen! Ich finde, dass die meisten Kindersendungen super schlecht sind. Deshalb dürfen meine Kinder nur „Sandmännchen“ schauen :-)	________
TomJones	Oh, du bist aber hart, Elli!! Deine armen Kinder tun mir leid.	________

Der letzte Bauer von Pontresina

Seite 48	Aufgabe 1–2

1 Bergbauernsterben

a) Lesen Sie bitte den Zeitungsartikel.

Bergbauernsterben: Noch lange kein Ende in Sicht

Jedes Jahr müssen Hunderte von landwirtschaftlichen Betrieben in den Bergregionen der Schweiz aufgeben.

Die Zahl der Klein-Bergbauernhöfe wird jährlich um fast 9 % kleiner, sodass in den letzten zehn Jahren die Zahl der Bergbauern in der Schweiz um ein Drittel gesunken ist. Geht man noch weiter zurück in die Vergangenheit, sieht man, dass diese Zahl in den letzten 50 Jahren etwa um die Hälfte zurückgegangen ist.

Die Gründe dafür sind immer noch die alten: Die kleinen Bergbauernhöfe sind aufgrund ihrer geringen Grösse keine Konkurrenz für die grossen landwirtschaftlichen Betriebe im Flachland.

Die Kosten der Milchproduktion sind im Berggebiet außerdem viel höher. Die Betriebe im Tal werden deshalb in den nächsten Jahren ihre Produktionskosten niedriger halten können als ihre Kollegen in den Bergen. Berg-Landwirtschaft wird deshalb in Zukunft noch teurer werden und noch weniger konkurrenzfähig sein.

Käse, Fleisch und Gemüse sind seit Jahren in den Ländern der Europäischen Union viel billiger zu haben als in der Schweiz. Deshalb muss die Schweiz in Zukunft ihre Produkte auch billiger verkaufen. Dies führte schon während der letzten Jahre dazu, dass das Einkommen der Schweizer Bauern stark zurückging.

Bauer Sax aus dem Schweizer Kanton Rätikon erhielt für seine Milch 1992 etwa 1,07 Franken pro Liter, 1999 waren es nur noch 0,77 Franken. In Europa beträgt der Milchpreis traurige 0,50 Franken. Für die Fleischpreise gilt das auch: Während ein Bauer 1993 ein Kalb noch für 700 bis 800 Franken verkaufen konnte, bekam er 1999 nur noch 250–300 Franken dafür.

Niedrige Preise bedeuten für die einzelnen Bauern auch ein niedrigeres Einkommen: Zwischen 1993 und 1999 ging es um etwa 22 Prozent zurück.

b) Zahlen und Fakten. Bitte ergänzen Sie.

1. Jedes Jahr gibt es 9 % ______ weniger Bergbauernhöfe in der Schweiz.
2. Vor ______ Jahren gab es in der Schweiz noch zirka zweimal so viele Höfe wie heute.
3. ______ kostete die Milch im Schweizer Kanton Rätikon nur noch 0,77 Franken.
4. In Europa liegt der Milchpreis bei ______ Franken.
5. Ein Schweizer Bauer erhielt 1999 für ein Kalb nur noch ______ Franken.
6. Das Einkommen der Schweizer Bauern ging in 7 Jahren um etwa ______ Prozent zurück.

2 Noch mehr Zahlen. Bauer Sippl hat 132 Kühe.

1. Ein Viertel der Kühe steht auf der Wiese. 33 ______
2. Ein Drittel der Kühe gibt nur wenig Milch. ______
3. Die Hälfte der Kühe will er verkaufen. ______
4. Bauer Meister hat doppelt so viele Kühe. ______

66 33 44 264

Seite 49	Aufgabe 3

1 Passiv mit Modalverben im Präsens und Präteritum.

a) Hier ist ja alles falsch. Was passt? Bitte verbinden Sie.

1.	Die Kühe	musste	auf dem Rücken	gemäht werden.
2.	Die Lasten	musste	über dem Feuer	gerührt werden.
3.	Die Milch	mussten	mit der Axt	hergestellt werden.
4.	Der Käse	mussten	mit der Hand	gefällt werden.
5.	Die Bäume	musste	von Hand zu Butter	gemolken werden.
6.	Das Gras	mussten	von Hand	getragen werden.

b) Tragen Sie die Sätze in die Tabelle ein. Präteritum.

	Modalverb		Verb (Partizip Perfekt)	Hilfsverb *werden*
1. *Die Kühe*	*mussten*	*mit der Hand*	*gemolken*	*werden.*
2.				
3.				
4.				
5.				
6.				

c) Wie heißen die Sätze im Präsens?

1. *Die Kühe müssen mit der Hand gemolken werden.*
2. ______
3. ______
4. ______
5. ______
6. ______

2 Früher und heute.

1. werden / Früher / weniger / gezahlt / Steuern / mussten /.
2. Kranke / heute / können / besser / Menschen / werden / versorgt /.
3. verheiratet / Kinder / von / Früher / durften / ihren / Eltern / werden /.
4. dürfen / Heute / Männerberufe / Mädchen / gelernt / auch / werden / von /.
5. Früher / werden / Kinder / konnten / Großeltern / betreut / den / von /.
6. wählen / erst / Früher / man / durfte / mit 21 Jahren /.

1. *Früher mussten weniger Steuern gezahlt werden.*
2. ______
3. ______
4. ______
5. ______
6. ______

3 Großmutter erzählt vom häuslichen Alltag früher.

1. nicht können: Wäsche einfach in die Waschmaschine stecken
   müssen: Wäsche von Hand in einem großen Eimer waschen
   Die Wäsche konnte nicht einfach in die Waschmaschine gesteckt werden, sie musste von Hand in einem großen Eimer gewaschen werden.
2. nicht können: das Haus mit dem Staubsauger sauber machen
   müssen: das Haus mit dem Besen kehren
   Das Haus ______
3. nicht können: die Heizung im Winter einfach anmachen
   müssen: das Haus mühsam mit Kohle heizen
   Die Heizung ______
4. nicht können: Lebensmittel im Kühlschrank frisch halten
   müssen: Lebensmittel in den Keller legen oder anders haltbar machen
   Lebensmittel ______
5. nicht können: bei Dunkelheit das elektrische Licht einfach anschalten
   müssen: Gaslampen anmachen
   Das elektrische Licht ______

Seite 49	Aufgabe 4–6

1 Fragen und Antworten. Bitte kombinieren Sie.

① Hast du eigentlich geregelte Arbeitszeiten?
② Können Sie eigentlich regelmäßig Feierabend machen?
③ Wie ist denn das Betriebsklima bei Meier & Söhne?
④ Musst du denn viel Steuern bezahlen?
⑤ Hast du schon einen Urlaubsantrag geschrieben?
⑥ Wie viel wird denn von deinem Gehalt für die Sozialversicherung abgezogen?

A Ach ja, normalerweise komme ich abends so gegen 18 Uhr nach Hause.
B Ja. Ich arbeite 7,5 Stunden pro Tag bei einer 37,5-Stunden-Woche.
C Das muss ich nicht! Ich arbeite doch selbstständig und bin mein eigener Chef!
D Ich weiß es nicht. Aber die Beiträge für die Krankenkasse, die Rente und die Arbeitslosenversicherung sind hoch.
E Also ich muss sagen: Eigentlich ganz harmonisch. Wir sind ein gutes Team.
F Es geht. So zirka 13 % meines Einkommens.

1	*B*
2	
3	
4	
5	
6	

2 Was im Arbeitsleben zählt. Welche Sätze passen zu der Statistik?

1. Das Einkommen spielt für die Mehrheit eine große Rolle. [X]
2. Familie und Freizeit ist für viele wichtiger als der Verdienst. [ ]
3. Die Mehrheit wünscht sich eine gute Atmosphäre im Büro. [ ]
4. Nur wenige haben Angst vor Arbeitslosigkeit. [ ]
5. Mehr als die Hälfte der Befragten möchte flexible Arbeitszeiten. [ ]
6. Viele erwarten zusätzliche Sozialleistungen von ihrem Arbeitgeber. [ ]
7. Gute berufliche Perspektiven sind entscheidend dafür, ob Arbeitnehmer zufrieden sind. [ ]

3 Was passt zusammen?

		Lösung
1. Feier-	-bedingungen	*Feierabend*
2. Arbeits-	-antrag	
3. Teil-	-abend	
4. Urlaubs-	-geld	
5. Arbeitslosen-	-zeit	

Fremdenverkehr

Seite 50	Aufgabe 1–2

1 Welche Wörter haben eine ähnliche Bedeutung?

~~Stel-~~ -son Frem- -ver- -lich- Hal- -stel- -sai- -le -fang Mög- -den- -keit ~~-le~~ An- -te- -kehr Hoch-

1. Job *Stelle*
2. Tourismus ______
3. Chance ______
4. Station ______
5. Beginn ______
6. Hauptsaison ______

2 Die Entstehung des Fremdenverkehrs in der Schweiz. Wie ist die richtige Reihenfolge?

A Die ersten Reisenden, die nicht wegen des heilenden Wassers, sondern wegen der Berge in die Alpen kamen, waren Engländer.
Als die englischen Sommergäste des Hoteliers Johannes Badrutt nach Hause reisen wollten, schlug dieser vor, dass sie auch im Winter einmal nach St. Moritz kommen sollten, da es ihnen sicher auch zu dieser Jahreszeit in den Bergen gefallen würde. Gleich in diesem Winter sollten sie es ausprobieren und falls er nicht Recht behalten sollte, könnten sie umsonst bei ihm wohnen.
Die Engländer kamen wieder, waren begeistert und blieben gleich von Weihnachten bis Ostern – der alpine Wintersport war geboren.

B Ein paar Jahre später, etwa 1867 bis 1868, begannen wieder Patienten der Gesundheit zuliebe in die Berge zu reisen. Der Arzt Alexander Spengler hatte nämlich herausgefunden, dass das trockene Hochgebirgsklima eine heilende Wirkung für Tuberkulosekranke hat. Bald gab es in jedem größeren Ort Sanatorien. Während der beiden Weltkriege ging der Fremdenverkehr stark zurück.

C Der Kanton Graubünden, auch die „Ferienecke der Schweiz“ genannt, ist schon lange ein beliebtes Ziel für Touristen.
Die Anfänge des Fremdenverkehrs dort gehen bis ins 16. Jahrhundert zurück. Papst Leo X. versprach den Gläubigen, dass ihnen alle Sünden erlassen würden, wenn sie die Quellen von St. Moritz besuchten.

D Nach dem Zweiten Weltkrieg jedoch blühte in Deutschland die Wirtschaft, und Auslandsreisen und Wintersport wurden dort immer beliebter. In den nächsten Jahrzehnten reiste dann auch immer mehr die breite Bevölkerung zur Erholung in die Berge.

E Diese ersten englischen Wintergäste bei Herrn Badrutt machten Skitouren in die winterliche Bergwelt, stiegen vor allem aber auf die hohen Berge. Edward Whymper wurde berühmt, weil er 1865 der erste Mensch auf dem Matterhorn (4478 m) bei Zermatt war.

F Über Jahrhunderte hinweg blieben die St. Moritzer Quellen Hauptattraktionspunkt in dieser Ecke der Schweiz. Neben dem Baden hatte besonders das Trinken des mineralhaltigen Wassers eine große Bedeutung. Im 17. Jahrhundert empfahlen die Ärzte zum Teil, 10 Liter Heilwasser am Tag zu trinken.

1. C 2. ____ 3. ____ 4. ____ 5. ____ 6. ____

3 „Schlitteda“ und „Chalandamarz“, zwei typische Engadiner Traditionen.

a) Bitte sortieren Sie die Sätze zu zwei Texten.

A

1. Jugend zieht laut durch das Dorf von Haus zu Haus und singt an jedem Haus Lieder. Dafür
2. Mit dem Chalandamarz, einer bis heute bekannten Tradition aus der Römerzeit, möchten die Menschen am 1. März den langen und schneereichen Winter vertreiben. Die Pontresiner
3. Die Tradition der Schlitteda ist sehr alt. Sie findet
4. die traditionelle Pontresiner Kleidung: rot-schwarze Kleider für die Mädchen und schwarzer Anzug und schwarzer Hut für die Männer. Die Schlitteda beginnt
5. roten Jacken und schwarzen Mützen bekleidet und haben Kuhglocken dabei.
6. in Pontresina jeweils am 2. Januarsonntag statt. An diesem Tag unternimmt die Dorfjugend – meist junge Paare – einen festlich-romantischen Sonntagsausflug mit dem Pferdeschlitten. Sie tragen dabei
7. werden sie von den Bewohnern vor allem mit Süßigkeiten, aber auch mit Geld beschenkt. Sie sind mit
8. am Morgen und endet am Abend bei einem gemütlichen Abendessen mit anschließendem Ball.

B

Schlitteda

Die Tradition der Schlitteda ist sehr alt. Sie findet

______

______

______

Chalandamarz

Mit dem Chalandamarz, einer bis heute bekannten Tradition aus der Römerzeit, möchten die Menschen am 1. März den langen und schneereichen Winter vertreiben. Die Pontresiner

b) Auf welchem Bild sieht man eine dieser Traditionen?

Bild ______

Seite 51	Aufgabe 3–5

1 Was passt? Bitte kombinieren Sie.

Ein Besitzer eines Hotels in St. Moritz …

① hat zwar manchmal wochenlang frei,
② hat weder Wochenende
③ sollte sowohl höflich sein
④ muss nicht nur Zeit für seine Gäste,
⑤ macht in der Nebensaison entweder selbst Urlaub
⑥ kann zwar selbstständig arbeiten,

A als auch gute Umgangsformen haben.
B oder bleibt zu Hause und renoviert das Hotel.
C hat aber kein regelmäßiges Einkommen.
D sondern auch für seine Familie haben.
E muss aber in der Hauptsaison Tag und Nacht arbeiten.
F noch Ferien.

1	E
2	
3	
4	
5	
6	

2 Familie Grunski im Skiurlaub.

1. (nicht nur … sondern auch) Familie Grunski: Winter, Herbst Skiurlaub machen
   Familie Grunski macht nicht nur im Winter, sondern auch im Herbst Skiurlaub.
2. (sowohl … als auch) Sophie Grunski: Skikurs, Snowboardkurs besuchen
   ____
3. (weder … noch) Herr Grunski: nicht Ski, nicht Snowboard fahren können
   ____
4. (zwar … aber) Frau Grunski: Arm gebrochen, Snowboard fahren lernen
   ____
5. (entweder … oder) Sven Grunski: in der Sonne liegen, SMS-Nachrichten verschicken
   ____

3 Vor- und Nachteile des Fremdenverkehrs. Welche Konjunktion passt?

weder … noch	**sowohl … als auch**	**entweder … oder**
nicht nur … sondern auch	**zwar … aber**	**nicht nur … sondern auch**

Die Zahl der Touristen wächst unaufhaltsam: Pontresina zum Beispiel zählt zirka 1850 Einwohner. In der Saison kommen dann noch ungefähr 6700 Personen dazu. Außerhalb der Saison sind manche Bergdörfer allerdings fast tot: Viele Städter besitzen dort Ferienwohnungen, die nur wenige Wochen im Jahr bewohnt werden.

1. Der Tourismus in den Alpen hat viele Orte stark verändert. Historische Gebäude mussten neuen Hotelbauten Platz machen und Verkehrsmassen verursachen große Umweltprobleme. Die Natur in den Bergen wurde teilweise zerstört, nicht nur durch zahlreiche Straßen und Tunnels, sondern auch durch Bergbahnen und Skilifte.
2. Die fremden Gäste bringen aber auch Vorteile: Sie bieten den Einwohnern der Ferienorte ________ Zukunftsperspektiven ________ viel Geld. Und sie schaffen Arbeitsplätze: In Arosa oder St. Moritz beispielsweise hängen 9 von 10 Arbeitsplätzen vom Tourismus ab.
3. Mit dem Aufkommen des Fremdenverkehrs stand man vor dem Problem: ________ steigen wir in das Tourismusgeschäft ein und retten dadurch unsere Heimat ________ unsere Dörfer werden bald leer sein, weil die Menschen in die Täler ziehen.
4. Durch den Fremdenverkehr verlassen ________ die Einheimischen ihren Ort nicht, sie müssen ihren Heimatort ________ fast das ganze Jahr über mit Tausenden von Besuchern teilen.
5. Heute versucht man, den Tourismus weiterhin zu fördern, aber trotzdem die Umwelt und die alten Dörfer mit ihren Traditionen nicht zu zerstören. Touristen heute haben andere Erwartungen als noch vor 30–40 Jahren. Sie wollen ________ Ski fahren ________ die jeweilige Kultur mit ihren Traditionen kennen lernen. Außerdem möchten sie die ortstypische Küche genießen.
6. Die heutigen Gäste wollen ________ in unpersönlichen Appartementhäusern ________ in riesigen Hotels wohnen. Viel lieber verbringen sie ihre Ferien in liebevoll restaurierten Gebäuden oder machen Ferien auf dem Bauernhof.

Auf der Skipiste

Seite 52/53	Aufgabe 1–4

1 Wintersport. Bitte ergänzen Sie.

~~Ski fahren~~ | Bergstation | Lifte | Tiefschnee | Skigebiet | Snowboard | Pisten

1. Im Ski-Kindergarten der Schneesportschule lernen Kinder spielerisch *Ski fahren.*
2. Das ist nur etwas für gute Skifahrer: Steile Abfahrten in frischem __________ .
3. Es gibt hier einfache und schwierige __________: Die schwarze Abfahrt ist an manchen Stellen fast senkrecht mit vielen Kurven.
4. Bei gutem Wetter kann man sich auf der Terrasse der Berghütte mitten im __________ sonnen oder die Aussicht auf die Berge genießen.
5. Das Skigebiet am Piz Corvatsch bietet unzählige Möglichkeiten durch eine große Gondelbahn und mehrere __________ .
6. Von der Diavolezza-__________ aus hat man eine tolle Aussicht auf die hohen Berge. Der berühmte Piz Bernina ist über 4000 Meter hoch.
7. Meine Eltern machen Langlauf und meine zwei Söhne fahren __________ .

2 Im Skikurs. Bitte ordnen Sie zu.

A Ist alles klar?

B Kannst du das bitte noch einmal wiederholen.

C Entschuldigung, ich habe das letzte Wort nicht verstanden.

D Entschuldige, das habe ich jetzt nicht richtig kapiert.

E Habe ich dich richtig verstanden? Du meinst, dass ...

1. Sie bitten Ihren Skilehrer seine Erklärung noch einmal zu wiederholen. [B]
2. Ihr Lehrer hat etwas erklärt. Sie sind nicht ganz sicher, ob Sie ihn richtig verstanden haben. [ ]
3. Sie haben nicht verstanden, was Ihr Skilehrer erklärt hat. [ ]
4. Sie waren nicht ganz konzentriert und Sie haben den Schluss der Erklärung nicht gehört. [ ]
5. Ihr Skilehrer fragt, ob Sie alles verstanden haben. [ ]

3 Wie heißt das Gegenteil?

1.	senkrecht	*unten*	*waagrecht*
2.	rauf	*tief*	__________
3.	hoch	~~*waagrecht*~~	__________
4.	oben	*flach*	__________
5.	steil	*runter*	__________

4 Rätoromanisch, die vierte Sprache der Schweiz. Welcher Satz passt zu welchem Textabschnitt?

1. So entstand die rätoromanische Sprache in der Geschichte. [B]
2. Weil es so viele Dialekte gab, erfand man eine ganz neue Sprache. [ ]
3. Im Kanton Graubünden werden drei Sprachen gesprochen. [ ]
4. Die rätoromanische Sprache erwacht wieder zu neuem Leben. [ ]
5. Das Rätoromanische wird nur noch in der Familie oder mit Bekannten gesprochen. [ ]
6. Es gibt sehr viele völlig unterschiedliche Formen dieser Sprache. [ ]

A Pontresina liegt in Graubünden, dem einzigen dreisprachigen Kanton der Schweiz. Zirka zwei Drittel der Bevölkerung haben hier Deutsch als Muttersprache, jeder Sechste Rätoromanisch und jeder Neunte Italienisch. Deshalb ist die Unterrichtssprache in der Schule Deutsch und Romanisch. Rätoromanisch ist eine westromanische Sprache. Sie ist mit dem Französischen, Spanischen und Italienischen verwandt.

B Graubünden war ursprünglich von den Rätern bewohnt. Als die Römer in das Land kamen, verband sich deren Sprache mit dem Lateinischen – so entstand das Rätoromanische. Die deutsche Sprache wurde in den folgenden Jahrhunderten von deutschsprachigen Einwanderern in den Kanton gebracht.

C 1938 wurde Romanisch zwar zur vierten Landessprache der Schweiz erklärt, trotzdem wurde die Sprache nicht mehr im öffentlichen Leben, sondern nur noch im privaten Bereich gesprochen. Das touristische Engadin zum Beispiel war einmal zu 85% romanisch, heute spricht nur noch jeder Fünfte diese Sprache.

D Rätoromanisch ist keine einheitliche Sprache, sondern besteht aus vielen regionalen Dialekten. Sie sind zum Teil so unterschiedlich, dass die Leute sich damit nicht verständigen konnten und stattdessen Deutsch sprechen mussten.

E 1982 erfand man das „Romansch Grischun", eine Kunstsprache wie Esperanto, das eine Mischung aus den wichtigsten Dialekten ist. Es gab nur ein Problem: Man hatte nun zwar eine gemeinsame Sprache, aber niemanden, der sie sprechen konnte! Die Bevölkerung wollte diese Kunstsprache nicht, sie wollte bei ihren eigenen Dialekten bleiben.

F Heute werden wieder viele Orts- und Straßenschilder auf Rätoromanisch beschriftet, Zeitungen haben romanische Seiten und Radio- und Fernsehsendungen werden in Romanisch gesendet. Seit 1997 findet sich die Sprache auf Geldscheinen und offiziellen Amtsdokumenten. In vielen Schulen ist Rätoromanisch Pflichtfach. Vielleicht wird man in Zukunft in Graubünden wieder öfter „buana saira" („Guten Abend"), „viva!" („Prost!") oder „allegra" („Hallo", „Willkommen") sagen!

Heidi

Seite 54	Aufgabe 1–3

1 „Heidi“ von Johanna Spyri

a) Lesen Sie die Informationen über die Autorin.

Johanna Spyri *1827 in Hirzel bei Zürich, †1901 in Zürich.
Sie verfasste fast 50 Erzählungen für Erwachsene und Kinder. Alle ihre Bücher sind so gut wie vergessen – weltweit bekannt aber wurde ihr Roman „Heidi“ von 1880, der bis heute ein großer Erfolg ist und bereits unzählige Male verfilmt wurde.

b) Lesen Sie den Text und korrigieren Sie die Fehler.

Die kleine Heidi. Lebt nach demtod ihrer Eltern Bei ihrem Großvater, in den: Bergen. Er Kümmert sich liebe. Vollumseine Enkelin und sie ist bei ihm sehr glücklich. Eines Tages ab erkommt Heidis Tante: Die bei einer reichen Familie in Frankfurt arbeitet zubesu chund nimmt Heidimi Tindie Stadt: Zur Familie Sesemann. Dort wächst Heidi zu: Sammen mit Deren kranker Tochter Klara auf, ob Wohl die beiden Mädch engleich Freundinnen werden, gefällt es Heidi inder neu. En Umgebung nicht sie wird krank vor Heim. Wehnach den Bergen und dem Großvater ein kluger Arzt gibt den Rat, das Kind wie Derin die Berge. Zum Großvater zurückzubringen. Dor tlebt sie glücklich Mit ihrem Großvater zus Amm enbald. Besucht sieauch ihren Euef Reundin Klara in den Ber! Gen. Auchklara wirdin der guten Schweizer Bergluft wieder gesund.

Die kleine Heidi lebt nach dem Tod ihrer Eltern bei ihrem Großvater in den Bergen.

____

2 Lesen Sie im Kursbuch Seite 54, Aufgabe 2. Welcher Satz hat die gleiche Bedeutung? Kreuzen Sie an.

1. In ihrem Herzen wurde die Last, die darinnen lag, immer schwerer …
   - [x] A Heidi ist traurig und macht sich Sorgen.
   - [ ] B Heidi hat ernsthafte Herzprobleme.
2. Sobald Heidi allein war und alles still ringsumher, …
   - [ ] A Heidi denkt: Bald habe ich meine Ruhe.
   - [ ] B In Heidis Umgebung ist es sehr ruhig.
3. Ihr kam alles so lebendig vor die Augen, die Alm und der Sonnenschein …
   - [ ] A Heidi sieht ihre Heimat in ihrer Fantasie.
   - [ ] B Heidi weint, weil sie Heimweh hat.
4. Heidis Verlangen nach dem Anblick der schönen, gewohnten Dinge steigerte sich mit jedem Tag mehr.
   - [ ] A Heidi möchte endlich Frankfurt kennen lernen.
   - [ ] B Heidi möchte die Berge wiedersehen.

Arbeiten mit dem Wörterbuch

1 Wie heißt …? Bitte schlagen Sie nach.

a) Wie heißt das Verb?

1. Leistung *leisten* ____________
2. Job ____________
3. Miete ____________
4. Operation ____________

b) Wie heißt das Adjektiv?

1. Wärme *warm* ____________
2. Unglück ____________
3. Schönheit ____________
4. Müdigkeit ____________

c) Wie heißt das Nomen?

1. protestieren *der Protest* ____________
2. entschuldigen ____________
3. ärgern ____________
4. meinen ____________

2 Verben und ihre Formen

a) Wie heißt der Infinitiv?

1. rief *rufen* ____________
2. gestohlen ____________
3. trat ____________
4. bat ____________
5. genossen ____________
6. wurde ____________

b) Perfekt: haben oder sein? Schreiben Sie.

1. ausreisen: Pia *ist* ________ aus Russland ausgereist.
2. enthüllen: Wir ________ die Sache enthüllt.
3. kichern: Du ________ nur gekichert.
4. verschwinden: Pit ________ verschwunden.
5. schleichen: Ihr ________ ums Haus geschlichen.
6. nennen: Er ________ seinen Namen nicht genannt.

3 Kennen Sie den Komparativ und Superlativ?

	Adjektiv	Komparativ	Superlativ
1.	alt	*älter*	*am ältesten*
2.			am besten
3.	grob		
4.	kalt		
5.		lieber	
6.		fieser	
7.	jung		
8.	teuer		

Lektion 23

Eindrücke aus Kärnten

Seite 56/57	Aufgabe 1–2

1 Kärntner Anzeigen. Ordnen Sie jeder Situation eine passende Anzeige zu.

1. Willi Michl braucht einen neuen Film für seinen Fotoapparat. ___B___
2. Resi Stangl hat Besuch. Deshalb möchte sie etwas Kulturelles unternehmen. ________
3. Herr Maier braucht einen Kredit. ________
4. Der Fernseher von Frau Pavlič ist kaputt. Sie möchte ihn reparieren lassen. ________
5. Frau Huber möchte verreisen. Sie sucht noch eine interessante Reisegruppe. ________
6. Klaus Karamarkovic studiert in Klagenfurt und sucht einen Studentenjob. ________

A

Ein neues Auto?
Eine neue Küche?
Eine Weltreise?
Wir helfen Ihnen dabei, dass Ihre persönlichen Wünsche in Erfüllung gehen. Bezahlen können Sie später – in kleinen monatlichen Raten. Kommen Sie zu uns. Wir beraten Sie gerne. Ihre Sparkasse Villach
Einfacher geht's nicht!

B

Bademoden – Souvenirs
STANGASSINGER
Fotozubehör – Entwicklung
Internationale Zeitschriften und Zeitungen
In Villach, direkt am See

C

Malkurs in der Toskana
Erleben Sie Italien im Frühling. Vormittags malen wir in freier Natur, nachmittags unternehmen wir Ausflüge in die Umgebung.
Wir wohnen in einer hübschen Villa in der Nähe von Siena, wo wir auch gemeinsam alle Mahlzeiten einnehmen.
Interesse?
Dann melden Sie sich bei uns:
Telefon 04276/8366

E

Burgarena Finkenstein
Festspiele 2003
Das gesamte Programm unter:
www.burgarena.at

D

Einkehr mit Ausblick
Stangl Wirt
Kärntner Wirtshauskultur mit schöner Aussicht
Kärntner Spezialitäten
Tägl. geöffnet von 9–24 Uhr
Mo/Di Ruhetag
Von Mai bis September kein Ruhetag!

F

Reparaturdienst für Unterhaltungselektronik
Es muss ja nicht immer gleich ein neues Gerät sein. Unser Kundendienst kommt sofort. Wenn Sie Hilfe brauchen, rufen Sie an: 04276/9472

G

Stadttheatergastronomie sucht für kommende Spielsaison noch StudentInnen als Thekenkräfte. Bewerbungen direkt an Gastronomie des Stadttheaters

2 Welche Substantive sind nicht feminin?

Tradition, Ufer, Veranstaltung, Republik, Minderheit, Städtchen, Regierung, Struktur, Parlament, Paradies, Region, Möglichkeit, Grenze, Programm

das Ufer, ____________________

____

3 Sommerfest am Wörthersee.

a) Was passt zu einer Begrüßungsrede? Kreuzen Sie an.

1. Meine sehr verehrten Damen und Herren, liebe Gäste, [X]
2. Entschuldigen Sie bitte, dass … [ ]
3. Ich möchte Sie ganz herzlich zu … begrüßen. [ ]
4. Ich freue mich, dass … [ ]
5. …, dass auch Sie zu unseren Gästen zählen. [ ]
6. Mit freundlichen Grüßen … [ ]
7. Besonders bedanken möchte ich mich bei … [ ]
8. Ich wünsche Ihnen viel Spaß mit / bei … [ ]
9. Ich möchte aber keine lange Rede halten … [ ]
10. Nun heißt es Abschied nehmen … [ ]

b) Ergänzen Sie bitte die Begrüßungsrede.

zählen | ~~**liebe Gäste**~~ | **Programm** | **wünsche** | **begrüßen** | **freuen** | **halten**

Meine sehr verehrten Damen und Herren, *liebe Gäste* aus nah und fern! Wir möchten Sie ganz herzlich zu unserem Sommerfest ____________ und ____________ uns, dass Sie so zahlreich gekommen sind. Besonders große Freude bereitet uns, dass auch Sie, Frau Doktor Jellich, zu unseren Gästen ____________. Wir haben für Sie heute Abend ein buntes ____________ vorbereitet. Musikalisch durch den Abend geführt werden wir von der Tanzkapelle „Moskitos“. Ich möchte jetzt aber keine lange Rede ____________, sondern ____________ Ihnen viel Spaß und einen abwechslungsreichen Abend. Danke schön.

c) Schreiben Sie eine Begrüßungsrede zum Abschlussfest Ihres Deutschkurses.

Sprechen Sie über folgende Punkte:

- Begrüßen Sie Ihre Mitschülerinnen und Mitschüler sowie Ihre Lehrerin/Ihren Lehrer.
- Begrüßen Sie auch ganz besondere Gäste.
- Sprechen Sie über die geplanten Programmpunkte.
- Wünschen Sie allen ein schönes Fest.

Liebe Mitschülerinnen und Mitschüler, ______________________________

____

____

____

____

____

____

____

____

2 Frau Ogris und Frau Reich erzählen von ihrer Kindheit auf dem Land und in der Stadt. Schreiben Sie im Präteritum.

1. Frau Ogris: Ich habe erst mit 7 Jahren in die Schule gehen dürfen.
   Frau Reich: *Zum Gück durfte ich schon mit 6 Jahren in die Schule gehen.*
2. Frau Ogris: Als Kinder haben wir auf dem Bauernhof hart arbeiten müssen.
   Frau Reich: ______
3. Frau Ogris: Wir haben nachmittags nicht fernsehen können.
   Frau Reich: ______
4. Frau Ogris: Ich habe abends nie ausgehen dürfen.
   Frau Reich: ______
5. Frau Ogris: Wir haben in unserer Freizeit keinen Sport treiben können.
   Frau Reich: ______
6. Frau Ogris: In den Ferien haben wir nie wegfahren dürfen.
   Frau Reich: ______

3 „So war's früher." Frau Ogris erzählt. Markieren Sie, wo die Verben fehlen. Setzen Sie dann die Verben im Perfekt ein.

1. (erziehen dürfen) Zu Hause ▽die Eltern ihre Kinder slowenisch▽.
   Zu Hause haben die Eltern ihre Kinder slowenisch erziehen dürfen.
2. (schicken können) Aber sie ihre Kinder nicht in zweisprachige Kindergärten oder Schulen.
   ______
3. (einrichten wollen) Manche Gemeinden schon lange zweisprachige Schulen und Kindergärten.
   ______
4. (bezahlen können) Sie sie aber nicht, weil sie keine finanzielle Unterstützung bekamen.
   ______
5. (entscheiden dürfen) Der Pfarrer schon immer, ob er Slowenisch, Deutsch oder beides spricht.
   ______

4 Modalverben ohne Infinitiv. Schreiben Sie im Perfekt.

1. Das tut mir leid. Das habe ich nicht *gewollt*. (wollen)
2. Vielen Dank. Das hättest du aber wirklich nicht ______. (müssen)
3. Ich war schon immer schlecht im Schwimmen. Das habe ich noch nie ______. (können)
4. Meine Eltern haben mir das verboten. Hast du das früher ______? (dürfen)
5. Was hat der denn von dir ______? (wollen)

Eine parlamentarische Demokratie

Seite 60/61	Aufgabe 1–2

1 Was passt zusammen?

① einer Partei
② den Bundestag
③ die Opposition
④ in Kraft
⑤ repräsentative Aufgaben
⑥ aus 16 Bundesländern
⑦ ein Gesetz

A bestehen
B bilden
C beschließen
D angehören
E haben
F wählen
G treten

1	D
2	
3	
4	
5	
6	
7	

2 Das politische System in der Bundesrepublik Deutschland. Ergänzen Sie den Text mithilfe der Grafik.

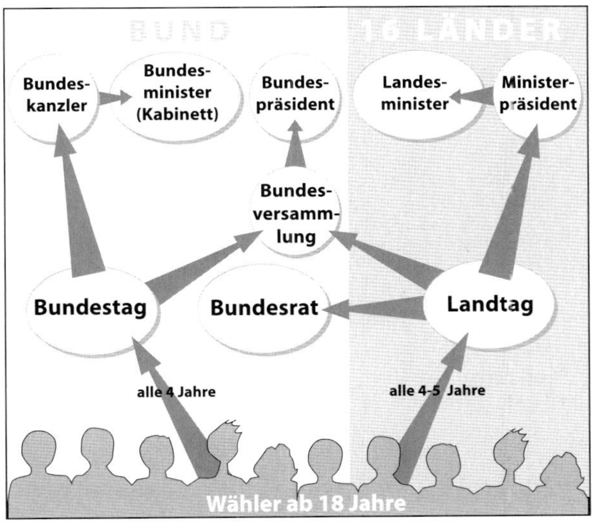

1. Wahlberechtigt sind alle Deutschen ab 18.
2. Alle 4 Jahre wählen sie den ______________, das Parlament.
3. Der Bundestag wählt den ______________, der wiederum seine ______________, das ______________ ernennt. Zusammen bilden sie die ______________.
4. Alle 4 oder 5 Jahre wählen die Bewohner eines Bundeslandes den ______________.
5. Außerdem wählt jeder Landtag einen ______________, der die ______________ ernennt.
6. Das Staatsoberhaupt ist der ______________.
Er wird von der Bundesversammlung gewählt.
Seine Aufgaben sind vorwiegend repräsentativ.

3 Ordnen Sie bitte.

Bürgermeister **Landeshauptmann (Österreich)** **Landtag** **Kanzler** **Bundeskabinett** **Ministerpräsident** **Stadtrat** **Bundesminister** ~~**Landrat (Österreich)**~~ **Gemeinderat** **Bundespräsident**

Bund	Länder	Gemeinden
	Landrat,	

4 Bundespräsident, Bundeskanzler, Bürgermeister oder Bürger: Wer sagt was?

1. Die Kritik der Opposition an meiner Politik ist nicht berechtigt. *Bundeskanzler*
2. Sport verbindet die Völker. Deshalb gehört seine Förderung zu den wichtigen Aufgaben des Staates. ____________
3. Schon lange hat unserer Stadt eine große Konzerthalle gefehlt. Ich freue mich heute den Bau der neuen Konzerthalle mit einem Konzert eröffnen zu können. ____________
4. Sparen, sparen, sparen. Die hohen Herren haben gut reden. Mit einer fünfköpfigen Familie und nur einem Gehalt muss man sehen, wie man über die Runden kommt. ____________

Seite 61	Aufgabe 3–4

1 Verbinden Sie bitte die passenden Sätze.

① Je öfter ich diese Musik höre, → B
② Je länger sie warteten,
③ Je schneller man fährt,
④ Je älter ein Wein ist,
⑤ Je mehr Geld man hat,

A desto ruhiger schläft man.
B desto besser gefällt sie mir.
C desto teurer wird er.
D desto ungeduldiger wurden sie.
E desto mehr Benzin braucht man.

1	*B*
2	
3	
4	
5	

2 Ergänzen Sie.

1. (Es ist besser) Je früher du kommst, *desto besser ist es.*
2. (Man findet mehr Fehler) Je genauer man schaut, ____________.
3. (Ich denke öfter darüber nach) ____________, desto unsicherer werde ich.
4. (Ich finde es spannender) Je länger ich das Buch lese, ____________.
5. (Der Computer ist teurer) ____________, desto schneller ist er.
6. (Ich lese die Zeitschrift lieber) Je interessanter die Artikel sind, ____________.

3 Schreiben Sie die *je-desto*-Sätze mithilfe der Wörter im Kasten.

klein – wenig ~~warm – viel~~ **teuer – gut** **nett – lustig** **interessant – viel** **groß – hoch**

1. Land / Touristen: *Je wärmer ein Land ist, desto mehr Touristen besuchen es.*
2. Wohnung / Miete: ____________
3. Gäste / Party: ____________
4. Auto / Benzin: ____________
5. Arbeit / Spaß: ____________
6. Kaffee / Geschmack: ____________

Kirchtag in Villach

Seite 62	Aufgabe 1

1 Kennen Sie das Kim-Spiel? Sehen Sie sich das Bild auf Seite 62 eine Minute lang an. Notieren Sie alles, woran Sie sich erinnern.

die Feuerwehreinfahrt, ______________________________

____

____

2 Leute auf dem Kirchtag. Lesen Sie.

a) Wem gefällt es auf dem Kirchtag? Kreuzen Sie an.

☐ Frau Leupold

Frau Leupold:
„Also, ich würde nie allein auf den Kirchtag gehen. Aber für meine kleine Tochter mache ich das gerne. Sie freut sich schon seit Wochen auf das Ponyreiten. Das hat ihr schon im letzten Jahr so viel Spaß gemacht."

Herr Birzel:
„Ich bin jedes Jahr auf dem Kirchtag. Obwohl ich schon seit Jahren in Linz wohne, komme ich immer im August hierher, um meine Freunde zu treffen. Jetzt muss ich aber gehen, der Bürgermeister hält gleich seine Eröffnungsrede. Die möchte ich auf keinen Fall verpassen."

☐ Herr Birzel

☐ Hansi Mittermaier

Hansi Mittermaier:
„Na ja, tanzen tu ich nicht so gern, aber den Trachtenumzug habe ich noch nie verpasst. Immerhin bin ich schon seit mehr als 20 Jahren beim Kirchtag dabei, als Helfer und als Besucher. Der Kirchtag ist immer wieder ein Erlebnis."

Vreni Leupold:
„Hier ist es so toll. Ich bin schon dreimal auf dem Pony geritten. Mein Cousin darf das aber nicht. Der ist noch viel zu klein. Mama, krieg ich jetzt eine Cola?"

☐ Vreni Leupold

b) Richtig (r) oder falsch (f)?

1. Vreni Leupold möchte noch mindestens dreimal auf dem Pony reiten. ______ (r) (f)
2. Herr Birzel möchte die Eröffnungsrede des Bürgermeisters hören. ______ (r) (f)
3. Herr Mittermaier war vor 20 Jahren zum ersten Mal auf dem Kirchtag. ______ (r) (f)
4. Frau Leupold freut sich schon auf das Ponyreiten. ______ (r) (f)
5. Herr Birzel hat noch viele Freunde in Villach. ______ (r) (f)
6. Herr Mittermaier arbeitet als Helfer auf dem Kirchtag mit. ______ (r) (f)

1 Ergänzen Sie *irgend-*.

1. Was wir probieren, ist mir egal, aber *irgendwas* möchte ich jetzt essen.
2. Wo die Achterbahn steht, weiß ich nicht, ______________ steht sie aber bestimmt.
3. Wer hier Kunsthandwerk anbietet, habe ich nicht in Erinnerung, aber ______________ bietet schon was an.
4. Wann die Modenschau anfängt? Keine Ahnung, ______________ wird sie schon anfangen.
5. Wohin wir gehen, ist mir egal. Aber ich möchte mich jetzt ______________ setzen.
6. Wie ich heimfahre, weiß ich noch nicht, aber ______________ komme ich schon nach Hause.

2 Was passt? Kreuzen Sie an.

1. Wir möchten dieses Jahr ☒ irgendwo ☐ irgendwas am Meer Urlaub machen.
2. ☐ Irgendjemand ☐ Irgendwann erzähle ich dir mal die ganze Geschichte.
3. Das Bild sieht doch ☐ irgendwie ☐ irgendwer komisch aus.
4. Fahrt ihr am Wochenende ☐ irgendwo ☐ irgendwohin?
5. Kommt auch ☐ irgendjemand ☐ irgendwas auf die Party, den ich kenne?
6. ☐ Irgendwo ☐ Irgendwas wollte ich doch noch einkaufen. Waren das Kartoffeln oder Karotten?
7. Gibt es hier ☐ irgendwo ☐ irgendwohin eine Toilette?
8. Hast du ☐ irgendwie ☐ irgendwann mal Zeit? Wir wollten doch zusammen ins Kino gehen.

3 *nicht – nichts – kein-*

1. Ich möchte *nichts* mehr essen. Mir ist schlecht.
2. Er hat ________ Geld mehr für die Achterbahn.
3. Ich habe den Kunsthandwerksmarkt leider ________ gefunden.
4. Wir können heute ________ aufs Volksfest gehen. Wir bekommen Besuch.
5. Heute kostet es ________, auf dem Pony zu reiten.
6. Ich habe immer noch ________ schönes Souvenir gefunden.

4 *niemand – jemand* können Sie deklinieren wie ein Artikelwort.

1. Ich kenne jemand*en*, der bei der Feuerwehr arbeitet.
2. Ich spreche natürlich mit niemand____ darüber.
3. Hast du niemand____ gesehen?
4. Lass dir doch mal von jemand____ helfen, der sich auskennt.
5. Ich weiß das von jemand____ aus der Nachbarschaft.
6. So was hat noch nie jemand____ zu mir gesagt.

5 Schlechte Laune

a) Verbinden Sie.

1.	etwas	nirgendwohin
2.	irgendwohin	kein-
3.	irgendjemand	nichts
4.	irgendein-	nie
5.	irgendwo	niemand
6.	irgendwann	nirgends

b) Verneinen Sie bitte.

1. Möchtest du etwas essen?
   Nein, ich möchte nichts.
2. Sollen wir irgendwohin essen gehen?
   Nein, ich möchte heute ______ gehen.
3. Wir könnten auch irgendjemand zu uns einladen.
   Nein, ich möchte heute ______ sehen.
4. Hast du vielleicht irgendeinen Wunsch?
   Nein, ich habe ______ Wunsch.
5. Findest du es eigentlich irgendwo schön?
   Nein, ______.
6. Interessierst du dich für irgendwas?
   Nein, für ______.
7. Glaubst du, dass du dich irgendwann noch änderst?!
   Nein, ______.

Bräuche und Traditionen

Seite 64	Aufgabe 1

1 *an* oder *am*

1. An Weihnachten fahren wir nach Hause.
2. ______ Ostersonntag suchen die Kinder Ostereier.
3. ______ 6. Januar kommen die Heiligen Drei Könige.
4. Viele Leute machen ______ 1. Mai eine Wanderung.
5. Ich hoffe, dass wir uns ______ Pfingsten sehen.
6. Der deutsche Nationalfeiertag ist ______ 3. Oktober.
7. ______ Heiligabend wird der Weihnachtsbaum geschmückt.
8. Was macht ihr dieses Jahr ______ Silvester?

2 „Ja – ich will." – Heiraten, früher und heute.

a) Bitte notieren Sie, welche Überschrift zu welchem Abschnitt gehört.

1. Ein teurer Spaß: Was Heiraten kostet — Zeile 74–79
2. Hochzeitsbräuche vom Brautschuh bis zum Brauttanz — Zeile ______
3. Zurzeit besonders beliebt: individuell gestaltete Hochzeitsfeiern — Zeile ______
4. Die Hochzeitsmesse – alles, was man zum Heiraten braucht — Zeile ______

Brautpaare, die sich aufs Heiraten vorbereiten, können sich auf der großen Hochzeitsmesse „Ja – ich will" rund um das Thema Heiraten informieren. Geschäfte, Friseure, Reisebüros, Hotels, Restaurants, Bäckereien und Fotostudios präsentieren dort ihr Angebot zum Hochzeitsfest. Auf der Messe bekommt man alles, was mit der Hochzeit zu tun hat, nur heiraten kann man dort nicht.

Die hohen Besucherzahlen zeigen es: Die individuelle Hochzeit, ganz nach den Wünschen des Brautpaares, ist zurzeit aktuell. Da sind z. B. Sabine und Christoph, beide waren schon einmal verheiratet. Deshalb wünschen sie sich eine Hochzeit nur zu zweit ohne Freunde und Familie: „Das ist schließlich unser Tag, den wir ohne Stress erleben möchten." Die beiden heiraten in einem Schloss, wo sie das Wochenende allein verbringen werden.

Helga und Achim halten gerade den Prospekt „Abenteuerhochzeit" in den Händen. „Wir wollen nicht so heiraten wie alle anderen. Unser Tag soll unvergesslich sein", sagen sie. Die beiden lieben Australien. Deshalb möchten sie dort in einem Heißluftballon achthundert Meter über der Erde heiraten. Das wird aufregend. Gutes Wetter und viel Wind wünschen sie sich nicht nur für den Hochzeitstag, sondern auch für ihre Ehe.

Voll im Trend liegen Elisabeth und Wolfgang. Sie träumen von einer romantischen Hochzeit auf dem Lande. Im Mai ist es so weit, dann werden sie im Dorf ihrer Eltern heiraten. Für die Feier haben die beiden lange gespart. „Es wird ein großes Hochzeitsfest mit Familie, Freunden, Nachbarn. Wir heiraten so, wie es früher einmal war, mit all den Bräuchen und Traditionen", freut sich Elisabeth.

Tatsächlich ist kein anderes Fest mit so vielen Bräuchen verbunden wie die Hochzeit. Viele Hochzeitsbräuche, die typisch sind für Österreich und viele Regionen in Deutschland, gehen oft auf eine jahrhundertelange Tradition zurück. Sie sollen das Brautpaar meist vor bösen Geistern schützen oder versprechen Glück, Reichtum und viele Kinder.

Die Braut kann mit einem Brauch z. B. dafür sorgen, dass das Geld in der Ehe nicht ausgeht. Legt sich Elisabeth einen Cent in den Schuh, so werden die Brautleute immer genug Geld haben, heißt es.

Auch soll der Bräutigam das Hochzeitsauto nie selbst fahren, das bringt Unglück. Das fällt Wolfgang besonders schwer. Sein Bruder fährt sie nämlich mit einem echten weißen Cadillac zur Kirche. Den hat er bei einer Agentur extra für die Hochzeit gemietet.

Auf das Anschneiden der Hochzeitstorte freut sich Elisabeth schon sehr. Die Buttercremetorte mit weißem und rosa Zuckerguss ist fast einen Meter hoch. Das süße Kunstwerk ist 200 Euro wert. Aber wer von den beiden Brautleuten beim Anschneiden der Torte die Hand oben auf dem Tortenstück hat, ist für immer Herr bzw. Frau im Haus. Da lohnt sich doch der Preis.

Für den Brautstrauß wünscht sich Elisabeth 25 rosa Rosen, passend zu ihrem romantischen Hochzeitskleid. Allerdings wird sie den Strauß nur bis zum Abend in den Händen halten. Dann muss sie ihn in die Gruppe der ledigen Frauen werfen. Diejenige, die den Strauß dann fängt – und Elisabeth denkt dabei an ihre beste Freundin Nicole – wird, so will es der Brauch, im folgenden Jahr heiraten.

Mit dem Brauttanz endet so manche Hochzeit. Während die Braut mit jedem Mann aus der Hochzeitsgesellschaft tanzt, sammeln Freunde in einem Hut Geld für das Brautpaar.

Apropos Geld, so eine große Hochzeit kann bis zu 20 000 Euro kosten! Den individuellen Wünschen eines Brautpaares sind heute keine Grenzen mehr gesetzt. Der Hochzeitstag ist dann der schönste, vielleicht aber auch der teuerste Tag im Leben eines Paares.

b) Lesen Sie den Text noch einmal und markieren Sie die richtige Lösung.

1. Auf einer Hochzeitsmesse können die Besucher
   - ☒ A sich rund um das Thema Hochzeit informieren.
   - B viel Geld sparen.
   - C heiraten.

2. Viele Hochzeitsbräuche, die typisch sind für Österreich und Deutschland,
   - A sind heute nicht mehr bekannt.
   - B haben noch keine lange Tradition.
   - C sollen dem Brautpaar Glück bringen.

3. Elisabeth und Wolfgang feiern
   - A eine Abenteuerhochzeit im Dorf ihrer Eltern.
   - B eine romantische Hochzeit mit Familie, Freunden und Nachbarn.
   - C zu zweit in Australien. Dafür haben die beiden lange gespart.

4. Wenn Elisabeth einen Cent in ihren Brautschuh legt,
   - A so soll sie immer genug Geld für Schuhe haben.
   - B so sollen die Eheleute nie arm sein.
   - C so soll Elisabeth schnell reich werden.

5. Wolfgang darf das Hochzeitsauto nicht selbst fahren, weil
   - A er keinen Führerschein hat.
   - B sein Bruder das Auto fahren möchte.
   - C das Unglück bringt.

6. Elisabeths Freundin freut sich auf das Brautstraußwerfen,
   - A weil sie kein Geld für Blumen hat.
   - B weil sie gern Sport macht.
   - C weil sie im nächsten Jahr heiraten möchte.

7. Wenn das Paar gemeinsam die Hochzeitstorte anschneidet,
   - A kann man sehen, wer von beiden der Chef im Haus sein wird.
   - B kann man prüfen, ob die Torte gut ist.
   - C kann man erkennen, wer von beiden den Haushalt macht.

8. Während die Braut mit jedem Mann auf dem Hochzeitsfest tanzt,
   - A sammelt sie Geld in einem Hut für die teure Hochzeitsfeier.
   - B sammelt ihr Mann Geld in einem Hut für die Hochzeitsreise.
   - C sammeln Freunde Geld in einem Hut für das Brautpaar.

1 Weltreligionen. Ergänzen Sie die Tabelle.

	Adjektiv	Person	Gebäude
Buddhismus	buddhistisch		
Christentum			
Hinduismus			
Islam			die Moschee
Judentum		der Jude	

2 Nomen und Verben. Bitte korrigieren Sie.

1. eine Kerze ~~waschen~~ anzünden
2. die Füße ~~abnehmen~~
3. nach Mekka ~~feiern~~
4. ein religiöses Fest ~~pilgern~~
5. einer Religion ~~ausziehen~~
6. den Hut ~~anzünden~~
7. die Schuhe ~~angehören~~

3 Wie heißen die Nomen?

1. traditionell: die Tradition
2. kirchlich: ______
3. religiös: ______
4. festlich: ______
5. feierlich: ______
6. weltlich: ______

4 Was passt nicht?

1. Tempel – Synagoge – ~~Schule~~ – Moschee
2. Engel – Heiliger – Schutzpatron – Bürgermeister
3. beten – beichten – schlafen – meditieren
4. Feier – Fest – Party – Brauch
5. schweigen – singen – sprechen – schreien
6. kirchlich – weltlich – religiös – dörflich

5 *Pilgerfahrt – Volksfest – Kirche – Kerze – Schuhe:* Ordnen Sie diese Wörter den Verben zu.

1. lachen, tanzen, essen: Volksfest
2. anzünden, anmachen, ausmachen: ______
3. wandern, pilgern, fahren: ______
4. anziehen, putzen, ausziehen: ______
5. beten, singen, schweigen: ______

6 Die „Ringparabel“ von Gotthold Ephraim Lessing

a) Lesen Sie die Einleitung.

Gotthold Ephraim Lessing (1729–1781) ist einer der klassischen Autoren der deutschen Literatur, besonders seine Theaterstücke werden bis heute viel gespielt. In seinem Drama „Nathan der Weise“ (1779) erzählt Lessing die berühmte „Ringparabel“: Diese Erzählung ist Nathans/Lessings Antwort auf die Frage, welche von den drei Religionen Judentum, Christentum oder Islam die „richtige“ Religion ist.

b) Lesen Sie die Erzählung. Wofür ist der Ring ein Symbol?

A für die Religion
B für die Liebe
C für den Tod

Vor vielen Jahren lebte ein König im Osten, der einen wertvollen Ring besaß. Dieser Ring hatte eine Eigenschaft: Wer ihn trug, wurde von Gott und allen Menschen ohne Ausnahme geliebt. Deshalb nahm der König ihn nie von seiner Hand.
Eigentlich wurde der Ring immer vom Vater an den Lieblingssohn weitergegeben. Der König jedoch hatte drei Söhne, die er alle gleich liebte. Er konnte sich nicht entscheiden, welchem Sohn er den Ring geben sollte. Also ließ er heimlich noch zwei gleiche Ringe machen und schenkte jedem Sohn einen.
Als der König starb, kam es zum Streit zwischen den Söhnen. Jeder glaubte, den echten Ring zu besitzen. Sie konnten aber nicht herausfinden, welcher Ring der echte war. Deshalb gingen sie zu einem Richter, einem weisen Mann, und erzählten ihm die Geschichte.
Der Richter konnte das Rätsel auch nicht lösen und wollte sie schon wegschicken. Plötzlich erinnerte er sich daran, dass der richtige Ring seinen Besitzer bei allen beliebt machen sollte. Er fragte die Söhne: „Welchen Bruder haben zwei von euch am liebsten?“ Als sie nicht gleich antworteten, sprach er: „Was, ihr sagt nichts? Die Ringe wirken nicht? Jeder von euch liebt sich selbst also am meisten. Dann sind vielleicht alle drei Ringe falsch. Keiner von ihnen besitzt die Macht, sich bei *allen* Menschen beliebt zu machen. Vermutlich hat euer Vater den Ring verloren und drei neue machen lassen.“
Der weise Richter gab ihnen den Rat, so zu leben, als hätte jeder von ihnen den echten Ring. Nur auf diese Weise würde es ihnen gelingen, die Macht des Ringes zu wecken.

c) Welche Bedeutung hat die Erzählung?

1. Es gibt zuerst nur den Ring des Königs, aber später gibt es drei absolut gleich aussehende Ringe. Das kann bedeuten:

- [ ] Die verschiedenen Religionen sind völlig unterschiedlich.
- [ ] Alle Religionen haben etwas Gemeinsames.
- [ ] Das Alter einer Religion ist das Wichtigste.

2. Lessing will mit der Ringparabel sagen,

- [ ] dass man nur auf eine Weise an Gott glauben kann.
- [ ] dass man unbedingt herausfinden muss, welche Religion die einzig richtige ist.
- [ ] dass Respekt und Toleranz für alle Religionen das Wichtigste ist.

Das Wörthersee-Männchen

Seite 66	Aufgabe 1–2

1 Das Wörthersee-Männchen

a) Korrigieren Sie die Wörter.

Es war einmal eine reiche Stadt, die aber gottlose wEhnireno Einwohner hatte. Am Vorabend des Osterfestes amüsierten sie sich, statt zu beichten und zu tnebe __________. Sie sangen und tanzten, tranken Alkohol und aßen, bis sie nicht mehr konnten. Da trat plötzlich ein Männchen mit einem Fass unter dem Arm herein. Das Männchen schimpfte sehr mit den Leuten und warnte sie vor einer esKrohtatap __________: Gott würde sie hart frabsente __________! Die Einwohner des reichen Städtchens lachten sehr über das Männchen und sagten, sie hätten keine Lust, ihr Leben zu ändern. Das Männchen schwieg und öffnete nur mit ernstem Gesicht sein Fass. Da begann plötzlich ein furchtbares tiwerteG __________ mit Blitz und Donner. Aus dem Fass des Männchens floss Wasser und immer mehr Wasser und es hörte gar nicht mehr auf zu neißlef __________. Zuerst bekamen die Menschen nur sanes __________ Füße, dann stand ihnen das Wasser schon bis zum Hals und schließlich mussten alle krentrien __________. Die Stadt verschwand im Wasser und heute befindet sich an dieser Stelle der Wörthersee.

b) Beantworten Sie bitte die Fragen.

1. Wo kann man ertrinken?
   - A im Reichtum
   - B im Wald
   - ☒ C in einem See

2. Was gehört zu einem Gewitter?
   - A Blitz und Donner
   - B Speisen und Getränke
   - C Reichtum und Überfluss

3. Mit wem kann man schimpfen?
   - A mit einem Kind
   - B mit den Speisen
   - C mit dem Osterfest

4. Die Eltern schimpfen und dann … sie das Kind.
   - A bestrafen
   - B bedienen
   - C behalten

5. Was ist schweigen?
   - A laut singen
   - B viel reden
   - C nichts sagen

6. Ohne Regenschirm wird man bei Regen
   - A gültig
   - B nass
   - C lebendig

c) Verben und Adjektive. Was passt zusammen?

~~nass~~	still	religiös	böse	lustig	gefährlich

1. fließen: nass
2. warnen: __________
3. schimpfen: __________
4. schweigen: __________
5. beten: __________
6. sich amüsieren: __________

Arbeiten mit dem Wörterbuch

1 Nomen und Adjektive

a) Welche Endung ist richtig? Bitte ergänzen Sie -*heit*, -*keit*, -*schaft* oder -*ung*.

Wissen- Einig- ~~Krank-~~ Land- Verantwort- Wirklich- Frei-
Freund- Erfahr- Möglich- Herzlich- Klug-

-heit	-keit	-schaft	-ung
Krankheit			

b) Bitte suchen Sie die passenden Adjektive im Wörterbuch.

1. krank
2. ______
3. ______
4. ______
5. ______
6. ______
7. ______
8. ______
9. ______
10. ______
11. ______
12. ______

2 Diese Wörter haben mehrere Bedeutungen. Welche Bedeutung passt?

1. Der Dieb läuft schnell und kann die Polizei abhängen. Bedeutung: 1
2. Die Volkshochschule ist nicht weit vom Stadtzentrum entfernt. Bedeutung: ______
3. Bitte geben Sie mir einen Schuss Milch in den Tee. Bedeutung: ______
4. Der Gast war mit dem Service sehr zufrieden. Bedeutung: ______
5. Die Deutschen müssen hohe Steuern zahlen. Bedeutung: ______
6. Der Löwe bricht aus dem Zoo aus. Bedeutung: ______
7. Obwohl es teurer ist, fährt Paul immer in der ersten Klasse. Bedeutung: ______
8. Britta hat ihre Stelle bei Bosch verloren. Bedeutung: ______

3 Was passt? Kreuzen Sie bitte an.

1. Knete
   - A kann man essen
   - B bedeutet Geld
   - C ist ein Werkzeug

2. Was geht am Polterabend kaputt?
   - A die Ehe
   - B Geschirr
   - C das Brautkleid

3. Wenn mir die Spucke wegbleibt, dann bin ich
   - A krank
   - B überrascht
   - C arm

4. Im Gymnasium kann man
   - A Sport machen
   - B das Abitur machen
   - C eine Kur machen

Lektion 24

Menschen in Jena

Seite 68/69	Aufgabe 1–2

1 Welche Stichworte passen zu welchem Thema? Ordnen Sie bitte.

~~Enkel~~ Verein Astronomie erwachsen lesen Stadion Roman Planetarium Bücher Jugend Ski fahren Astrologie

Sterne	Bibliothek	Lebensalter	Sport
		Enkel	

2 Was passt? Bitte markieren Sie.

1. porträtieren: das Glück – einen Menschen – einen Weg
2. leben: seine Träume – seine Rente – sein Glück
3. motivieren: zum Stadion – zur Freizeit – zum Lesen
4. teilhaben lassen: an der Lebenssituation – am Glück – am Bürger
5. beginnen: ein Studium – eine Frage – einen Unterschied
6. gehen: die eigene Straße – die eigene Bahn – den eigenen Weg

3 Wortbildung

a) Feminine Endungen. Sortieren Sie bitte.

~~Akt-~~ Astrolog- Biograf- Institut- Situat- Astronom-

-ion	-ie
die Aktion,	

b) Neutrale Endungen. Sortieren Sie bitte.

Studi- ~~Les-~~ Ess- Fernseh- Zentr- Antibiotik-

-um	-en
	das Lesen,

4 Noch ein Bewerber. Herr Lüdinghaus schreibt eine E-Mail.

a) Lesen Sie den Text und beantworten Sie die Fragen.

Von: Kai.Luedinghaus@web.de
An: beata.reinhard@yahoo.de
Betreff: Ihre Annonce vom 23.4. in der tlz

Sehr geehrte Frau Reinhard,

Ihre Annonce in der tlz vom 23.4. habe ich mit großem Interesse gelesen und mich spontan entschieden, bei Ihrer Sendereihe mitzumachen.

Ich bin in Jena aufgewachsen, lebe nun aber schon seit 2 Jahren in New York. Trotzdem fühle ich mich immer noch als Jenenser und besuche meine Heimatstadt regelmäßig.
Hier kurz die Begründung für meine Bewerbung: Ich bin in einer sehr sportlichen Familie aufgewachsen. Da meine Eltern beide Handballspieler waren, sollte auch ich diesen Sport ausüben. Ich wollte aber etwas ganz anderes machen, nämlich Ballett. Meine Eltern waren enttäuscht, verboten mir Ballettunterricht zu nehmen und zwangen mich Handball zu spielen. Ich war so unglücklich, dass ich schwer krank wurde. Erst dann haben meine Eltern verstanden, dass sie etwas falsch gemacht haben, und erlaubten mir, eine Ballettschule zu besuchen. Mit 13 Jahren war das natürlich etwas spät. Obwohl viele meiner Klassenkameraden mich ausgelacht haben, bin ich bei meinem Tanz geblieben und habe damit auch Karriere gemacht. Heute bin ich Tänzer beim *New York City Ballet*.
Vielleicht kann der Bericht über meine Person jungen Leuten Mut machen, eigene Wege zu gehen, und Eltern davor warnen, ihre eigenen Wünsche auf ihre Kinder zu übertragen.

Sollten Sie Interesse an meiner Geschichte haben, melden Sie sich bitte bald, da ich nur noch bis 12.5. in Jena bin. Bis dahin stehe ich Ihnen gern für ein Gespräch zur Verfügung.

Mit freundlichen Grüßen
Kai Lüdinghaus

1. Herr Lüdinghaus wohnt seit zwei Jahren
A in Jena.
☒ B in New York.
C in seiner Heimatstadt.

2. Er bewirbt sich,
A weil er Karriere machen will.
B weil er in New York lebt.
C weil er jungen Menschen Mut machen will.

3. Ihm macht … Spaß.
A Handball
B Ballett
C kein Sport

4. Seine Eltern waren zunächst
A enttäuscht.
B begeistert.
C krank.

b) Frau Reinhard antwortet Herrn Lüdinghaus. Schreiben Sie die E-Mail.

Gehen Sie auf folgende Punkte ein:
- Bedanken Sie sich für sein Schreiben.
- Schreiben Sie, dass Sie seine E-Mail sehr interessant finden.
- Schreiben Sie, dass Sie sich leider schon für andere Bewerber entschieden haben.
- Wünschen Sie ihm alles Gute für seine Zukunft.

Sehr geehrter Herr Lüdinghaus, ______________________

____

____

Brigitte Hamm

Seite 70	Aufgabe 1–2

1 **Bitte lesen Sie im Kursbuch Seite 70, Aufgabe 1 noch einmal.**

a) Richtig (r) oder falsch (f)?

1. Brigitte Hamm ist eine der ältesten Studentinnen in Jena. ______ r f
2. In ihrer Jugend hat sie nicht studiert, sondern eine Ausbildung gemacht. ______ r f
3. Nach dem Krieg konnte sie ihre Wünsche realisieren. ______ r f
4. Sie hat in einem Krankenhaus gearbeitet. ______ r f
5. Ein Jahr lang musste Frau Hamm ihre Mutter betreuen. ______ r f
6. Seit sie in Rente ist, studiert sie. ______ r f
7. Sie studiert nun doch nicht Medizin. ______ r f
8. Ihre Tochter findet es gut, dass Frau Hamm in ihrem Alter noch studiert. ______ r f
9. Wegen ihres Alters hat sie nicht so viel Kontakt zu jungen Studenten. ______ r f

b) Ergänzen Sie die Tabelle bitte anhand der Informationen aus dem Text.

Name: *Brigitte Hamm*
Alter: ______
Familie: ______
Ausbildung: ______
Beruf früher: ______
derzeitige Beschäftigung: ______
Ziel: ______

2 **An der Universität. Wie muss es richtig heißen?**

1. eine Prüfung ~~bekommen~~ *machen*
2. mit dem Studium machen ______
3. sich für ein Studium besuchen ______
4. sich auf eine Prüfung beginnen ______
5. ein Seminar einschreiben ______
6. einen Studienabschluss vorbereiten ______

3 **Welche Wörter haben eine ähnliche Bedeutung? Verbinden Sie.**

1. ermutigen	anfangen
2. beginnen	verrückt sein
3. verwirklichen	anmelden
4. sich einschreiben	Mut machen
5. sich vornehmen	realisieren
6. spinnen	den Plan haben

4 Gasthörer an deutschen Hochschulen

a) Lesen Sie den Text und ergänzen Sie die Zahlen.

1. Gasthörer an deutschen Hochschulen: 40 000
2. davon Frauen: ______
3. Gasthörer über 60: ______
4. Gasthörer über 80: ______

WIESBADEN – Wie das Statistische Bundesamt mitteilt, waren im Wintersemester 2001/2002 an den 355 deutschen Hochschulen rund 40 000 Gasthörer gemeldet, 3,2 % mehr als im Vorjahr. Über die Hälfte (20 100) waren Frauen; knapp 7 % (2 800) der Gasthörer besaßen eine ausländische Staatsangehörigkeit. Das Durchschnittsalter der Gasthörer liegt bei knapp 50 Jahren. Fast 42 % der Gasthörer (16 700 Personen) haben ihr 60. Lebensjahr bereits vollendet. Für diese Zielgruppe bieten einige Hochschulen sogar ein spezielles „Seniorenstudium“ an. Knapp 500 Gasthörer scheinen die Idee des „lebenslangen Lernens“ besonders ernst genommen zu haben: Sie waren bereits 80 Jahre oder älter.

(Pressemitteilung vom 16. August 2002: Statistisches Bundesamt, Wiesbaden)

b) Lesen Sie den folgenden Text. Welche Überschrift passt am besten?

A Probieren geht über studieren

B Abitur und was dann?

C Weiterbildung an der Friedrich-Schiller-Universität Jena

Mit dem Angebot „Studieren über 50“ wendet sich die Friedrich-Schiller-Universität an Bürger und Bürgerinnen über 50, die nach einer neuen Sinngebung im Alter suchen. Für die Teilnahme an unserem universitären Weiterbildungsangebot ist die Zulassung als Gasthörerin/Gasthörer Voraussetzung. Sie müssen jedoch keinen bestimmten Schulabschluss wie z. B. Abitur oder eine andere höhere Schulbildung nachweisen.
Wenn Sie das Abitur oder bereits einen Hochschulabschluss besitzen, können Sie sich natürlich auch für ein grundständiges oder weiterbildendes Studium bewerben.

(Studieren über 50, Broschüre der Friedrich-Schiller-Universität Jena)

c) In welchem der beiden Texte bekommen Sie die Informationen?

	Text 1	Text 2
1. Zahl der Gasthörer in Deutschland	☐	☐
2. Informationen über Gasthörer an deutschen Unis	☐	☐
3. Bildungsangebote in Jena für ältere Menschen	☐	☐
4. Voraussetzungen für das Studium ab 50	☐	☐

5 *lernen oder studieren?*

1. Frau Glenk studiert Jura.
2. Er ______ in der Schule Italienisch.
3. Frau Hamm ______ für ihre Abschlussprüfung.
4. Ich habe alle Anzeigen in der Zeitung ______, aber nichts gefunden.
5. Herr Fries hat an der Uni Jena ______.
6. Andreas Kienle hat in diesem Seminar viel ______.

1 Wann man sein Handy nicht benutzen sollte.

~~eine Sitzung~~ ein persönliches Gespräch ein Konzert eine Theateraufführung
ein Vortrag ein Essen mit dem Chef eine Autofahrt ein Flug eine Prüfung

1. während einer Sitzung
2. ____________
3. ____________
4. ____________
5. ____________
6. ____________
7. ____________
8. ____________
9. ____________

2 Wann? Bitte ergänzen Sie.

1. (Frühstück) Während des Frühstücks spricht niemand, weil alle noch müde sind.
2. (Busfahrt) Während ____________ lesen viele die Zeitung. Mir aber wird es im Bus schlecht.
3. (Wochenende) Während ____________ hatten wir Besuch.
4. (Essen) Stell dir vor! Ich war gestern bei Hölzers eingeladen. Sie haben sich während ____________ nur gestritten. Da hatte ich wirklich keinen Appetit mehr.
5. (Ferien) Während ____________ haben wir eine Reise in den Norden gemacht.
6. (Wintersemester / Sommersemester) Während ____________ studiere ich lieber als während ____________.
7. (Krieg) Während ____________ mussten viele Frauen in Fabriken arbeiten.

3 Frau Nörgel im Restaurant

a) Bitte ergänzen Sie die richtigen Wörter im Genitiv.

Vorspeisenteller Fisch Kartoffeln
Kuchen ~~Karottensuppe~~ gemischter Salat

Frau Nörgel: Herr Ober!

Ober: Ja, bitte! Haben Sie gewählt?

Frau Nörgel: Ja, ich nehme Menü 5. Aber ich hätte gern statt der Karottensuppe eine Tomatensuppe, statt ____________ ein Steak, statt ____________ lieber Gemüse, statt ____________ einen grünen Salat und statt ____________ ein Eis. Geht das?

Ober: Ja, schon! Aber hätten Sie dann nicht lieber Menü 3 statt Menü 5? Da gibt es Steak, Gemüse und Eis.

Frau Nörgel: Gut! Aber ich hätte gern eine Suppe. Bitte bringen Sie mir statt ____________ eine Suppe.

b) Machen Sie die Übung noch einmal und ergänzen Sie jetzt im Dativ.

4 *trotz* oder *wegen*?

a) Bilden Sie die Nomen.

1. kalt *die Kälte*
2. neblig ______
3. müde ______
4. warm ______
5. windig ______
6. regnen ______
7. sonnig ______
8. schneien ______

b) Benutzen Sie statt der Nebensätze Nomen mit den beiden Präpositionen.

1. Sie geht spazieren, obwohl es kalt ist.
   Sie geht trotz der Kälte spazieren.
2. Er fährt sehr schnell, obwohl es neblig ist.
   ______
3. Sie muss sich ein bisschen ausruhen, weil sie müde ist.
   ______
4. Das Klima gefällt ihr, weil es warm ist.
   ______
5. Heute kann man gut segeln, weil es windig ist.
   ______
6. Sie machen in England Urlaub, obwohl es dort regnet.
   ______
7. Ich brauche eine dunkle Brille, weil es so sonnig ist.
   ______
8. Sie trägt keine Winterkleidung, obwohl es schneit.
   ______

5 *während, wegen, trotz, statt?*

a) Bitte ergänzen Sie.

Normalerweise geht Frau Hamm zu Fuß von der Uni nach Hause. Heute hat sie *wegen* des schlechten Wetters aber ihren Mann angerufen und ihn gebeten, sie mit dem Auto abzuholen. Als sie die Autotür öffnete, saß ______ ihres Mannes ein Fremder am Steuer. Sie erschrak, stieg aber ______ ihres Schreckens ein. Sie fragte nach ihrem Mann, aber ______ einer Antwort gab der Fremde ihr einen Brief. ______ der Dunkelheit konnte sie die Schrift ihres Mannes erkennen. Sie zitterte so, dass der Brief ihr aus den Händen fiel. Als sie ihn aufheben wollte, musste der Fahrer ______ einer roten Ampel plötzlich bremsen. Frau Hamm stieß mit dem Kopf gegen die Vorderscheibe. Als sie erwachte, standen ihr Mann und ihre Tochter vor ihr. Was war ______ der Fahrt geschehen? Wo war sie jetzt?

b) Frau Hamm erzählt die Geschichte ihrer Freundin. Verwenden Sie die Präpositionen mit dem Dativ.

Normalerweise gehe ich ja zu Fuß von der Uni nach Hause. Aber wegen dem schlechten Wetter habe ich heute meinen Mann angerufen und

______

Adrian Moll

Seite 72	Aufgabe 1–2

1 Suchen Sie mindestens 10 Wörter, die mit Bibliothek zu tun haben.

K	N	I	B	Ü	C	H	E	R	W	G	G	E	J
R	A	T	C	O	M	P	U	T	E	R	V	H	S
S	K	M	E	D	I	E	N	T	I	T	E	L	V
S	Z	E	I	T	S	C	H	R	I	F	T	E	N
E	T	A	U	T	O	R	L	C	K	L	I	I	S
T	V	I	U	D	P	Y	G	Y	C	E	Z	H	Q
T	I	P	X	O	G	W	B	L	T	S	G	E	J
E	D	K	N	H	P	F	C	X	C	E	Q	N	X
N	E	U	E	R	S	C	H	E	I	N	U	N	G
G	O	B	E	S	T	S	E	L	L	E	R	Y	W
L	M	U	V	Z	E	I	T	U	N	G	E	N	J

1. Bücher
2. ______
3. ______
4. ______
5. ______
6. ______
7. ______
8. ______
9. ______
10. ______

2 Wer liest wohl in welchem Buch? Nur fünf Begriffe passen.

Gedichtband **Erzählungen** **Roman** **Kinderbuch** **Jugendbuch**
Hörbuch **Sachbuch** **Krimi** **~~Lehrbuch~~**

1. Mona lernt Italienisch. Lehrbuch
2. Annette liest eine Strophe und denkt lange darüber nach. ______
3. Frau Balle liest ihrer 5-jährigen Tochter aus einem Buch vor. ______
4. Herr Bertram hat eine Vermutung, wer der Mörder ist. ______
5. Herr Göller ist froh, ein gutes Buch über Astronomie gefunden zu haben. ______

3 Welche Titel passen in welche Kategorie? Verbinden Sie.

1. Gedichtband	Mit Erfolg zum *Zertifikat Deutsch*
2. Roman	Das große Pflanzenbuch
3. Jugendbuch	Mord im Spiegel
4. Krimi	50 Gedichte
5. Sachbuch	Rennschwein Rudi Rüssel
6. Lehrbuch	Der Zimmerspringbrunnen

4 Was passt nicht?

1. ein Buch: ausleihen – abgeben – verlängern – ~~verpassen~~
2. eine Bibliothek: besitzen – ausleihen – besuchen – verlassen
3. einen Roman: schreiben – verfassen – einschreiben – lesen
4. den Klappentext: lesen – schreiben – zitieren – zählen

5 Welche Frage passt?

Finden Sie auch, dass junge Leute heute zu wenig lesen? Was lesen Sie denn am liebsten?
~~Hallo Jana! Na, haben Sie in dem Buch von Rathenow gelesen?~~ Verschenken Sie auch Bücher?
Lesen Sie gern Gedichte? Leihen Sie die Bücher in der Bibliothek oder kaufen Sie sie?
Haben Sie ein Lieblingsbuch? Wann haben Sie denn begonnen zu lesen?

Adrian Moll	**Jana Lofajova**
1. *Hallo Jana! Na, haben Sie in dem Buch von Rathenow gelesen?*	Hallo Adrian! Ja, ich habe einige Gedichte gelesen. Die finde ich wirklich gut.
2. ______	Eigentlich nicht so gern. Aber das hängt vom Dichter ab.
3. ______	Biografien.
4. ______	Nein, eigentlich nicht. Es gibt so viele gute Bücher.
5. ______	Als ich in die Schule kam. Aber so richtig zu lesen, Bücher zu lesen – damit habe ich ungefähr mit 10 angefangen.
6. ______	Also das, was mich wirklich interessiert, kaufe ich. Ich liebe den Geruch neuer Bücher.
7. ______	Ja, aber nur welche, die ich selbst gelesen habe. Ich suche dann immer aus, was zu der Person passen könnte.
8. ______	Das sagt man so, und das stimmt sicher auch. Vielleicht liegt es aber auch an den Erwachsenen, den Eltern und den Lehrern, die nicht die richtige Motivation zum Lesen geben.

Seite 72/73	**Aufgabe 3–5**

1 „Am anderen Ende der Sonnenallee" von Thomas Brussig
Ergänzen Sie den Klappentext.

~~Alles begann damit~~ Mit viel Humor schildert der Autor … So
Ein Lesespaß Doch

Alles begann damit, dass Micha Kuppisch sich in Miriam, das schönste Mädchen weit und breit, verliebte. ______ Miriam hat schon einen Freund. ______ dauert es mehr als 150 Seiten, bis Micha ihr Herz gewinnt. ______ das Leben einer Gruppe Jugendlicher in Ostberlin, am anderen Ende der Sonnenallee, direkt neben der Mauer, und ihre Versuche, mit den Verhältnissen in der DDR klarzukommen.
______ für Jugendliche und Erwachsene.

2 Begründen. Verbinden Sie bitte.

①	Mir gefällt das Buch,	A	wegen des interessanten Titels lesen.	1	*E*
②	Ich möchte die Erzählung	B	Ich lese alle Romane von diesem Autor.	2	
③	Der Roman ist spannend,	C	ich habe es nicht zu Ende gehört.	3	
④	Das Hörbuch ist langweilig,	D	habe ich gleich noch ein Buch von Brussig gelesen.	4	
⑤	Vor lauter Begeisterung	E	weil es so lustig ist.	5	
⑥	Der Grund ist ganz einfach:	F	den Band leider nicht gelesen.	6	
⑦	Er hatte keine Zeit. Er hat	G	deshalb habe ich ihn gekauft.	7	

3 „Leseratten und Lesemuffel". Betrachten Sie die Grafik.

a) Leseratte oder Lesemuffel. Welche Definition passt?

1. ________________ nennt man eine Person, die nicht viel oder nicht gern liest.
2. ________________ nennt man eine Person, die viel oder gern liest.

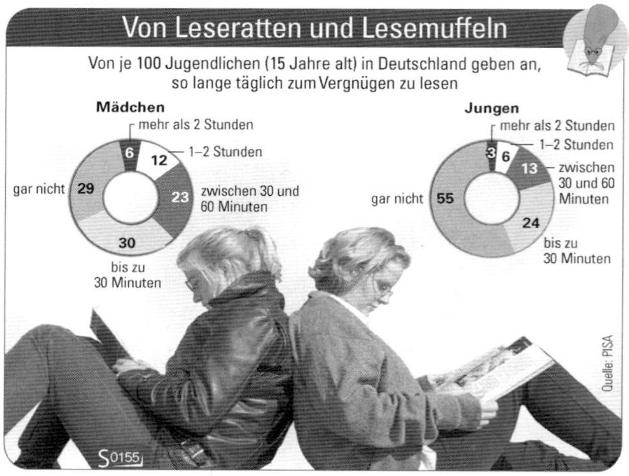

b) Was ist richtig?

Die Grafik gibt Informationen darüber,

1. ☒ wie viele Jugendliche gefragt wurden.
2. ☐ wie alt die Personen, die gefragt wurden, waren.
3. ☐ aus welchem Land die Personen, die gefragt wurden, kommen.
4. ☐ was Jugendliche in Deutschland am liebsten lesen.
5. ☐ wie lange Jugendliche in Deutschland täglich lesen.
6. ☐ warum die Personen, die gefragt wurden, wenig lesen.
7. ☐ ob Jugendliche heute weniger lesen als früher.

c) Sind die Sätze richtig (r) oder falsch (f)?

1. Die Grafik informiert über das Leseverhalten von Jugendlichen in Deutschland. ______ (r) (f)
2. 100 Jugendliche wurden nach ihrem Leseverhalten gefragt. ______ (r) (f)
3. Im Vergleich zu den Jungen lesen die Mädchen mehr. ______ (r) (f)
4. 30% der Mädchen lesen bis zu 30 Minuten täglich. ______ (r) (f)
5. Nur 6% der Jungen lesen mehr als zwei Stunden täglich. ______ (r) (f)
6. Genau doppelt so viele Jungen wie Mädchen lesen überhaupt nicht. ______ (r) (f)
7. Nur halb so viele Jungen wie Mädchen lesen mehr als 2 Stunden täglich. ______ (r) (f)

Stefan Kienecke

Seite 74/75	Aufgabe 1–2

1 Lesen Sie im Kursbuch Seite 74, Aufgabe 1.

a) Richtig (r) oder falsch (f)? Bitte markieren Sie.

1. Der TuS Jena zeigte sehr gute Leistungen in der Leichtathletik. ________ r f
2. 6 Jenaer Fechter können beim Weltcupturnier mitmachen. ________ r f
3. Auch Frauen können Kunstturnen wählen. ________ r f
4. Der Ringkampfsport ist neu beim TuS Jena. ________ r f
5. Die Farbe des Gürtels spielt beim Judo eine Rolle. ________ r f
6. Die Basketballer werden von Sponsoren unterstützt. ________ r f
7. Bei den Meisterschaften für behinderte Sportler gab es u.a. Medaillen im Hoch- und Weitsprung. ________ r f
8. Das Fitness-Studio wurde neu gebaut. ________ r f

b) Was wissen Sie über die einzelnen Sportarten?

1. Was gehört nicht zur Leichtathletik?
   ☐ gehen ☒ schwimmen ☐ springen ☐ werfen
2. Fechten: Was braucht man für diese Sportart?
   ☐ ein Werkzeug ☐ eine Waffe ☐ ein Schild ☐ ein Messer
3. Wo können Turner ihre Sportart nicht ausüben?
   ☐ im Wasser ☐ auf dem Boden ☐ in der Luft ☐ an einem Gerät
4. Wie heißt der Ort, wo man Fitness-Training treibt, meistens?
   ☐ Halle ☐ Studio ☐ Stadion ☐ Platz
5. Beim Ringen versuchen die beiden Kontrahenten, den Gegner mit verschiedenen Griffen und anderen Techniken zu Boden zu zwingen. Mit welchem Körperteil muss der Verlierer den Boden berühren?
   ☐ mit dem Kopf ☐ mit den Schultern ☐ mit den Händen ☐ mit dem Bauch
6. Judo-Kämpfer tragen einen weißen Anzug und einen farbigen Gürtel. Welche Farbe gibt es bei diesem Gürtel nicht?
   ☐ gelb ☐ schwarz ☐ grün ☐ grau
7. Wie viele Personen spielen in einer Basketball-Mannschaft?
   ☐ 5 ☐ 7 ☐ 9 ☐ 11
8. Was gibt es nur bei Leichtathletik für Behinderte?
   ☐ Dass ein Sportler Hochsprung macht. ☐ Dass ein Sportler im Rollstuhl sitzt.
   ☐ Dass ein Sportler auf einem Skateboard steht. ☐ Dass ein Sportler mit dem Fahrrad fährt.

2 Ein Begriff passt nicht. Streichen Sie durch.

1. Sport – ~~Meisterschaft~~ – Turnen
2. Jugendliche – Athletin – Sportlerin
3. Mannschaft – Team – Sportart
4. Verein – Organisation – Club
5. Turnier – Wettkampf – Fitness

Seite 75	Aufgabe 3–5

1 Wer macht das?

1. Samstags lasse ich meinen Mann einkaufen. Wer kauft ein? Er ______
2. Der Enkel fährt sehr gern die Großmutter besuchen. Wer macht den Besuch? ______
3. Sie sieht ihn morgens oft Rad fahren. Wer fährt Rad? ______
4. Den Nachbarn rechts von uns hören wir nachmittags oft Klavier spielen. Wer spielt Klavier? ______
5. Bei ihrem Vater lernt sie jetzt endlich Auto fahren. Wer lernt Auto fahren? ______
6. Wir sind noch lange sitzen geblieben. Wer ist sitzen geblieben? ______
7. Ich helfe dir gern das Fahrrad reparieren. Wer repariert das Fahrrad? ______
8. Geht sie heute Fußball spielen? Wer geht Fußball spielen? ______

2 *lassen*. Was kann man da machen? Schreiben Sie Sätze wie im Beispiel.

1. Mein Auto ist schmutzig. (waschen) Ich lasse es waschen.
2. Meine Zähne tun weh. (kontrollieren) ______
3. Unser Auto ist kaputt. (reparieren) ______
4. Meine Haare sind zu lang. (schneiden) ______
5. Dein Mantel ist schmutzig. (reinigen) ______
6. Er rasiert seinen Bart nicht. (wachsen) ______

3 *Hören* und *sehen*. Antworten Sie im Präsens.

1. Ich habe Miriam weinen hören. Ich höre sie oft weinen.
2. Ich habe den Nachbarn singen hören. ______
3. Hast du den Mann vorbeifahren sehen? ______
4. Ich habe ihn noch nie Klavier spielen hören. ______
5. Habt ihr unsere Mannschaft spielen sehen? ______
6. Hast du sie schon mal lachen sehen? ______
7. Ich habe Manuel im Radio sprechen hören. ______

4 *gehen, fahren, helfen, lernen, bleiben?*

1.	einkaufen fahren (ich)	Ich fahre einkaufen.	Ich bin einkaufen gefahren.
2.	liegen bleiben (Sandra)		
3.	schwimmen lernen (er)		
4.	essen gehen (wir)		
5.	tanzen lernen (Nastja)		
6.	kochen helfen (Mia)		
7.	stehen bleiben (mein Lehrer)		
8.	etwas trinken gehen (ihr)		

5 *bleiben* oder *lassen*?

1. Ich hatte ein Problem mit meinem Auto: Es ist plötzlich stehen *geblieben*.
2. Ich habe es reparieren ______________.
3. Heute bin ich länger im Bett liegen ______________.
4. Mein Buch habe ich im Bett liegen ______________.
5. Gestern habe ich meine Jacke im Büro hängen ______________.
6. Dort ist sie bis heute hängen ______________.
7. Warum ______________ Sie so lange hier sitzen?
8. ______________ Sie mich doch bitte hier sitzen, es ist so gemütlich.

6 Perfekt

a) Infinitiv oder Partizip?

Perfekt mit Partizip	Perfekt mit Infinitiv
helfen,	

~~helfen~~ sehen hören lernen bleiben gehen lassen fahren

b) Wie heißen die Sätze im Perfekt?

1. Ich habe ihn schon von weitem kommen ☒ sehen ☐ gesehen.
2. Wir haben im Urlaub schwimmen ☐ lernen ☐ gelernt.
3. Wir sind während des ganzen Konzerts stehen ☐ bleiben ☐ geblieben.
4. Hast du ihn schon einmal singen ☐ hören ☐ gehört?
5. Sie hat ihr Rad reparieren ☐ lassen ☐ gelassen.
6. Wie oft seid ihr denn essen ☐ gehen ☐ gegangen?
7. Früher ist meine Großmutter oft mit dem Auto spazieren ☐ fahren ☐ gefahren.

7 Sehen Sie sich noch einmal das Bild im Kursbuch Seite 62 an. Infinitiv mit oder ohne *zu*?

1. ▷ Mama, ich gehe Karussell ______*/*______ fahren.
2. ▷ Darf ich auch ein Los ______ kaufen, Papa?
   ◀ Ich habe schon so viel Geld ausgegeben!
   ▷ Eben! Und ich versuche jetzt bei der Lotterie mal was ______ gewinnen.
3. ▷ Jetzt bleibt es ______ stehen. Hast du Lust, mit ______ fahren?
   ◀ Nein, du kannst ja allein ______ fahren. Ich bleibe hier ______ stehen und warte.
4. ▷ Komm, wir gehen etwas ______ essen.
   ◀ Jetzt schon? Wir haben doch gerade erst angefangen ______ tanzen.
5. ▷ Du brauchst keine Angst ______ haben, das Pferd ist ganz lieb.
6. ▷ Das Kind hört überhaupt nicht auf ______ weinen. Was sagt denn der Mann am Mikrofon?
   ◀ Ich verstehe auch nichts. Ich höre nur noch den Mann dort ______ singen. Hoffentlich hört der bald auf ______ singen.
   ▷ Ja, hoffentlich! Wenn der so weitermacht, fängt es sicher gleich an ______ regnen.

Laura Taubald

Seite 76/77	Aufgabe 1–6

1 Astronomie oder Astrologie? Bitte ordnen Sie.

Prognosen ~~**Sonnensystem**~~ **Planetarium** **Fernglas**
Geburtstag **Weltraum** **Horoskop** **Sternzeichen**

2 Nomen und Verben. Verbinden Sie.

1.	ein Horoskop ──┐	lösen
2.	eine Prognose └──	erstellen
3.	keine Zeit	finden
4.	eine Spitzenposition	bekommen
5.	den richtigen Weg	geben
6.	Probleme	haben

3 Welche Sätze drücken eine Vermutung aus?

1. ☒ Vielleicht regnet es in Weimar.
2. ☐ Meistens liegt in den Bergen Schnee.
3. ☐ Wahrscheinlich wartet Marta schon.
4. ☐ Bestimmt macht sie sich Sorgen.
5. ☐ Immer hat sie Angst.
6. ☐ Sicher hat sie schon angerufen.
7. ☐ Eventuell ist Andreas schon bei ihr.
8. ☐ Gleich sind wir da.

4 Bitte sagen Sie das Gleiche mit *werden* + Infinitiv.

1. Vielleicht arbeitet Stefan heute nicht. *Stefan wird heute nicht arbeiten.*
2. Vielleicht ist er zu Hause. ______________________
3. Wahrscheinlich verstehe ich nicht alles. ______________________
4. Wahrscheinlich hast du eine Grippe. ______________________
5. Eventuell hat Adrian das Buch schon. ______________________
6. Vielleicht haben wir nicht genug Zeit. ______________________
7. Sicher seid ihr müde. ______________________
8. Bestimmt beginnen sie pünktlich. ______________________

5 Prognosen für 2200
Bitte kombinieren Sie. Bitte schreiben Sie Ihre Prognosen.

①	Alle Menschen werden die	A	Wasser geben.	1	*E*
②	Die Erdbevölkerung wird auf	B	Alter erreichen.	2	
③	In vielen Regionen der Erde wird man	C	total verändern.	3	
④	Das Klima wird sich	D	den Mond machen.	4	
⑤	Die Menschen werden ein höheres	E	gleiche Sprache sprechen.	5	
⑥	Viele Menschen werden Reisen auf	F	mehr geben.	6	
⑦	Es wird keine Bücher	G	nicht mehr wohnen können.	7	
⑧	Es wird zu wenig	H	12 Milliarden anwachsen.	8	

6 Die Pläne sind gemacht. Was werden die Leute dieses Jahr tun?

a) Bitte verbinden Sie.

1. Annelie	werde	auf den Mount Everest	mitmachen
2. Wir	wirst	bei einem Marathonlauf	vorbereiten
3. Olaf und Daniel	wird	mit dem Rad durch Asien	verbringen
4. Herr Münz	werden	200 km zu Fuß	fahren
5. Ihr	werdet	viel im Garten	teilnehmen
6. Peter		mehr Zeit mit der Familie	steigen
7. Ich		an einer Safari	arbeiten
8. Du		sich auf eine Prüfung	laufen

b) Schreiben Sie acht Sätze.

1. *Annelie wird mit dem Rad durch Asien fahren.*
2. __________
3. __________
4. __________
5. __________
6. __________
7. __________
8. __________

7 *werden* mit Infinitiv. Welche Bedeutung haben die folgenden Sätze?

	Vermutung	Prognose
1. Er wird nächste Woche zu uns kommen.	☐	☒
2. Sie wird keine Lust haben.	☐	☐
3. Ich werde vorher noch zum Zahnarzt gehen müssen.	☐	☐
4. Keiner da? Holubs werden in Urlaub sein.	☐	☐
5. Wo bleibt denn der Zug? Er wird Verspätung haben.	☐	☐
6. Ich werde im Juli nach Russland fliegen.	☐	☐
7. Herr Strobel wird krank sein.	☐	☐
8. Wann wirst du wieder Fußball spielen können?	☐	☐

Im Zeiss-Planetarium Jena

Seite 78	Aufgabe 1–2

1 Wie heißen die Nomen zu diesen Verben?

1. verwandeln *die Verwandlung*
2. zerstören ____________
3. erwarten ____________
4. zusammenfassen ____________
5. entstehen ____________
6. verteilen ____________
7. entscheiden ____________
8. erzählen ____________

2 Die Plejaden

a) Markieren Sie, welche Wörter in die Lücken passen.

Die Kiowa sind ein Volk in den heutigen USA. Wie alle Indianer sind sie bekannt **(1)** ________ ihre Liebe zur Natur. Sie verstehen den Kosmos als eine Einheit und denken, dass **(2)** ________ Stein ein Leben hat. Wie in der Geschichte über die Plejaden, einer Sterngruppe im Sternbild Taurus (Stier):
Einst spielten sieben kleine Mädchen auf der Straße. In ihrem Spaß liefen sie weit **(3)** ________ dem Dorf hinaus. Doch sie verirrten sich, und **(4)** ________ es schon dunkel wurde, erschienen einige wilde Bären. Die kleinen Mädchen liefen weg, doch die Bären waren **(5)** ________ schneller. In ihrer Angst sprangen sie auf einen **(6)** ________ Felsen, setzten sich ganz eng zusammen und umarmten sich. Sie weinten und wimmerten. Der Stein erkannte, **(7)** ________ die Mädchen ein gutes Herz hatten, und so begann er zu wachsen. Immer höher **(8)** ____________ die Indianerinnen getragen. Der Stein wuchs bis in den Himmel, **(9)** ________ die Mädchen zu sieben Sternen wurden, den Plejaden. Dort können wir **(10)** ________ auch noch heute sehen.

1. a) ☐ von b) ☐ mit c) ☒ für
2. a) ☐ jeder b) ☐ jedes c) ☐ alles
3. a) ☐ zum b) ☐ bis c) ☐ aus
4. a) ☐ wenn b) ☐ als c) ☐ ob
5. a) ☐ sehr b) ☐ mehr c) ☐ viel
6. a) ☐ kleinen b) ☐ kleine c) ☐ kleines
7. a) ☐ weil b) ☐ damit c) ☐ dass
8. a) ☐ würden b) ☐ wurden c) ☐ sind
9. a) ☐ dort b) ☐ wo c) ☐ in den
10. a) ☐ sie b) ☐ ihnen c) ☐ euch

b) Zwei Sätze enthalten grammatische Fehler. Welche?

1. Die Indianer glauben, dass sogar die Steine lebendig sind.
2. Sieben kleine Mädchen gingen auf die Straße, um dort zu spielen.
3. Als es dunkel wurde, sahen die Mädchen plötzlich wilde Bären zu kommen.
4. Ein Stein wuchs in den Himmel und rettete so den Mädchen das Leben.
5. Während die Nacht können wir die Plejaden sehen.

Satz ________ und Satz ________ sind falsch.

Arbeiten mit dem Wörterbuch

1 Wie heißt das Gegenteil?

1. breit schmal
2. konservativ ____________
3. tief ____________
4. lustig ____________
5. dumm ____________
6. süß ____________

Brei [brai̯] <-(e)s, -e> *der* dickflüssige Speise ~ *kochen;* **um den (heißen)** ~ **herumreden** *(umg)* verwendet, um auszudrücken, dass man ein schwieriges Thema meidet *Er redete nur um den heißen ~ herum, statt direkt zu sagen, was er wollte.* ***Komp: Baby-, Gries-***

• **breit** [brai̯t] <breiter, breitest-> *adj (↔schmal)* weit, groß *eine ~e Straße;* **die ~e Masse** der größere Teil der Bevölkerung *Die ~e Masse stimmte gegen den Vorschlag der Umweltschützer.*

• **Brei·te** ['brai̯tə] <-, -n> *die* **1.** seitliche Ausdehnung *eine ~ von zehn Metern haben* **2.** GEOG Abstand eines Ortes zum Äquator *Frankfurt am Main liegt auf 50 Grad nördlicher ~.* ***Komp: -ngrad***

• **Brem·se** ['brɛmzə] <-, -n> *die* Mechanik, um Fahrzeuge/Motoren zu stoppen *Die ~n funktionierten nicht.* ***Komp: Bremslicht, Bremspedal***

2 Wie kann man auch sagen?

1. spannend aufregend
2. komisch ____________
3. niedlich ____________
4. einsam ____________
5. freundlich ____________
6. schlimm ____________

spal·ten ['ʃpaltn̩] <spaltet, spaltete, gespaltet/gespalten> *tr* **1.** [K] ***jd spaltet etw*** *akk* mit einem Schlag in zwei Teile teilen *Er spaltete den Holzklotz mit einer Axt.* **2.** [K] ***etw spaltet etw*** *akk* eine Institution in zwei Gruppen (mit unterschiedlichen Meinungen) trennen *Dieser Streit kann die Partei ~.*

spann [ʃpan] *prät von* **spinnen**

span·nen ['ʃpanən] <spannt, spannte, gespannt> **I.** *tr* [K] ***jd spannt etw*** *akk* etw gerade ziehen, etw festziehen *die Wäscheleine ~* **II.** *itr* **1.** zu eng sein *Die Hose spannt.* **2.** (*umg!* SD, ÖSTERR) verstehen, kapieren *Er hat gespannt, dass seine Eltern ohne ihn in Urlaub fahren wollen.*

span·nend <spannender, spannendst-> *adj* aufregend, sehr interessant *Das war aber ein ~er Film.*

Span·nung *die* **1.** EL Stromstärke *Die ~ beträgt 220 Volt.* **2.** Erregung, Ungeduld, Neugier *etw mit ~ erwarten*

3 Ergänzen Sie ein passendes Verb.

1. Rente bekommen
2. eine Aussage ____________
3. einen Beruf ____________
4. eine Versicherung ____________
5. eine Prüfung ____________
6. Geld ____________
7. eine Prognose ____________
8. Verständnis ____________

• **ren·nen** ['rɛnən] <rennt, rannte, gerannt> *itr* <sein> schnell laufen *um das Haus ~, um die Wette ~*

re·no·vie·ren [reno'viːrən] <renoviert, renovierte, renoviert> *tr* [K] ***jd renoviert etw*** *akk* durch Arbeiten wie Malen und Tapezieren neu gestalten *die Wohnung ~* ***Wobi: Renovierung***

• **Ren·te** ['rɛntə] <-, -n> *die* **1.** Altersruhestand *in ~ gehen, in ~ sein* **2.** regelmäßiges Einkommen, das man im Alter vom Staat bekommt *eine niedrige ~ beziehen/bekommen/kriegen* ***Komp: -nalter, -nanspruch, -nbeitrag, -nversicherung, Witwen-, Zusatz-***

ren·tie·ren [rɛn'tiːrən] <rentiert, rentierte, rentiert> *refl* [K] ***etw rentiert sich*** [***für jdn***] lohnen, Gewinn bringen *Der Laden rentiert sich nicht mehr., Dein Einsatz hat sich rentiert.*

• **Re·pa·ra·tur** [repara'tuːɐ̯] <-, -en> *die* Wiederherstellung eines kaputten Gegenstands *den CD-Spieler in ~ geben, Das Auto ist gerade in ~.*

4 Ergänzen Sie die Präposition.

1. Viele Autoren nehmen am Lesemarathon in Jena teil.
2. Frau Hamm beschäftigt sich ____________ Psychologie.
3. Die Reporterin informiert sich ____________ Astrologie.
4. Stefan ärgert sich ____________ die Autorennen.
5. Frau Hamm musste sich ____________ ihre Mutter kümmern.
6. Frau Taubald glaubt ____________ Horoskope.
7. Das trifft ____________ Lauras Mann natürlich nicht zu.
8. Herr Moll hält Lesen ____________ wichtig.

Anhang

Lösungen zum Übungsbuch
Die *Lösungen zum Übungsbuch* enthalten die Lösungen zu sämtlichen Übungen der Lektionen im Übungsbuch **180**

Systematische Grammatik
Die *systematische Grammatik* erläutert alle grammatischen Kapitel des Kurs- und Übungsbuchs. Das detaillierte Inhaltsverzeichnis hilft das gesuchte Grammatikkapitel zu finden **193**

Liste der Verben
Alle Verben mit Unregelmäßigkeiten aus *Passwort Deutsch 4* sind in der *Liste der Verben* mit Infinitiv, Präsens, Präteritum und Perfekt aufgeführt sowie in der *Liste der Verben mit eigener Konjunktivform* **209**

Alphabetische Wortliste
Die *alphabetische Wortliste* enthält alle Wörter aus dem Kursbuch, zusammen mit einem Hinweis auf die Stelle in der Lektion, an der das jeweilige Wort zum ersten Mal vorkommt. Außerdem ist der Wortschatz für das *Zertifikat Deutsch* markiert **210**

Lösungen

Lektion 19

S. 82/83 **An der Nordseeküste**

1 2. die Düne 3. der Deich 4. das Wattenmeer 5. das Festland 6. die Gezeiten
2 2. Insel 3. Wattwandern 4. Dächer 5. Festland 6. Küste
3 **a)** 2. aufziehen 3. aufziehen 4. wehen 5. scheinen 6. fallen 7. sich bilden 8. sich bilden
b) 2. stürmisch 3. wolkig 4. windig 5. regnerisch 6. sonnig 7. neblig 8. verschneit
4 **a)** 2E • 3A • 4D • 5C
b) 1. f 2. r 3. r 4. f 5. r 6. r

S. 84–86 **Inseln im stürmischen Meer**

1 **a)** A
b) 1. f 2. r 3. r 4. f 5. f 6. r
2 **a)** laden … ein • Ruhe • grenzen • neuem • Vögel
b) 2B • 3E • 4A • 5C
3 **a)** 2. Briefkasten 3. Briefmarke 4. Briefträger 5. Brief
b) 2A • 3F • 4B • 5D • 6E

S. 86/87 **Meer erleben**

1 2. Meer 3. Luft 4. Menschen 5. Wind 6. Welle
2 2. die Wattwanderung 3. das Meerestier 4. der Strandkorb 5. der Ölfleck 6. die Naturerlebnisse
3 1. die See 2. der See
4 2. b) 3. a) 4. c) 5. c) 6. a) 7. b) 8. b) 9. a) 10 c)

S. 88

1 2. Während die Gäste morgens ausschlafen, bereitet Frau Mommsen das Frühstück vor. 3. Während die Gäste frühstücken, kümmert sich Frau Mommsen um den Gemüsegarten. 4. Während Sabrina und Ellen an den Strand gehen, räumt Frau Mommsen die Zimmer auf und kocht Essen. 5. Während Christian, Steffi und Henri Burkhard eine Bootsfahrt machen, putzt Frau Mommsen das Haus. 6. Während Herr und Frau Sedlmayr mit dem Rad über die Insel fahren, kauft Frau Mommsen ein. 7. Während alle Gäste zu Abend essen, sieht Frau Mommsen noch mal nach dem Garten. 8. Während die Gäste zusammen Karten spielen und sich unterhalten, geht Frau Mommsen todmüde ins Bett.
2 2. wann 3. Weil 4. Als 5. Während 6. Bis

S. 88–90 **Seewind**

1 2. Energie sparen 3. in einer Bürgerinitiative aktiv sein 4. Müll trennen 5. Windenergie nutzen 6. gegen den Bau einer Straße protestieren
2 2. Container • Abfalltonne 3. Strom • Elektrizität 4. Küste • Ufer 5. Windrad • Windmühle
3 **b)** 1. r 2. r 3. f
4 2. Die Politiker sollen mehr Windräder aufstellen. 3. Die Bürgerinnen und Bürger sollen mehr Altglas und Altpapier sammeln. 4. Die Bürgerinnen und Bürger sollen Busse und Bahnen benutzen. 5. Die Bürgerinnen und Bürger sollen Pfandflaschen kaufen. 6. Die Bürgerinnen und Bürger sollen weniger Energie verbrauchen.
5 **a)** 2. Zustimmung ausdrücken 3. Ablehnung ausdrücken
b) 1. zustimmen 2. Ansicht • Meinung 3. dafür 4. zu tun haben • Meinung nach 5. ablehnen 6. Vorschlag

S. 91/92

1 2. Bevor man den Brief in den Briefkasten wirft, klebt man eine Briefmarke auf den Umschlag. 3. Bevor man die Briefmarke auf den Umschlag klebt, schreibt man die Adresse auf den Briefumschlag. 4. Bevor man die Adresse auf den Umschlag schreibt, steckt man den Brief in einen Umschlag. 5. Bevor man den Brief in einen Umschlag steckt, schreibt man den Brief. 6. Bevor man den Brief schreibt, sucht man das passende Briefpapier.

2 2. Seit / Seitdem A. Fleming das Penicillin entdeckt hat, ... 3. Seit / Seitdem Carl Benz das Auto erfunden hat, ... 4. Seit / Seitdem die Leute ein Handy haben, ... 5. Seit / Seitdem Konrad Zusen den ersten Computer gebaut hat, ... 6. Seit / Seitdem man zum Mond fliegen kann, ...

3 2. Seit er Rentner ist, hat er keine Zeit mehr. 3. Bevor wir ins Bett gehen, müssen wir unsere Zähne putzen. 4. Seit sie keinen Fernseher mehr haben, lesen sie viel mehr. 5. Bevor sie den Kuchen bäckt, kauft sie die Zutaten ein.

4 2. bevor 3. Bevor 4. Während 5. Während 6. Bevor

5 1. Seit 2. Während • Bevor 3. Während • Bevor 4. Bevor • Seit

6 *Mögliche Lösungen:* 2. Seit die Sonne scheint, sitzt Clarissa vor dem Computer. 3. Während die Flut kommt, beobachtet sie die Wellen. 4. Bevor der Nebel steigt, frühstückt sie im Garten. 5. Während Regen fällt, arbeitet sie konzentriert. 6. Während der Wind weht, trinkt sie Tee.

S. 93 Der Seeräuber Klaus Störtebeker

1 2. Internetseite 3. Gebrauchsanweisung 4. Wörterbuch 5. Fahrplan 6. Abenteuergeschichte

2 2. unbeliebt 3. wertvoll 4. leer 5. unsicher 6. unwichtig 7. arm 8. wenig 9. ungefährlich 10. ungenau

3 1. Damals 2. früher 3. vorgestern 4. gerade 5. gerade 6. Neulich

S. 94/95

1 **a)** 2. mitbringen 3. wissen 4. denken 5. kennen 6. brennen
b) 2. du nanntest 3. es brannte 4. wir kannten 5. ihr dachtet 6. sie wussten

2 1. dachte ... aus • nannten 2. wusste • nannte • nannte 3. brachten ... mit • kannte • brachten ... mit

3 2. Ja, Karim rief ihn oft an. 3. Stimmt es, dass sie ihre Eltern nicht zur Hochzeit einluden? 4. Ja, Viktor sah in den Ferien den ganzen Tag fern. 5. Ja, Herr Hagmann nahm an der Besprechung nicht teil.

4 **ABA**: lesen, las, gelesen • fahren, fuhr, gefahren • laufen, lief, gelaufen • einladen, lud ein, eingeladen • kommen, kam, gekommen • **ABB**: wissen, wusste, gewusst • verstehen, verstand, verstanden • bringen, brachte, gebracht • kennen, kannte, gekannt • denken, dachte, gedacht • anbieten, bot an, angeboten • schreien, schrie, geschrieen • beschließen, beschloss, beschlossen • nennen, nannte, genannt • **ABC**: beginnen, begann, begonnen • trinken, trank, getrunken • gehen, ging, gegangen • aufbrechen, brach auf, aufgebrochen

5 C

S. 96 Ein Getränk aus Übersee

1 die Gabel • das Salz • die Kaffeekanne

2 2. herb 3. bitter 4. süß 5. scharf 6. sauer 7. salzig 8. salzig 9. süß 10. sauer 11. bitter 12. scharf

3 **a)** 2 • 6 • 1 • 3 • 4 • 5: Zuerst schält man die Kartoffeln. Dann kocht man die Kartoffeln. Danach gibt man die Milch und die Fleischbrühe zu den Kartoffeln und zerdrückt sie zu einem Püree. Vorher schneidet man die Zwiebel klein und dünstet sie in einem Topf mit Öl an. Anschließend schneidet man das Fleisch in Würfel und gibt es zusammen mit den Zwiebeln zu den Kartoffeln. Zum Schluss gibt man die Gewürze dazu. Guten Appetit!

b) Dann vermischt man das Eigelb mit der Speisestärke. Danach rührt man sie in warme Milch ein und kocht sie auf. Vorher kocht man Tee. Anschließend rührt man den Tee hinein, schmeckt die Creme mit Rum und Zitronensaft ab und wartet bis die Creme etwas kühler ist. Zum Schluss schlägt man das Eiweiß und gibt es dazu.

S. 97 Arbeiten mit dem Wörterbuch

1 6 • 4 • 11 • 8 • 3 • 9 • 7 • 2 • 10 • 12 • 1 • 5: abchließen • achten • Acker • ähnlich • aktuell • Alter • ändern • Apfelsine • arm • aß • Aufgabe • Axt
2 2. Falte • Familie • 113 3. lautlos • Lautstärke • 231 4. Medikament • Medizin • 250 5. Öffnung • öfter • 277 6. reagieren • realisieren • 307
3 **a)** 2. die Schnur • die Schnüre 3. die Leute • die Leute 4. der Alltag • – 5. der Zoo • die Zoos 6. der Ofen • die Öfen
b) 2. der Wintermantel • die Wintermäntel • der Winterfahrplan 3. der Wasserhahn • die Wasserhähne • die Wasserfarbe 4. das Sommergewitter • die Sommergewitter • die Sommerferien 5. das Feuerwerk • die Feuerwerke • das Feuerzeug 6. der Kofferwagen • die Kofferwagen • der Kofferraum

Lektion 20

S. 98/99 Im Saarland

1 2. Hamburg 3. Schwerin 4. Bremen 5. Berlin 6. Hannover 7. Potsdam 8. Magdeburg 9. Düsseldorf 10. Dresden 11. Mainz 12. Erfurt 13. Wiesbaden 14. Saarbrücken 15. Stuttgart 16. München
2 2. c) 3. a) 4. b) 5. a) 6. c) 7. b 8. a)
3 1. f 2. r 3. f 4. r 5. f 6. r
4 2. Babys 3. Kindheit verbringen 4. bestehen aus 5. Heimat
5 Heimatort • Heimatland • Heimatregion • Heimathafen • Heimatmuseum

S. 100 Mladen Franičs Situation

1 2A • 3C • 4A • 5C • 6A

S. 100–103

1 **Bitte:** 2, 4, 5 • **Wunsch:** 3, 6
2 2E • 3A • 4B • 5E • 6C
3 1. müsste 2. wäre, dürfte 3. wäre, würde 4. würde, wäre 5. wäre, würden 6. müssten, würden
4 **sein:** ich wäre, du wärest, er/sie/es wäre, wir wären, ihr wäret, sie/Sie wären • **haben:** ich hätte, du hättest, er/sie/es hätte, wir hätten, ihr hättet, sie/Sie hätten • **Modalverben:** ich könnte, du müsstest, er/sie/es dürfte, wir wollten, ihr solltet, sie/Sie könnten • **andere Verben:** ich würde, du würdest, er/sie/es würde, wir würden, ihr würdet, sie/Sie würden
5 2. Wenn ich krank wäre, ... 3. Wenn ich kein Deutsch sprechen würde, ... 4. Wenn ich nichts von Computern verstehen würde, ... 5. Wenn ich nicht Auto fahren könnte, ... 6. Wenn ich immer zu spät kommen würde, ... 7. Wenn ich den Weg nicht finden würde, ... 8. Wenn ich mit dem Rauchen aufhören müsste, ...
6 1. fahren würden • wäre 2. könnte • hätte • lieben würde 3. hätte • wären • geben würde 4. bekommen würde • finden würde • verstehen würde
7 **a)** 2. würde ich öfter mit meinen Kindern spielen. 3. würde ich ein Musikinstrument lernen. 4. würde ich zur Entspannung im Garten arbeiten.
b) 2. würde ich regelmäßig ins Fitness-Studio gehen. 3. würde ich öfter meine Freundinnen treffen. 4. könnten mein Mann und ich ab und zu ins Kino gehen.
c) 2. wäre ich nett zu den Kollegen 3. wollte ich es dem Chef immer recht machen. 4. würde ich gerne Überstunden machen.
8 2. würde ich ein dickes Auto fahren. 3. würde ich in einem Schloss wohnen. 4. würde ich nie mehr selbst putzen. 5. würde ich immer das feinste Essen kochen. 6. würde ich jeden Tag einen neuen Anzug tragen. 7. würde ich meinen Eltern einen Park mit Blumen und Tieren schenken. 8. würde ich jedes Jahr eine Weltreise machen.
9 **a)** 2. kommen würde 3. würde ... brauchen 4. bleiben würden 5. Würde ... geben 6. würde ... gehen, lassen würdest

b) 2. Präteritum 3. Konjunktiv II 4. Präteritum 5. Präteritum 6. Konjunktiv II 7. Prät
8. Konjunktiv II 9. Präteritum 10. Konjunktiv II

S. 104 Familie Laubensteins Autounfall

1 2 • 4 • 3 • 1
2 2. beachten 3. hatte 4. versorgen 5. leisten 6. einschalten 7. aufstellen 8. gerufen 9. Fahren 10. melden
3 2. das Sonntagskind 3. der Sonntagsfahrer 4. der Sonntagsanzug 5. der Sonntagsspaziergang

S. 105–107 **1** 2B • 3H • 4A • 5D • 6C • 7F • 8E
2 **a)** 2. Damit … sehen kann 3. Damit … packen kann. 4. Damit … fressen kann.
b) C
3 2. Gaspedal 3. Bremse 4. Gangschaltung 5. Rückspiegel 6. Beifahrersitz 7. Tank 8. Kofferraum 9. Blinker 10. Reifen
4 2. damit man rückwärtsfahren kann. 3. damit man ohne Gefahr abbiegen kann. 4. damit man Gepäck mitnehmen kann. 5. damit man gut lenken kann. 6. damit ein Kind darauf sitzen kann.
5 2. Damit man ein erfolgreicher Fußballer wird, … 3. Damit ich mich endlich entspanne, … 4. Damit ich endlich Zeit fürs Zeitunglesen habe, … 5. Damit man die Städte Frankfurt am Main und Frankfurt an der Oder vergleichen kann, …
6 **es ist nötig:** 4 • 5 • 7 • 8 **es ist nicht nötig:** 2 • 3 • 6
7 3. Eine Sonnenbrille braucht man nicht unbedingt. 4. Außerdem muss man erste Hilfe leisten können. 5. Zuerst muss man die theoretische Prüfung ablegen. 6. Für die praktische Prüfung braucht man die theoretische Prüfung. 7. Für kleine Motorräder braucht man nur den Autoführerschein. 8. Für richtig große Motorräder braucht man einen besonderen Führerschein.

S. 107–110 Helmut Rivoirs Versicherungen

1 2B • 3C • 4B • 5C • 6A
2 **a)** 2B • 3A • 4B • 5B
b) 1A • 2B • 3B
3 **a)** 2E • 3A • 4F • 5D • 6C
b) 2. um besser Deutsch zu lernen. 3. um ihre Familie zu besuchen. 4. um ihre Sprache nicht zu vergessen. 5. um sich über Politik zu informieren. 6. um seine vielen Versicherungen zu bezahlen.
4 3. anzumelden 4. anzufangen 5. teilzunehmen 6. aufzuschreiben 7. machen zu können 8. zu bekommen
5 4 • 5 • 7 • 8
6 2. um in einem Land ohne Krieg zu leben. 3. um in Deutschland wählen zu können. 4. um einen deutschen Pass zu bekommen. 5. um genug Arbeitskräfte zu haben. 6. um nach Deutschland einreisen zu können.
7 1. – • um … zu • weil, – 2. um zu • weil, – • damit, – 3. weil, – • um … zu • damit, –

S. 110 **1** **a)** 6 • 3 • 1 • 8 • 5 • 12 • 7 • 2 • 9 • 4 • 11 • 10: HUK-Versicherung, Peters, guten Tag. Rivoir, guten Tag. Mit wem spreche ich bitte? Peters. Ah, Frau Peters. Ich würde gern mit Herrn Arndt sprechen. Könnten Sie mich bitte verbinden? Selbstverständlich. Bleiben Sie dran, ich stelle Sie durch ... Herr Rivoir? Es tut mir Leid, aber Herr Arndt spricht gerade auf der anderen Leitung. Kann ich Ihnen weiterhelfen? Es geht um meine Schadensmeldung. Ich habe gestern bereits mit Herrn Arndt telefoniert. Ach so. Ich denke, da sprechen Sie doch besser mit Herrn Arndt selbst. Könnten Sie ihm vielleicht ausrichten, dass er mich heute noch zurückrufen soll? Ja, natürlich. Ich lege ihm eine Notiz auf den Schreibtisch. Wie ist denn Ihre Telefonnummer? 36 40 91 im Büro und ab 17 Uhr bei mir zu Hause unter der Nummer 2 00 05 41. Wird gemacht, Herr Rivoir. Und vielen Dank für Ihren Anruf. Auf Wiederhören. Danke auch. Wiederhören.

…eritum

) 2. Könnten Sie mich bitte verbinden? 3. Herr/Frau ... spricht gerade auf der anderen Leitung. 4. Könnten Sie ihm bitte ausrichten, dass ... 5. Bleiben Sie (bitte) dran, ich stelle durch. 6. Vielen Dank für Ihren Anruf. Auf Wiederhören.

…ilde Meiers Biografie

… 2C • 3A • 4B • 5E • 6D

2 2. Wir hoffen, das Geschäft ist noch offen. 3. Kommt er her? 4. Wer rennt da aus dem Haus? 5. Mein Hund und meine Katze verstehen sich gut. 6. Wo fahrt ihr hin?

3 2B • 3C • 4A • 5B • 6C

S. 112 Eingewanderte Wörter

1 kapieren • korrigieren • Orthografie • Adresse • Computer • Korrespondenz

2 2. der Briefumschlag 3. der Geldbeutel 4. der Lastwagen 5. der Sessel 6. der Fahrer 7. das Trottoir 8. der Friseur 9. der Nachttisch 10. der Rock 11. der Reifen 12. gegenüber 13. die Eintrittskarte 14. das Fahrrad

3 Milch

S. 113 Arbeiten mit dem Wörterbuch

1 2. akk 3. ÖSTERR 4. f 5. gen 6. dat 7. pl 8. m 9. adj 10. refl 11. präp 12. prät 13. präs 14. inf 15. n 16. superl

2 2F • 3G • 4A • 5H • 6B • 7C • 8E

3 2A • 3B • 4C • 5B • 6A

Lektion 21

S. 114–115 Münchner Ansichten

1 2C • 3F • 4A • 5B

2 2. aus 3. vor 4. zu 5. zu

3 2C • 3D • 4A

4 **a)** 2. Ich weiß, das ist ja sein Hobby. 3. Ich weiß, er ist ja ein Bayern-Fan. 4. Ich weiß, sie hat ja ihr Auto verkauft. 5. Ich weiß, er arbeitet ja bei einer Computerfirma.

b) 2. In der Stadt ist aber viel Verkehr. • München hat halt mehr als 1 Million Einwohner. 3. In München ist die Luft aber schlecht. • Hier gibt es halt viel Industrie. 4. Die Biergärten sind aber voll. • Die Münchner treffen sich halt gern im Biergarten.

S. 115–118 Zurück aus Berlin

1 2. das Kulturangebot 3. der Apfelsaft 4. die Arbeitslosigkeit 5. die Miete

2 2. Frau Weber 3. Margarita Dörr 4. Evi Jordan 5. Herbert Huber

3 **a)** blöden, alten • Deutsche • ganzen • langweiligsten • gemütlichere • typischen, großen, berühmtesten • schönste • bayrische • tolle • kleines, winzige • netten, guten

b) **Superlativ/Komparativ links vom Nomen:** langweiligsten, gemütlichere, berühmtesten, schönste • **Superlativ/Komparativ ohne Nomen:** besser, am besten

4 **a)** 2. teurer 3. niedriger 4. langweiliger 5. größer 6. besser

b) 2. billige • teurere 3. hohe • niedrigere 4. spannendes • langweiligeres 5. kleinen • größeren 6. gute • bessere

5 2. kleineren, größeren • kleineren 3. teurere, billigere • billigere 4. sportlicheren, eleganteren • eleganteren 5. dickeren, dünneren • dickeren

6 2. Diese Stadt ist am ältesten. • Das ist die älteste Stadt. 3. Dieses Land ist am kleinsten. • Das ist das kleinste Land. 4. Dieses Buch ist am spannendsten. • Das ist das spannendste Buch. 5. Diese Mieten sind am höchsten. • Das sind die höchsten Mieten. 6. Dieser Computer ist am schnellsten. • Das ist der schnellste Computer.

7 2. berühmteste • berühmtesten 3. reichste • reichsten 4. trockenste • trockensten 5. höchste • höchsten

8 **a)** 2. a) 3. a) 4. c) 5. c) 6. a) 7. c) 8. c) 9. a) 10. b)

S. 119 Das Oktoberfest

1 2 – • 3A • 4 – • 5C • 6B

S. 119–121

1 **Hilfsverb/Passiv:** 2, 3, 5 • **Vollverb:** 4, 6

2 **a)** 2. gekehrt 3. gespült 4. gegrillt 5. bedient 6. verkauft

b) 2. Er hat den Boden gekehrt. 3. Er hat die Gläser gespült. 4. Er hat Hähnchen gegrillt. 5. Er hat die Gäste bedient. 6. Er hat Würstl verkauft.

3 2. Wirst 3. werden 4. werden 5. Werdet 6. Werden

4 2A • 3B • 4A • 5A • 6B

5 2. In der Schweiz wird viel Käse gegessen. 3. In China wird oft Reis gekocht. 4. In England werden oft Sandwiches gemacht. 5. In Polen wird Polnisch gesprochen.

6 2. In München wird ein neues Stadion gebaut. 3. Pommes frites werden aus Kartoffeln gemacht. 4. Mein Vater wird morgen operiert. 5. Ich werde ab nächstem Monat besser bezahlt. 6. In Deutschland wird immer weniger geraucht.

7 2. Das Frühstück wird von Gerd gemacht. 3. Die Kinder werden von Onkel Ludwig in die Schule gebracht. 4. Die Kinder werden von Marias Vater von der Schule abgeholt. 5. Das Mittagessen für die Kinder wird von einer Nachbarin gemacht. 6. Die Wohnung wird von Marias Mutter geputzt. 7. Die Kinder werden von Gerd ins Bett gebracht.

S. 121–123 Die Polizei berichtet

1 2G • 3A • 4H • 5F • 6B • 7D • 8E

2 2. du wurdest gerufen 3. sie wurde gestohlen 4. wir wurden verständigt 5. ihr wurdet beleidigt 6. sie wurden verhaftet

3 2. Ich wurde doch schon letztes Jahr am Knie operiert. 3. Die Kirche wurde doch schon vor fünf Jahren renoviert. 4. Ihr wurdet doch schon im September darüber informiert. 5. Die Verträge wurden doch schon im Mai abgeschlossen.

4 2. Das Schloss Neuschwanstein wurde von Ludwig II. erbaut. 3. Der Karlsplatz wird von den Münchnern auch „Stachus“ genannt. 4. In München wird Bayrisch gesprochen. 5. Am Viktualienmarkt wurde ein Denkmal für Karl Valentin aufgestellt.

5 2. Die Eltern wurden vom Lehrer verständigt. 3. Der Räuber wurde von der Polizei verhaftet. 4. Die Fenster wurden vom Dieb eingeschlagen.

6 2. Ihm 3. Wir 4. Ihnen 5. Sie 6. Ihnen

7 2B • 3C • 4D • 5A

S. 124

1 **gleich:** 2, 4, 6 • **nicht gleich:** 3, 5

2 2. Es wurde weniger gestohlen. 3. Es wurde gleich oft eingebrochen wie letztes Jahr. 4. Es wurden mehr Personen verhaftet. 5. Es wurden weniger Personen getötet.

3 *Mögliche Lösungen:* Die Arbeitslosigkeit ist gestiegen. • Die Zahl der Kinder ist gesunken. • Der Anteil der 60-Jährigen hat zugenommen. • Der Anteil der Ausländer an der Gesamtbevölkerung ist gleich geblieben. • Die Zahl der Auswanderer hat abgenommen.

S. 125–127 Die „Lindenstraße“

1 **a)** A

b) 1. r 2. f 3. r 4. f 5. f 6. r

c) **Temporal:** seit dem 8. Dezember 1985, von Anfang an, eine Woche lang • **Kausal:** wegen der Lindenstraße • **Modal:** gespannt • **Lokal:** vor dem Fernseher, in Deutschland und in der Schweiz, im Internet, in der Serie, dort, in den 2500 qm großen Studios

2 2. Die Festwirte fahren am ersten Tag in einem festlichen Zug auf das Festgelände. 3. Der Fassanstich wird um 12 Uhr live im Fernsehen übertragen. 4. Viele ausländische Gäste kommen jedes Jahr wegen des Oktoberfests in die bayrische Hauptstadt. 5. Bis zu 600 Personen werden jährlich wegen Alkoholvergiftung ins Krankenhaus eingeliefert. 6. Die Polizei kann das Festgelände seit einigen Jahren mithilfe moderner Videokameras besser überwachen.

3 2. Sie machte vor ihrer Heirat mit Hans eine Lehre als Bankkauffrau bei der Sparkasse. 3. Die Beimers zogen 1976 aus beruflichen Gründen nach München. 4. Hans verließ Helga nach 13 Jahren Ehe wegen einer anderen Frau. 5. Helga arbeitete ab 1992 als Angestellte in einem Reisebüro in der Lindenstraße. 6. Sie gründete ein Jahr später zusammen mit einem Freund die „Ehrlich Reisen GmbH". 7. Helga lebt heute mit Onkel Franz zusammen in einer 4-Zimmer-Wohnung.

4 2. Wegen seines schwierigen Charakters bekam er bald mit allen Problemen. 3. Eine Zeit lang kümmerte Franz sich als Babysitter um Helgas Enkelin. 4. Mit Hildes Hilfe pflegt Helga ihren Onkel in der Wohnung. 5. Im Reisebüro hat Helga wegen Onkel Franz große Probleme. 6. Wegen einer Herzkrankheit muss Helga für einige Zeit ins Krankenhaus.

5 **a)** 2A • 3E • 4B • 5F • 6D
b) Schloss Neuschwanstein

S. 128 Das Drehbuch

1 2. Unser Fernseher 3. dem Fernsehen 4. den Fernseher 5. einen neuen Fernseher 6. das Fernsehen

2 **a)** 2B • 3A • 4C
b) A Dort B Deshalb C Am Ende

S. 129 Arbeiten mit dem Wörterbuch

1 **a)** 2. Schlüssel 3. Korrektur 4. Unterschied 5. ticken 6. Höhle 7. verantwortlich 8. Rundfunk 9. Schnauze
b) 2. Besprechung 3. Café 4. Ehepaar 5. Fliege 6. laut 7. schwierig 8. Dialekt

2 **a)** 2. Feh-ler 3. an-fan-gen 4. Cha-os 5. fal-len 6. He-cke 7. imp-fen 8. Sprit-ze
b) **trennbar:** abschließen, einfallen, vorlesen, mitbringen, wiedergeben • **untrennbar:** missachten, widersprechen, beschließen, einigen, vergeben

Lektion 22

S. 130/131 Pontresina

1 **Berge:** steil, hoch, Ski fahren, Tal, Bergtour, bergauf, Piste, schneien • **Meer:** Strandkorb, barfuß, Küste, baden, Möwe, nass, segeln, surfen

2 2. vermuten 3. melken 4. betrachten

3 **Jahreszeiten:** Sommer, Herbst, Winter • **Monate:** Februar, März, April, Mai, Juni, August, September, Oktober, November, Dezember

4 *Mögliche Lösung:* Bruno Behr ist in Galtür geboren und arbeitet dort als Milchwagenfahrer. Er ist ledig und lebt bei seinen Eltern. Die haben einen eigenen kleinen Bauernhof mit 12 Kühen und einer Ferienwohnung, wo man auch Ferien auf dem Bauernhof machen kann. Bruno Behr muss morgens früh aufstehen, um die Milch bei den Tal-Bauern abzuholen und ins Milchwerk zu transportieren. Nachmittags arbeitet er auf dem eigenen Hof. Mit dem Leben in Galtür ist er sehr zufrieden; er möchte auf keinen Fall in einem anderen Ort leben.

5 *Mögliche Lösungen*: 2. Ihr Mann hat vielleicht eine schwere Krankheit. 3. Ihre Tochter will wahrscheinlich ausziehen. 4. Ihre Tochter hat sich vermutlich verliebt. 5. Sie musste vermutlich heute früh aufstehen. 6. Sie hat bestimmt schlechte Laune. 7. Die Frau hat wohl große Sorgen.
6 1. Natürlich 2. normalerweise • Hoffentlich 3. zum Glück • leider

S. 132–134 Im Gesundheitszentrum

1 **Schulmedizin:** Antibiotikum, Operation, Medikament, Krankenkasse, Versichertenkarte • **Naturmedizin:** Körper, Geist und Seele, Tee, Kräuter, Hausmittel, Akupunktur
2 2.7 • 3.2 • 4.1 • 5.3
3 **a)** 2. die Krankheit 3. die Entzündung 4. die Pflanze 5. die Gesundheit
b) 2. die Untersuchung 3. die Blutung 4. die Behandlung 5. der Husten
4 2A • 3C • 4B • 5D • 6F • 7A • 8E • 9D • 10B • 11F • 12E
5 **a)** C
b) 1. f 2. r 3. r
6 snoopy: Ablehnung • Harald: Zustimmung • Blümchen: Ablehnung • SiliaM: Ablehnung • TomJones: Ablehnung • SilviaM: Zustimmung • ElliMeyers: Ablehnung • TomJones: Ablehnung

S. 135 Der letzte Bauer von Pontresina

1 **b)** 2. 50 3. 1999 4. 0,50 5. 250–300 6. 22
2 2 2. 44 3. 66 4. 264

S. 136/137

1 **b)** 2. Die Lasten mussten auf dem Rücken getragen werden. 3. Die Milch musste von Hand zu Butter gerührt werden. 4. Der Käse musste über dem Feuer hergestellt werden. 5. Die Bäume mussten mit der Axt gefällt werden. 6. Das Gras musste von Hand gemäht werden.
c) 2. Die Lasten müssen auf dem Rücken getragen werden. 3. Die Milch muss von Hand zu Butter gerührt werden. 4. Der Käse muss über dem Feuer hergestellt werden. 5. Die Bäume müssen mit der Axt gefällt werden. 6. Das Gras muss von Hand gemäht werden.
2 2. Kranke Menschen können heute besser versorgt werden. 3. Früher durften Kinder von ihren Eltern verheiratet werden. 4. Heute dürfen Männerberufe auch von Mädchen gelernt werden. 5. Früher konnten Kinder von den Großeltern betreut werden. 6. Früher durfte man erst mit 21 Jahren wählen.
3 2. Das Haus konnte nicht mit dem Staubsauger sauber gemacht werden, es musste mit dem Besen gekehrt werden. 3. Die Heizung konnte nicht einfach im Winter angemacht werden, es musste mühsam mit Kohle geheizt werden. 4. Lebensmittel konnten nicht im Kühlschrank frisch gehalten werden, sie mussten in den Keller gelegt oder anders haltbar gemacht werden. 5. Das elektrische Licht konnte bei Dunkelheit nicht einfach angeschaltet werden, man musste Gaslampen anmachen.

S. 137/138

1 2A • 3E • 4F • 5C • 6D
2 2, 3, 5, 7
3 2. Arbeitsbedingungen 3. Teilzeit 4. Urlaubsantrag 5. Arbeitslosengeld

S. 138–140 Fremdenverkehr

1 2. Fremdenverkehr 3. Möglichkeit 4. Haltestelle 5. Anfang 6. Hochsaison
2 2F • 3A • 4E • 5B • 6D
3 **a)** **Schlitteda:** 3, 6, 4, 8 • **Chalandamarz:** 2, 1, 7, 5
b) B

S. 140/141

1 2F • 3A • 4D • 5B • 6C

2 2. Sophie Grunski besucht sowohl einen Skikurs, als auch einen Snowboardkurs. 3. Herr Grunski kann weder Ski noch Snowboard fahren. 4. Frau Grunski hat sich zwar den Arm gebrochen, lernt aber Snowboard fahren. 5. Sven Grunski liegt entweder in der Sonne oder er verschickt SMS-Nachrichten.

3 2. sowohl ... als auch 3. entweder ... oder 4. zwar ... aber 5. nicht nur ... sondern auch 6. weder ... noch

S. 142/143 Auf der Skipiste

1 2. Tiefschnee 3. Pisten 4. Skigebiet 5. Lifte 6. Bergstation 7. Snowboard

2 2E • 3D • 4C • 5A

3 2. runter 3. tief 4. unten 5. flach

4 2E • 3A • 4F • 5C • 6D

S. 144 Heidi

1 **b)** Die kleine Heidi lebt nach dem Tod ihrer Eltern bei ihrem Großvater in den Bergen. Er kümmert sich liebevoll um seine Enkelin und sie ist bei ihm sehr glücklich. Eines Tages aber kommt Heidis Tante, die bei einer reichen Familie in Frankfurt arbeitet zu Besuch und nimmt Heidi mit in die Stadt zur Familie Sesemann. Dort wächst Heidi zusammen mit deren kranker Tochter, Klara, auf. Obwohl die beiden Mädchen gleich Freundinnen werden, gefällt es Heidi in der neuen Umgebung nicht. Sie wird krank vor Heimweh nach den Bergen und dem Großvater. Ein kluger Arzt gibt den Rat, das Kind wieder in die Berge zum Großvater zurückzubringen. Dort lebt sie glücklich mit ihrem Großvater zusammen. Bald besucht sie auch ihre neue Freundin Klara in den Bergen. Auch Klara wird in der guten Schweizer Bergluft wieder gesund.

2 2B • 3A •4B

S. 145 Arbeiten mit dem Wörterbuch

1 **a)** 2. jobben 3. mieten 4. operieren
b) 2. unglücklich 3. schön 4. müde
c) 2. die Entschuldigung 3. der Ärger 4. die Meinung

2 **a)** 2. stehlen 3. treten 4. bitten 5. genießen 6. werden
b) 2. haben 3. hast 4. ist 5. seid 6. hat

3 2. gut, besser 3. gröber, am gröbsten 4. kälter, am kältesten 5. gern, am liebsten 6. fies, am fiesesten 7. jünger, am jüngsten 8. teurer, am teuersten

Lektion 23

S. 146–148 Eindrücke aus Kärnten

1 2E • 3A • 4F • 5C • 6G

2 das Städtchen, das Parlament, das Paradies, das Programm

3 **a)** 3, 4, 5, 7, 8, 9
b) begrüßen, freuen, zählen • Programm • halten, wünsche
c) Liebe Mitschülerinnen und Mitschüler, liebe Frau Rempe, ich möchte Sie alle ganz herzlich zu unserem Abschlussfest begrüßen. Begrüßen möchte ich aber auch die Familien der Kursteilnehmer, die heute so zahlreich erschienen sind. Wir haben für Sie heute Abend ein buntes Programm vorbereitet. Ein kleines und viel Musik. Und natürlich gibt es auch etwas zu essen. Ich möchte jetzt aber nicht mehr lange reden, sondern wünsche Ihnen viel Spaß und einen abwechslungsreichen Abend. Danke schön.

4 2. sich bei Freunden bedanken 3. viel Vergnügen wünschen 4. den Helfern danken 5. die Programmpunkte nennen 6. eine Rede halten

5 2. bedankt 3. danken 4. danken 5. bedankt 6. bedanken

S. 148/149 Ludmannsdorf / Bilčovs

1 **a)** nie • selten • manchmal • oft • meistens • immer
b) 2. nie 3. meistens 4. manchmal 5. oft 6. selten
2 **a)** 1. -sprache 2. -sprachig
b) 2. spricht 3. sagt 4. sagen 5. sagt 6. sagt 7. gesprochen

S. 149/150

1 2. Perfekt 3. Präteritum 4. Präteritum 5. Perfekt 6. Präsens 7. Präsens 8. Perfekt
2 2. Als Kind musste ich nicht arbeiten. 3. Ich konnte den ganzen Tag fernsehen. 4. Ich durfte abends oft ausgehen. 5. Ich konnte in meiner Freizeit viel Sport treiben. 6. Ich durfte in den Ferien immer wegfahren. 7. Ich musste meinen Eltern nie helfen.
3 2. Aber sie haben ihre Kinder nicht in zweisprachige Kindergärten oder Schulen schicken dürfen. 3. Manche Gemeinden haben schon lange zweisprachige Schulen und Kindergärten einrichten wollen. 4. Sie haben sie aber nicht bezahlen können, ... 5. Der Pfarrer hat sich schon immer entscheiden dürfen, ...
4 2. gemusst 3. gekonnt 4. gedurft 5. gewollt

S. 151–152 Eine parlamentarische Demokratie

1 2F • 3B • 4G • 5E • 6A • 7C
2 2. Bundestag 3. Bundeskanzler, Minister, Kabinett • Regierung 4. Landtag 5. Ministerpräsidenten, Landesminister 6. Präsident
3 **Bund:** Kanzler, Bundeskabinett, Bundespräsident, Bundesminister • **Länder**: Landeshauptmann, Landtag, Ministerpräsident • **Gemeinden:** Bürgermeister, Stadtrat, Gemeinderat
4 2. Bundespräsident 3. Bürgermeister 4. Bürger

S. 152

1 2D • 3E • 4C • 5A
2 2. desto mehr Fehler findet man. 3. Je öfter ich darüber nachdenke 4. desto spannender finde ich es. 5. Je teurer ein Computer ist 6. desto lieber lese ich die Zeitschrift.
3 2. Je größer die Wohnung ist, desto höher ist die Miete. 3. Je netter die Gäste sind, desto lustiger ist die Party. 4. Je kleiner ein Auto ist, desto weniger Benzin braucht es. 5. Je interessanter die Arbeit ist, desto mehr Spaß hat man. 6. Je teurer der Kaffee ist, desto besser ist der Geschmack.

S. 153 Kirchtag in Villach

2 **a)** Hansi Mittermaier, Herr Birzel, Vreni Leupold
b) 1. f 2. r 3. f 4. f 5. r 6. r

S. 154/155

1 2. irgendwo 3. irgendwer 4. irgendwann 5. irgendwohin 6. irgendwie
2 2. Irgendwann 3. irgendwie 4. irgendwohin 5. irgendjemand 6. Irgendwas 7. irgendwo 8. irgendwann
3 2. kein 3. nicht 4. nicht 5. nichts 6. kein
4 2. niemandem 3. niemandem 4. jemandem 5. jemandem 6. –
5 **a)** 2. nirgendwohin 3. niemand 4. kein- 5. nirgends 6. nie
b) 2. nirgendwohin 3. niemanden 4. keinen 5. nirgends 6. nichts 7. nie

S. 155–157 Bräuche und Traditionen

1 2. Am 3. Am 4. am 5. an 6. am 7. Am 8. an
2 **a)** 2. Zeile 35–73 3. Zeile 9–34 4. Zeile 1–8
b) 2C • 3B • 4B • 5C • 6C • 7A • 8C

S. 158/159

1 **Buddhismus:** der Buddhist, der Tempel • **Christentum:** christlich, der Christ, die Kirche • **Hinduismus:** hinduistisch, der Hindu, der Tempel • **Islam:** islamisch, der Moslem • **Judentum:** jüdisch, die Synagoge
2 2. waschen 3. pilgern 4. feiern 5. angehören 6. abnehmen 7. ausziehen

3 2. die Kirche 3. die Religion 4. das Fest 5. die Feier 6. die Welt
4 2. Bürgermeister 3. schlafen 4. Brauch 5. schreien 6. dörflich
5 2. Kerze 3. Pilgerfahrt 4. Schuhe 5. Kirche
6 **b)** A
c) 1. Alle Religionen haben etwas Gemeinsames. 2. dass Respekt und Toleranz für alle Religionen das Wichtigste ist.

S. 160 Das Wörthersee-Männchen

1 **a)** beten • Katastrophe • bestrafen • Gewitter • fließen • nasse • ertrinken
b) 2A • 3A • 4A • 5C • 6B
c) 2. gefährlich 3. böse 4. still 5. religiös 6. lustig

S. 161 Arbeiten mit dem Wörterbuch

1 **a)** **-heit:** Freiheit, Klugheit • **-keit:** Wirklichkeit, Möglichkeit, Herzlichkeit • **-schaft:** Wissenschaft, Landschaft, Freundschaft • **-ung:** Einigung, Verantwortung, Erfahrung
b) 2. frei 3. mehr 4. wirklich 5. möglich 6. herzlich 7. wissenschaftlich 8. landschaftlich 9. freundschaftlich 10. einig 11. verantwortlich 12. erfahren
2 2. 1 3. 3 4. 2 5. 2 6. 1 7. 3 8. 2
3 1B • 2B • 3B • 4B

Lektion 24

S. 162/163 Menschen in Jena

1 **Sterne:** Astronomie, Planetarium, Astrologie • **Bibliothek:** Bücher, lesen, Roman • **Lebensalter:** erwachsen, Jugend • **Sport:** Verein, Ski fahren, Stadion
2 2. seine Träume 3. zum Lesen 4. am Glück 5. ein Studium 6. den eigenen Weg
3 **a)** **-ion:** die Institution, die Situation • **-ie:** die Astrologie, die Astronomie, die Biografie
b) **-um:** das Studium, das Antibiotikum, das Zentrum • **-en:** das Fernsehen, das Essen
4 **a)** 2C • 3B • 4A

S. 164/165 Brigitte Hamm

1 **a)** 1. r 2. r 3. f 4. r 5. f 6. f 7. r 8. r 9. f
b) **Alter:** 78 • **Familie:** verheiratet, 1Tochter • **Ausbildung:** Krankenschwester • **Beruf früher:** Krankenschwester • **derzeitige Beschäftigung:** Studium • **Ziel:** Studienabschluss
2 2. beginnen 3. einschreiben 4. vorbereiten 5. besuchen 6. bekommen
3 2. anfangen 3. realisieren 4. anmelden 5. den Plan haben 6. verrückt sein
4 **a)** 2. 20 100 3. 16 700 4. knapp 500
b) C
c) **Text 1:** 1, 2 • **Text 2:** 3, 4
5 2. lernt 3. lernt 4. studiert 5. studiert 6. gelernt

S. 166/167

1 2. während eines persönlichen Gesprächs 3. während eines Konzerts 4. während einer Theateraufführung 5. während eines Vortrags 6. während eines Essens mit dem Chef 7. während einer Autofahrt 8. während eines Flugs 9. während einer Prüfung
2 2. der Busfahrt 3. des Wochenendes 4. des Essens 5. der Ferien 6. des Wintersemesters, des Sommersemesters 7. des Kriegs
3 **a)** des Fischs, der Kartoffeln, des gemischten Salats, des Kuchens • des Vorspeisentellers
b) der Karottensuppe, dem Fisch, der Kartoffeln, dem gemischten Salat, dem Kuchen • dem Vorspeisenteller
4 **a)** 2. der Nebel 3. die Müdigkeit 4. die Wärme 5. der Wind 6. der Regen 7. die Sonne 8. der Schnee

b) 2. Er fährt trotz des Nebels sehr schnell. 3. Sie muss sich wegen ihrer Müdigkeit ein bisschen ausruhen. 4. Ihr gefällt das Klima wegen der Wärme. 5. Heute kann man wegen des Windes gut segeln. 6. Sie machen trotz des Regens in England Urlaub. 7. Ich brauche wegen der Sonne eine dunkle Brille. 8. Sie trägt trotz des Schnees keine Winterkleidung.

5 **a)** statt • trotz • statt • Trotz • wegen • während

b) ... ihn gebeten, mich mit dem Auto abzuholen. Als ich die Autotür öffnete, saß statt meinem Mann ein Fremder am Steuer. Ich erschrak, stieg aber trotz meinem Schrecken ein. Ich fragte nach meinem Mann, aber statt einer Antwort gab der Fremde mir einen Brief. Trotz der Dunkelheit konnte ich die Schrift meines Mannes erkennen. Ich zitterte so, dass mir der Brief aus den Händen fiel. Als ich ihn aufheben wollte, musste der Fahrer wegen einer roten Ampel plötzlich bremsen. Ich stieß mit dem Kopf gegen die Vorderscheibe. Als ich erwachte, standen mein Mann und meine Tochter vor mir. Was ist während der Fahrt geschehen? Wo war ich?

S. 168/169 Adrian Moll

1 2. Computer 3. Medien 4. Zeitschriften 5. Neuerscheinung 6. Zeitungen 7. Bestseller 8. lesen 9. leihen 10. Autor

2 2. Gedichtband 3. Kinderbuch 4. Krimi 5. Sachbuch

3 2. Der Zimmerspringbrunnen 3. Rennschwein Rudi Rüssel 4. Mord im Spiegel 5. Das große Pflanzenbuch 6. Mit Erfolg zum *Zertifikat Deutsch*

4 2. ausleihen 3. besuchen 4. zählen

5 2. Lesen Sie gern Gedichte? 3. Was lesen Sie denn am liebsten? 4. Haben Sie ein Lieblingsbuch? 5. Wann haben Sie denn begonnen zu lesen? 6. Leihen Sie die Bücher in der Bibliothek aus oder kaufen Sie sie? 7. Verschenken Sie auch Bücher? 8. Finden Sie auch, dass junge Leute heute zu wenig lesen?

S. 169/170

1 Doch • So • Mit viel Humor schildert der Autor • Ein Lesespaß

2 2A • 3G • 4C • 5D • 6B • 7F

3 **a)** 1. Lesemuffel 2. Leseratte

b) 2, 3, 5

c) 1. r 2. f 3. r 4. f 5. f 6. f 7. r

S. 171 Stefan Kienecke

1 **a)** 1. r 2. r 3. f 4. f 5. r 6. r 7. r 8. r

b) 2. eine Waffe 3. im Wasser 4. Studio 5. mit den Schultern 6. grau 7. 5 8. Dass ein Sportler im Rollstuhl sitzt.

2 2. Jugendliche 3. Sportart 4. Organisation 5. Fitness

S. 172/173

1 2. Er 3. Er 4. Er 5. Sie 6. Wir 7. Du 8. Sie

2 2. Ich lasse sie kontrollieren. 3. Ihr lasst es reparieren. 4. Ich lasse sie schneiden. 5. Du lässt ihn reinigen. 6. Er lässt ihn wachsen.

3 2. Ich höre ihn oft singen. 3. Ich sehe ihn oft vorbeifahren. 4. Ich höre ihn oft Klavier spielen. 5. Ich sehe sie oft spielen. 6. Ich sehe sie oft lachen. 7. Ich höre ihn oft im Radio sprechen.

4 2. Sandra bleibt liegen. • Sandra ist liegen geblieben. 3. Er lernt schwimmen. • Er hat schwimmen gelernt. 4. Wir gehen essen. • Wir sind essen gegangen. 5. Nastja lernt tanzen. • Nastja hat tanzen gelernt. 6. Mia hilft kochen. • Mia hat kochen geholfen. 7. Mein Lehrer bleibt stehen. • Mein Lehrer ist stehen geblieben. 8. Ihr geht etwas trinken. • Ihr seid etwas trinken gegangen.

5 2. lassen 3. geblieben 4. lassen 5. lassen 6. geblieben 7. bleiben 8. Lassen

6 **a)** **Perfekt mit Partizip:** lernen, bleiben, gehen, fahren • **Perfekt mit Infinitiv:** sehen, hören, lassen

b) 2. gelernt 3. geblieben 4. hören 5. lassen 6. gegangen

7 2. – kaufen • zu gewinnen. 3. – stehen. • mitzufahren? • – fahren 4. – essen • zu tanzen 5. zu haben 6. zu weinen • singen • zu singen • zu regnen

S. 174/175 Laura Taubald

1 **Astronomie:** Planetarium, Fernglas, Weltraum • **Astrologie:** Sternzeichen, Horoskop, Prognosen, Geburtstag
2 2. geben 3. haben 4. bekommen 5. finden 6. lösen
3 1, 3, 6, 7
4 2. Er wird zu Hause sein. 3. Ich werde nicht alles verstehen. 4. Du wirst eine Grippe haben. 5. Er wird das Buch schon haben. 6. Wir werden nicht genug Zeit haben. 7. Ihr werdet müde sein. 8. Sie werden pünktlich beginnen.
5 2H • 3G • 4C • 5B • 6D • 7F • 8A
6 **b)** *Mögliche Lösungen:* 2. Wir werden auf den Mount Everest steigen. 3. Olaf und Daniel werden bei einem Marathonlauf mitmachen. 4. Herr Münz wird an einer Safari teilnehmen. 5. Ihr werdet 200 km zu Fuß laufen. 6. Peter wird viel im Garten arbeiten. 7. Ich werde mich auf eine Prüfung vorbereiten. 8. Du wirst mehr Zeit mit der Familie verbringen.
7 **Vermutung:** 2, 4, 5, 7 • **Prognose:** 3, 6, 8

S. 176 Im Zeiss-Planetarium Jena

1 2. die Zerstörung 3. die Erwartung 4. die Zusammenfassung 5. die Entstehung 6. die Verteilung 7. die Entscheidung 8. die Erzählung
2 **a)** 2. a) 3. c) 4. b) 5. c) 6. a) 7. c) 8. b) 9. b) 10. a)
b) 3, 5

S. 177 Arbeiten mit dem Wörterbuch

1 2. progressiv 3. hoch 4. traurig 5. klug 6. bitter
2 2. witzig 3. süß 4. allein 5. sehr nett 6. schlecht
3 2. machen 3. ausüben 4. abschließen 5. bestehen 6. verdienen 7. abgeben 8. zeigen
4 2. mit 3. über 4. über 5. um 6. an 7. auf 8. für

Inhalt der Grammatik

Sätze und Satzkombinationen 194

1 Kombinationen mit Konjunktionen 194
2 Die Satzklammer 195
3 Wortstellung der Angaben 197
4 Nebensätze mit *als, bevor, während, seit / seitdem, wenn, damit, um ... zu* 198

Das Verb 199

1 Das Präteritum 199
2 Trennbare Verben 200
3 Modalverben, *(nicht) brauchen* 200
4 Zukunft und Vermutung 201
5 Das Passiv 202
6 Der Konjunktiv II 203
7 Verben mit Infinitiv 204

Adjektive 205

Adjektivdeklination bei Komparativ und Superlativ 205

Pronomen 206

Indefinitpronomen 206

Präpositionen 207

Präpositionen mit dem Genitiv 207

Adverbien und Angaben 208

Sätze und Satzkombinationen

1 Kombinationen mit Konjunktionen

→ L22, 23

Konjunktionen verbinden **zwei Sätze** oder **zwei Satzteile** miteinander.

Kann ich schnell telefonieren	oder	soll ich lieber warten?
Susi Eckert fährt mit dem Fahrrad	oder	mit der U-Bahn zur Arbeit.

Einige Konjunktionen haben **zwei Teile**.

entweder – oder, zwar – aber, nicht nur – sondern auch, sowohl – als auch / sowohl – wie, weder – noch, je – desto / umso.

entweder – oder, zwar – aber, nicht nur – sondern auch verbinden zwei Sätze. Der erste Teil steht auf **Position 1** oder in der **Satzmitte**, der zweite Teil auf **Position 0**.

Hauptsatz 1	**Pos. 2**		**Pos. 0**	**Hauptsatz 2**	**Pos. 2**	
Entweder	ist	man ein flexibler Typ,	oder	man	hat	keine Chance.
Ich	habe	das entweder vergessen,	oder	du	hast	es mir nicht gesagt!
Die Gäste	sind	zwar interessant,	aber	meistens	sind	es nur kurze Begegnungen.
Sie	kommen	nicht nur aus Europa,	sondern	(sie	kommen)	auch aus Übersee.

Tipp *entweder* kann auch auf **Position 0** (vor dem ersten Satz) stehen.

Pos. 0	**Hauptsatz 1**	**Pos. 0**	**Hauptsatz 2**
Entweder	man ist ein flexibler Typ,	oder	man hat keine Chance.

	Bedeutung:
Entweder besuchen wir dich diesen Sommer oder du kommst im Herbst zu uns.	Auswahl: A *oder* B
Wir haben zwar Freizeit, wenn andere arbeiten, aber wir müssen arbeiten, wenn die meisten Leute Urlaub haben.	A stimmt, *aber* B ist auch richtig.
In der Hochsaison arbeite ich nicht nur an Wochentagen, sondern auch an den Wochenenden.	Man betont: A *und* B sind richtig.

sowohl – als auch / sowohl – wie, weder – noch verbinden meistens **Satzteile**.

Natürlich sind sowohl nette als auch weniger nette Leute dabei.	beides
Spaß machen die Berge sowohl im Winter wie im Sommer.	
Die Bauern hatten früher weder Zeit noch Geld für einen Urlaub.	keines von beiden

Tipp Mit *weder – noch* kann man auch zwei Sätze verbinden.
Die Bauern hatten früher weder viel Geld, noch konnten sie Urlaub machen.

Mit *je – desto / umso* vergleicht man zwei Situationen. *je* und *desto / umso* verwendet man immer mit dem **Komparativ** (vergleiche **Passwort Deutsch 2**, S. 206/207).

Je stärker die Opposition ist, desto schwieriger ist das Regieren.
Je weiter Sie im Buch kommen, umso besser können Sie Deutsch.

Bedeutung:
beide Situationen sind synchronisiert

je + Komparativ leitet einen **Nebensatz** ein, *desto / umso* + Komparativ leitet einen **Hauptsatz** ein.

Nebensatz		**Verb**	**Hauptsatz**	**Verb**	
Je wärmer	das Wetter	wird,	desto häufiger	kommen	Besucher an den Wörthersee.
Je früher	du damit	anfängst,	umso eher	wirst	du damit fertig.

2 Die Satzklammer

→ L21–24

Modalverben im Perfekt

haben steht auf Position 1 oder 2, das Modalverb steht ganz am Satzende.

	Verb *(haben)*		**Satzende** (Infinitiv + Modalverb im Infinitiv)
Ich	habe	meine Kinder zweisprachig	erziehen wollen.
	Haben	Sie wirklich immer Deutsch	sprechen müssen?
In der EU	haben	sie natürlich immer	wählen dürfen.
	Haben	Sie noch eine Fahrkarte	kaufen können?

Satzklammer

Tipp Achten Sie darauf, dass am Satzende das Modalverb zuletzt kommt.
Haben Sie wirklich immer Deutsch sprechen müssen?
Haben Sie wirklich immer Deutsch ~~müssen sprechen~~?

Tipp Vergleiche dazu auch S. 201 (Modalverben im Perfekt).

Futur / Vermutungen mit werden + *Infinitiv*

werden + Infinitiv bilden eine Satzklammer.

	Verb *(werden)*		**Satzende** (Infinitiv)
Ich	werde	mich wohl	erkälten.
Ihr	werdet	jetzt endlich	zuhören müssen.

Satzklammer

Tipp Modalverben stehen ganz am Ende der Satzklammer.

Tipp Vergleiche dazu auch S. 201 (Zukunft und Vermutung).

Passiv

werden und das Partizip Perfekt bilden eine Satzklammer.

	Verb (*werden*)		**Satzende (Partizip Perfekt)**
Jährlich	werden	zwischen 6 und 7 Millionen Besucher	erwartet.
Onkel Franz	wird	jetzt von Helga	versorgt.

Satzklammer

Tipp Vergleiche dazu auch S. 202 (Das Passiv).

Bei Passiv-Sätzen mit Modalverb ist das Modalverb der erste Teil der Satzklammer; *werden* steht ganz am Satzende.

	Verb (Modalverb)		**Satzende (Partizip Perfekt + *werden*)**
Heute	können	schwere Lasten mit dem Traktor	transportiert werden.
Die Kühe	müssen	diese Woche ins Tal	getrieben werden.
Gestern	konnte	das leider nicht mehr	gemacht werden.
Früher	musste	alles auf dem Rücken ins Tal	getragen werden.

Satzklammer

Tipp Vergleiche dazu auch S. 203 (Das Passiv).

Verben mit Infinitiv

Im Präsens bilden *lassen, hören, sehen* etc. + Infinitiv die Satzklammer, im Perfekt bilden *haben* oder *sein* den ersten Teil der Klammer.

Präsens:

	Verb		**Satzende (Infinitiv)**
Jetzt	sieht	man die Spieler auf das Feld	kommen.
	Hörst	du die Vögel	singen?
	Bleib	doch mal kurz	stehen!
Morgen	gehen	wir	schwimmen.

Perfekt:

Man	hat	die Spieler auf das Feld	kommen	sehen.
	Hast	du die Vögel	singen	hören?
Gestern	sind	wir	schwimmen	gegangen.
Warum	ist	sie	stehen	geblieben?

Satzklammer

3 Wortstellung der Angaben

→ L21

Die Stellung der Angaben ist recht frei. Es gibt ein paar Tendenzen.

- Meistens steht die Zeitangabe (wann?) **vor** der Ortsangabe (wo?):

		wann?	wo?		
Franz Wittich	ist	1913	in Herne		geboren.
Er	bekam	bald	in der ganzen Lindenstraße	Probleme.	

Tipp Zeitangaben und Ortsangaben stehen auch oft auf Position 1:

Seit 1999 ist Onkel Franz zunehmend geistig verwirrt.
Vor kurzem zog Hilde Scholz in eine eigene Wohnung.
In Helga Beimers Wohnung konnte sie es nicht lange ertragen.

- Die anderen Angaben (warum? wie? …) stehen oft **zwischen** Zeit- und Ortsangabe:

			wann?	warum? wie? mit wem? …	wo?		
Er	bekam		bald	wegen seines Charakters	in der ganzen Lindenstraße	Probleme.	
Sie	hat		dann	mit ihrem Mann	in München		gewohnt.
Helga	muss	ihn	jetzt	intensiv	zu Hause		betreuen.

- Was betont wird, kann weiter hinten stehen:
  Er bekam bald in der ganzen Lindenstraße wegen seines Charakters Probleme.
  Helga muss ihn jetzt zu Hause intensiv betreuen.

- Modale Angaben *(vielleicht, zum Glück, natürlich, …)* stehen auch oft auf **Position 1**.

Vielleicht	nimmt	der Patient von Fabrizia jetzt pflanzliche Medikamente.	
Vermutlich	kommen	die meisten Feriengäste gern	wieder.
Zum Glück	habe	ich dieses Wochenende noch nichts	vor!

- In der **Satzmitte** stehen sie meistens vor den anderen Angaben und vor der Negation.

Der Patient	nimmt	vielleicht das nächste Mal pflanzliche Medikamente.	
Wenige Gäste	kommen	vermutlich nicht wieder gern nach Pontresina.	
Ich	habe	zum Glück dieses Wochenende noch nichts	vor!

Tipp Weitere modale Angaben: *wohl, wahrscheinlich, bestimmt, sicher, hoffentlich, leider, wirklich, natürlich, normalerweise, interessanterweise.*

4 Nebensätze mit *als, bevor, während, seit / seitdem, wenn, damit, um ... zu*

→ L19, 20

als, bevor, während, seit / seitdem, wenn, damit sind **Subjunktionen**. Sie stehen auf **Position 1 des Nebensatzes**. Am Ende des Nebensatzes steht das **konjugierte Verb**.

Hauptsatz	Subjunktion		Satzende
Es wäre manches einfacher,	wenn	Mladen Deutscher	wäre.
Er hat mich angerufen,	bevor	er das Haus	verlassen hat.
Sie muss hart arbeiten,	damit	ihre Kinder eine gute Ausbildung	bekommen.
	Nebensatz		

um ... zu verwendet man mit dem Infinitiv. Die Stellung ist wie in einem Nebensatz.

Hauptsatz	Subjunktion		*zu* + Infinitiv
Er hat eine Rentenversicherung,	um	im Alter eine Rente	zu bekommen.
Ich komme nur nach Saarbrücken,	um	hier	zu arbeiten.
	Nebensatz		

Wenn der Nebensatz **zuerst** kommt, steht er auf **Position 1 des Hauptsatzes**.

Position 1 Nebensatz	Position 2 konjugiertes Verb		Satzende zweiter Verbteil
Wenn Mladen Aussiedler wäre,	würde	er einen deutschen Pass	bekommen.
Seit das Wattenmeer geschützt wird,	hat	sich vieles	verbessert.
Um die Umweltpolitik zu unterstützen,	fahre	ich mit dem Bus.	

Tipp Nebensätze mit *wenn* stehen oft **vor** dem Hauptsatz.
Nebensätze mit *damit* und *um ... zu* stehen meistens **nach** dem Hauptsatz.

Nebensätze mit wenn *(konditional)*

→ L20

Wenn du heute Abend Zeit hast, gehen wir essen.
Ich könnte Bundeskanzler werden, wenn ich einen deutschen Pass hätte.
Würden Sie Ihre Staatsangehörigkeit aufgeben, wenn Sie dauernd in einem anderen Land leben würden?

Bedeutung:
Bedingung, Kondition

Mit dem Konjunktiv drückt der *wenn*-Satz eine hypothetische **Bedingung** aus.

Ich könnte Bundeskanzler werden, wenn ich einen deutschen Pass hätte.
[*Ich habe aber keinen deutschen Pass und kann darum nicht Bundeskanzler werden.*]

Tipp *wenn* kann auch bedeuten „immer wenn".
Wenn der Winter kam, mussten die Bauern die Tiere in den Stall holen.
[*Immer wenn der Winter kam, ...*]

Nebensätze mit damit *und* um … zu

→ L20

Wir sollten Energie sparen, um die Umwelt zu schützen.
Nach einem Unfall ruft man die Polizei, damit sie den Unfall aufnimmt.

Bedeutung:
Zweck, Ziel

um … zu verwendet man, wenn es kein neues Subjekt gibt.
Wenn es ein **neues Subjekt** gibt, verwendet man *damit*.

Familie Franič fährt nach Dubrovnik, um ihre Verwandten zu besuchen.
[*Familie Franič fährt nach Dubrovnik, damit sie ihre Verwandten besucht.*]
Sie fährt nach Dubrovnik, damit ihre Kinder die Sprache nicht vergessen.

Temporale Nebensätze (als, bevor, während, seit / seitdem)

→ L19

bevor drückt eine zeitliche **Folge** aus.

Bevor Sie gehen, rufen Sie bitte erst Herrn Müller an. — **Folge: 1. anrufen, 2. gehen**

als, während und *seit / seitdem* drücken aus, dass zwei Dinge **gleichzeitig** passieren.

	Bedeutung:
Als 1989 die Mauer geöffnet wurde, reisten viele Menschen aus der DDR in den Westen.	Zeitpunkt in der Vergangenheit
Während ich hier arbeite, soll mich bitte niemand stören.	Zeitraum
Seit / Seitdem sie geheiratet hat, lebt sie in München. Seit / Seitdem sie nach München gezogen ist, hat sie sich bei mir nicht mehr gemeldet.	Von einem Zeitpunkt bis jetzt ├──────►┤

Tipp Das Tempus der Verben ist bei *als* und *während* im Haupt- und Nebensatz gleich.

Das Verb

1 Das Präteritum

→ L19

So bildet man das Präteritum (vergleiche dazu auch **Passwort Deutsch 3,** S. 197–199):

- Regelmäßige Verben haben die **Präteritumsendung** *-te* und die **Personalendungen** *-st, -n, -t, -n*:
  ich machte, du sagtest, er produzierte, wir machten, ihr sagtet, sie • Sie produzierten.
- Bei unregelmäßigen Verben **ändert** sich der **Stamm**:
  ich fahre – ich fuhr, ich komme – ich kam, ich lese – ich las …
  Die Personalendungen sind *-st, -en, -t, -en*:
  ich kam, du kamst, er • sie • es kam, wir kamen, ihr kamt, sie • Sie kamen.
- Einige Verben haben eine Veränderung des Stamms und die Präteritumsendung *-te*:
  bringen – ich brachte, du brachtest, er • sie • es brachte …
  kennen – ich kannte, du kanntest, er • sie • es kannte …
  nennen – ich nannte, du nanntest, er • sie • es nannte …
  brennen – ich brannte, du branntest, er • sie • es brannte …
  denken – ich dachte, du dachtest, er • sie • es dachte …

2 Trennbare Verben → L19

Trennbare Verben haben ein **betontes** Präfix. Im Präsens und im Präteritum steht das Präfix am **Satzende** und bildet eine **Satzklammer**. Trennbare Präfixe: ab-, an-, auf-, aus-, ein-, her-, hin-, los-, mit-, raus-/rein-, vor-, weg-, zu-, zurück-.

	Fahren	wir jetzt endlich	los?
Der Mann	stieg	an der nächsten Haltestelle	aus.

Satzklammer

Im **Partizip Perfekt** steht -ge- zwischen dem Präfix und dem Verb.

Sie	hat	sich eine Geschichte für die Kinder	ausgedacht.

Satzklammer

Tipp Trennbare Verben auf *-ieren* bilden das Partizip ohne -ge-.
Hast du das Kleid schon anprobiert?

Im **Nebensatz** steht das konjugierte Verb am Satzende, das Präfix bleibt beim Verb.

Während	das Meer sich bei Ebbe	zurückzieht,	kann man im Watt wandern.

Nebensatz

3 Modalverben, *(nicht) brauchen* → L20, 23

(nicht) brauchen → L20

nicht brauchen + Infinitiv verwendet man wie ein Modalverb.

	Modalverb		**Satzende**
Sie	brauchen	nicht alles	zu verstehen.
Ich	brauche	nicht	zu kommen.
	Brauchen	Sie heute nicht	zu arbeiten?

Tipp Mündlich verwendet man *nicht brauchen* auch manchmal ohne *zu*:
Ich brauche nicht arbeiten.

nicht brauchen bedeutet: Es ist nicht nötig; man muss es nicht tun.

	Bedeutung:
Sie brauchen nicht alles zu verstehen.	Es ist nicht nötig, dass Sie alles verstehen. Sie müssen nicht unbedingt alles verstehen.
Heute brauche ich zum Glück nicht zu arbeiten.	Ich muss nicht arbeiten, es ist nicht nötig.

Tipp Ohne *nicht* kann man *brauchen* nicht als Modalverb verwenden:
~~Ich brauche heute zu arbeiten.~~ → Ich muss heute arbeiten.
~~Sie brauchen den Text ganz zu verstehen.~~ → Sie müssen den Text ganz verstehen.

Tipp *brauchen* kann man auch als normales Verb verwenden.
Dann hat es ein Akkusativ-Objekt:
Familie Laubenstein braucht hoffentlich kein neues Auto. (Es ist hoffentlich nicht nötig.)
Herr Rivoir braucht eine Krankenversicherung. (Es ist nötig.)

Modalverben im Perfekt

→ L23

Im **Perfekt** stehen Modalverben ganz am Ende der Satzklammer.

	Verb *(haben)*		Satzende (Infinitiv + Modalverb im Infinitiv)
Ich	habe	dich nicht	stören wollen.
	Haben	Sie sich etwas	erholen können?
Ich	habe	die Arbeit nicht	machen brauchen.

Satzklammer

Die Modalverben stehen hier normalerweise im **Infinitiv**, nicht im Partizip Perfekt.

Ich habe dich nicht stören ~~gewollt~~ wollen. Haben Sie sich etwas erholen ~~gekonnt~~ können? Ich habe die Arbeit noch fertig machen ~~gemusst~~ müssen. Sie haben nicht wählen ~~gedurft~~ dürfen.

Tipp Meistens verwendet man die Modalverben nicht im Perfekt, sondern im Präteritum (Präteritum der Modalverben: siehe **Passwort Deutsch 3**, S. 198).
Ich wollte dich nicht stören. Konntest du dich etwas erholen? Ich musste die Arbeit noch fertig machen. Sie durften nicht wählen.

Wenn man die Modalverben allein (ohne anderes Verb) benutzt, verwendet man das **Partizip Perfekt**.

Ich habe das nicht gewollt. Ihre Kinder haben das nicht gedurft. Er hat kein Deutsch gekonnt.

4 Zukunft und Vermutung

→ L24

Im Deutschen verwendet man Temporalangaben, um über die **Zukunft** zu sprechen. Das Verb steht oft im **Präsens**.

„Stefan und ich gehen morgen ins Stadion. Kommst du mit?" – „Nein, morgen kann ich nicht. Aber beim nächsten Heimspiel komme ich mit, in zwei Wochen!"
„Nächsten Sommer fahren wir nach Italien in Urlaub, Freunde von uns haben da ein Haus."

Man verwendet das **Futur** (*werden* + Infinitiv), um zu betonen: Das ist ein Plan in der Zukunft / das ist ein Versprechen / das ist eine Prognose.

	Bedeutung:
Dieses Buch werde ich als Nächstes lesen!	Plan
Die Regierung wird die Steuern weiter senken.	
Du wirst das bestimmt bald lernen.	Prognose, Vorhersage
Sie werden den richtigen Weg finden.	
Wir werden euch helfen, wenn ihr Probleme habt.	Versprechen

Man kann *werden* + Infinitiv auch für **Vermutungen** über die Gegenwart verwenden.

Er wird das schon wissen. (= Er weiß das wahrscheinlich schon.)
Sie werden noch nicht da sein. (= Sie sind wahrscheinlich noch nicht da.)
Bodo Taubach wird das für Quatsch halten. (= Ich glaube, er hält das für Quatsch.)

Tipp Bei Vermutungen mit *werden* + Infinitiv verwendet man oft *schon* oder *noch*.

5 Das Passiv

→ L21, 22

Das Passiv bildet man mit *werden* + Partizip Perfekt.

	Verb		**Satzende (Partizip Perfekt)**
Das Oktoberfest	wird	jeden Herbst	wiederholt.
München	wurde	im Jahre 1158	gegründet.
Neulich	wurde	ich von einem Auto	angefahren.

Satzklammer

Das Passiv verändert die Perspektive. Wichtig ist meistens, **was** passiert.

Auf der „Wiesn" werden jährlich etwa 500 Mio. € ausgegeben.
Bis zu 1000 Personen werden jedes Jahr ins Krankenhaus eingeliefert.

Tipp Der Akteur wird oft gar nicht genannt, weil er nicht wichtig ist oder weil man ihn nicht kennt.

Man kann den **Akteur** im Passiv nennen. Dann verwendet man meistens *von*.

Das erste Fass Bier wird immer vom Oberbürgermeister angestochen.
Das Oktoberfest wird jedes Jahr von ca. 6 Millionen Gästen besucht.

Tipp Der Akteur steht im Passiv weit rechts in der Satzmitte.
Wenn man ihn erwähnt, ist er oft betont.

Wenn eine **Institution** oder ein **Umstand** verantwortlich ist, steht oft *durch*.

Das Wattenmeer wird durch die Verschmutzung der Nordsee gefährdet.
Nur durch Reden wird auch nichts geändert – wir müssen etwas tun!

Der **Dativ** bleibt auch im Passiv ein Dativ.

Aktiv: Sie half ihm bei der Prüfung.
Man hat mir gesagt, dass das nicht nötig ist.
Passiv: Ihm wurde bei der Prüfung geholfen. (~~Ich wurde bei der Prüfung geholfen~~).
Mir wurde gesagt, dass das nicht nötig ist. (~~Ich wurde gesagt ...~~)

Tipp Im Deutschen bildet man das Passiv mit *werden*, **nicht** mit *sein*.

Die Umweltproblematik wird immer noch nicht wirklich ernst genommen.
~~Die Umweltproblematik ist immer noch nicht wirklich ernst genommen.~~
Der Verletzte wurde sofort ins Krankenhaus gebracht.
~~Der Verletzte war sofort ins Krankenhaus gebracht.~~

Tipp Manchmal kann *sein* + Partizip Perfekt das **Ergebnis** einer Handlung ausdrücken.

	Bedeutung:
Das Atomprojekt wurde gestoppt. Der Streik wurde beendet.	Jemand hat das gemacht.
Das Atomprojekt ist gestoppt. Der Streik ist beendet.	Das ist die Situation. (Ergebnis der Handlung)

Passiv mit Modalverben

→ L22

Auf **Position 2** steht das Modalverb, am **Satzende** steht das Partizip Perfekt + *werden*.

	Verb (Modalverb)		**Satzende (Partizip Perfekt + *werden*)**
Heute	können	schwere Lasten mit dem Traktor	transportiert werden.
Die Kühe	müssen	diese Woche ins Tal	getrieben werden.
Das Problem	konnte	nicht	gelöst werden.
Die Grenze	durfte	nicht	überschritten werden.

Satzklammer

6 Der Konjunktiv II

→ L20

Den Konjunktiv II verwendet man bei Wünschen, höflichen Bitten und Fragen und in konditionalen Sätzen.

	Bedeutung:
Ich würde so gern nach Berlin fahren.	Wunsch
Könnten Sie vielleicht noch einen Moment warten?	höfliche Bitte
Wenn ich das wüsste, würde ich dich nicht fragen. Wenn wir in die Türkei zurückgingen, wäre das auch nicht einfach.	konditionale Sätze

In konditionalen Sätzen drückt der Konjunktiv eine hypothetische Bedingung aus.

Wenn ich das wüsste, würde ich dich nicht fragen.
(→ Ich weiß es aber nicht, darum frage ich dich.)

Bei den meisten Verben bildet man den Konjunktiv II mit *würde* + Infinitiv (siehe **Passwort Deutsch 3**, S. 199).

Ich würde gern nach Berlin fahren.
Ich würde dich sonst nicht fragen.

Tipp Bei *haben, sein, werden, können, dürfen, müssen, wollen* und *sollen* verwendet man die Konjunktiv-II-Form (nicht *würde* + Infinitiv).
Sie könnte das lernen, wenn sie Zeit hätte.
~~Sie würde das lernen können, wenn sie Zeit haben würde.~~

Einige Verben haben **eigene Konjunktiv-II-Formen**.

Präteritum	**Konjunktiv II**
ich hatte (haben)	ich hätte, du hättest, er • sie • es hätte wir hätten, ihr hättet, sie • Sie hätten
ich war (sein)	ich wäre, du wär(e)st, er • sie • es wäre wir wären, ihr wär(e)t, sie • Sie wären
ich wurde (werden)	ich würde, du würdest, er • sie • es würde wir würden, ihr würdet, sie • Sie würden
ich konnte (können)	ich könnte, du könntest, er • sie • es könnte wir könnten, ihr könntet, sie • Sie könnten
ich durfte (dürfen)	ich dürfte, du dürftest, er • sie • es dürfte wir dürften, ihr dürftet, sie • Sie dürften
ich musste (müssen)	ich müsste, du müsstest, er • sie • es müsste wir müssten, ihr müsstet, sie • Sie müssten
ich wusste (wissen)	ich wüsste, du wüsstest, er • sie • es wüsste wir wüssten, ihr wüsstet, sie • Sie wüssten
ich kam (kommen)	ich käme, du käm(e)st, er • sie • es käme wir kämen, ihr käm(e)t, sie • Sie kämen
ich ging (gehen)	ich ginge, du gingest, er • sie • es ginge wir gingen, ihr ginget, sie • Sie gingen
ich ließ (lassen)	ich ließe, du ließest, er • sie • es ließe wir ließen, ihr ließet, sie • Sie ließen
ich blieb (bleiben)	ich bliebe, du bliebest, er • sie • es bliebe wir blieben, ihr bliebet, sie • Sie blieben
es gab (geben)	es gäbe

Tipp So bildet man die Konjunktiv-II-Formen:
Präteritumform des Verbs + Konjunktivendung -e + Personalendungen *(-st, -n, -t, -n)*;
die Vokale a, o, u werden zu *ä, ö, ü*.

7 Verben mit Infinitiv

→ L24

Einige Verben können noch ein anderes **Verb im Infinitiv** bei sich haben.

Sei mal ganz still – hörst du die Vögel singen? Und da vorne: siehst du die Enten im See schwimmen? Gehen wir noch ein wenig weiter im Wald spazieren? Es ist so romantisch hier!

	Bedeutung:
Ich höre die Fans schreien.	Ich höre: Die Fans schreien.
Er sieht den Mann ins Auto einsteigen.	Er sieht: Der Mann steigt ins Auto ein.
Sie lässt das Auto reparieren.	Sie gibt jemandem den Auftrag: „Bitte reparieren Sie das Auto.“
Ich bleibe hier stehen.	Ich halte hier an.
Ich gehe jetzt einkaufen.	Ich gehe jetzt los und kaufe ein.
Ich fahre jetzt Martin abholen.	Ich fahre jetzt los und hole Martin ab.
Sie lernt jetzt tanzen.	Sie lernt, wie man tanzt.
Ich helfe dir kochen.	Du kochst, und ich helfe dir dabei.

Tipp Nomen oder Pronomen beim Infinitiv stehen im Akkusativ.
Ich sehe ihn einsteigen. Sie hört den Nachbarn singen. Ich lasse den Computer reparieren. Ich fahre ihn abholen.

Ausnahme: *helfen* mit Dativ: Ich helfe dir kochen.

Das **Perfekt** von *hören, sehen, lassen* + Infinitiv bildet man mit *haben* und zwei Infinitiven:
Ich habe ihn kommen ~~gehört~~ hören.

	Verb (*haben*)		Satzende (Infinitiv + Infinitiv)
Gestern	habe	ich meinen Nachbarn	singen hören.
	Haben	Sie den Hund	weglaufen sehen?
Sie	hat	die Wohnung	renovieren lassen.

Satzklammer

Die anderen Verben haben am Satzende Infinitiv + Partizip Perfekt.

	Verb		Satzende (Infinitiv + Partizip Perfekt)
An der Stelle	bin	ich gestern	stehen geblieben.
Gestern	sind	wir in der Stadt	essen gegangen.
Das Kind	hat	gerade erst	laufen gelernt.
	Kannst	du mir	putzen helfen?

Satzklammer

Adjektive

Die Adjektivdeklination bei Komparativ und Superlativ

→ L21

Adjektive im Komparativ (*schöner-*) und Superlativ (*schönst-*) können **vor** dem Nomen stehen. Dann haben sie die **Adjektivendungen** (vergleiche **Passwort Deutsch 3**, S. 205/206).

Berlin hat ein interessanteres Kulturangebot (als München).
München ist die südlichste Großstadt Deutschlands.
Haben Sie schon die älteste Kirche Dresdens besichtigt?
Ich bin mit dem nettesten Mann der Welt verheiratet!
Mit besten Grüßen ...

In allen anderen Fällen bleiben die komparierten Adjektive **unverändert**.

Das Wetter in Berlin ist schlechter (als das in München).
Die Münchner Biergärten sind am gemütlichsten.
Corinna läuft am schnellsten.
Der FC Carl Zeiss Jena spielt diese Saison besser.

Pronomen

Indefinitpronomen

→ L23

Indefinitpronomen verwendet man, wenn man eine Person, einen Ort, einen Zeitpunkt usw. nicht genau spezifizieren will oder kann.

	Bedeutung:
Vorhin hat jemand für dich angerufen – ich habe leider den Namen nicht verstanden.	Ich weiß nicht, wer angerufen hat.
Hat heute irgendjemand für mich angerufen? Hat heute irgendwer für mich angerufen?	Man will als Erstes wissen, ob überhaupt jemand angerufen hat.
Gibt es noch irgendeine Möglichkeit, das Problem zu lösen?	Man will wissen, ob es überhaupt noch eine Möglichkeit gibt, das Problem zu lösen – egal, welche.
Hast du zufällig meine Brille gesehen? Ich habe sie irgendwo vergessen.	Ich weiß nicht genau, wo.
Hast du heute vielleicht noch irgendwann Zeit? Ich muss dringend mit dir sprechen.	Es ist nicht wichtig, wann.
Wir müssen das Problem irgendwie lösen.	Es ist nicht wichtig, wie – wichtig ist der Erfolg.
Hast du irgendwas verstanden? Ich nicht.	Im Moment ist nicht wichtig, was genau du verstanden hast.
Komm, wir fahren irgendwohin, weit weg von hier …	Es ist nicht wichtig, wohin, Hauptsache weg von hier.

Tipp: Diese Wörter verwendet man meistens allein (als Pronomen); *irgendein-* und *kein-* kann man aber auch als Artikelwort (vor dem Nomen) oder als Pronomen (allein) verwenden.

Man kann die Indefinitpronomen auch **negieren**.

indefinit	**negiert**
irgendjemand, irgendwer, irgendein-	niemand, kein-
irgendwas / irgendetwas	nichts
irgendwann	nie
irgendwo	nirgends
irgendwohin, irgendwoher	nirgendwohin, nirgendwoher
irgendwie	nicht

jemand, niemand können Endungen haben.

Nominativ	jemand	niemand
Akkusativ	jemanden	niemanden
Dativ	jemandem	niemandem
Genitiv	jemandes	niemandes

Tipp: Oft werden *jemand / irgendjemand* und *niemand* auch ohne Endungen gebraucht: *Ich brauche niemand / niemanden. Hast du jemand / jemanden gesehen?*

man ist ein sehr häufiges Indefinitpronomen. *man* wird nur im Nominativ verwendet, in den anderen Fällen benutzt man *ein-*.

Nominativ	man	In Deutschland arbeitet man sonntags nicht.
Akkusativ	einen	Hier behandeln die Leute einen nicht besonders freundlich!
Dativ	einem	Den Staat interessiert gar nicht, wie es einem geht.

Tipp *man* bedeutet oft: „alle Leute / die meisten Leute".
In Deutschland arbeitet man sonntags nicht.
→ alle Leute / die meisten Leute arbeiten nicht.

man kann aber auch bedeuten: „irgendeine Person".
Wenn man den Berliner Reichstag betritt, beeindruckt einen sofort die Atmosphäre.
→ eine nicht spezifizierte Person

Präpositionen

Präpositionen mit dem Genitiv

→ L24

Die Präpositionen *wegen*, *während*, *statt*, *trotz* stehen mit dem Genitiv.

	Bedeutung:
Man verlässt seine Heimat wegen eines Krieges oder einer anderen Katastrophe. Er hat wegen seiner Tochter nicht wieder geheiratet. Ich bin wegen des Staus zu spät gekommen.	Grund
Während des Krieges gab es viel Elend. Reden Sie während der Pause mal nicht über die Arbeit! Er konnte während des Fußballspiels nur an sie denken.	in dem Zeitraum
Statt des Professors unterrichtet heute der Assistent. Statt der Besichtigung sind wir ins Theater gegangen. Statt des Treffens gab es nur ein Telefongespräch.	an Stelle von
Trotz ihres Ratschlags hört er mit dem Studium auf. Trotz der Kälte gingen sie spazieren. Trotz des schlechten Wetters hatte sie s gute Laune.	das ändert nichts

Tipp Mit Personalpronomen verwendet man meistens den Dativ:
Wegen dir habe ich das gemacht. Wir haben sie statt ihm mitgenommen.

Tipp *wegen*, *während*, *statt* und *trotz* verwendet man mündlich auch sonst oft mit dem Dativ:
Wegen dem schlechten Wetter ...
Während dem Krieg ...
Statt dem Mantel nehme ich ...
Trotz seinem Rat habe ich ...

Adverbien und Angaben

Angaben geben zusätzliche Information: Wann passiert etwas? Wie passiert etwas? Warum passiert etwas? Wo passiert etwas? Wie bewertet der Sprecher / die Sprecherin etwas? usw.

Wir haben Ihnen gestern die Prospekte zugeschickt. Er hat vor zwei Wochen zuletzt angerufen.	Wann?
Sie hat diese Arbeit sehr schnell erledigt. Machen Sie dieses Paket bitte vorsichtig auf. Fahren wir mit der U-Bahn in die Stadt?	Wie?
Wegen des Streiks kam er zu spät zur Arbeit.	Warum?
Ich gehe jetzt trotz des Regens spazieren.	Trotz welcher Umstände?
Hier stand früher einmal die Berliner Mauer. Immer noch gibt es in dieser Stadt viele Erinnerungen an die DDR-Zeit.	Wo?
Glücklicherweise bin ich versichert. Zum Glück muss ich nichts bezahlen. Die Versicherung zahlt leider nicht den ganzen Schaden.	Bewertung / Einschätzung durch den Sprecher / die Sprecherin

Wichtige **modale Angaben**:

vielleicht | eventuell | vermutlich | wohl | wahrscheinlich | bestimmt | sicher →

Wichtige **Zeitangaben**:

damals, einmal, früher | neulich | gestern, vorgestern | gerade | jetzt, heute, gerade →

Tipp: Angaben können kurz sein (Adverbien wie *heute, damit, darum, hier, glücklicherweise*), sie können aber auch länger sein (*an diesem Tag, mit der U-Bahn, wegen des Streiks, in dieser Stadt, zum Glück*).

Wörter auf *-weise* sind Adverbien. Diese Adverbien (und einige andere) drücken meistens eine Bewertung oder Meinung des Sprechers / der Sprecherin aus.

	der Sprecher / die Sprecherin ...
glücklicherweise	... ist froh
netterweise	... findet das nett
dummerweise	... findet das dumm
freundlicherweise	... findet das freundlich
leider	... findet das schade
hoffentlich	... hofft das
vielleicht	... vermutet das
wahrscheinlich	... glaubt, dass das passiert

Alphabetische Liste der wichtigsten Verben mit Unregelmäßigkeiten

Aufgenommen wurden nur die Verben, die im Band 4 neu hinzugekommen sind und deren Grundform in den bisherigen Verblisten nicht auftauchte.

Infinitiv	3. P. Sing. Präsens	3. P. Sing. Präteritum	3. P. Sing. Perfekt
abbiegen	biegt ab	bog ab	ist abgebogen
abreißen	reißt ab	riss ab	hat / ist abgerissen
angreifen	greift an	griff an	hat angegriffen
anstechen	sticht an	stach an	hat angestochen
beladen	belädt	belud	hat beladen
betreten	betritt	betrat	hat betreten
beweisen	beweist	bewies	hat bewiesen
eingraben	gräbt ein	grub ein	hat eingegraben
erleiden	erleidet	erlitt	hat erlitten
frieren	friert	fror	hat gefroren
geschehen	geschieht	geschah	ist geschehen
hinausspringen	springt hinaus	sprang hinaus	ist hinausgesprungen
hinweisen	weist hin	wies hin	hat hingewiesen
rennen	rennt	rannte	ist gerannt
ringen	ringt	rang	hat gerungen
schweigen	schweigt	schwieg	hat geschwiegen
sinken	sinkt	sank	ist gesunken
spinnen	spinnt	spann	hat gesponnen
treten	tritt	trat	hat / ist getreten
unterstreichen	unterstreicht	unterstrich	hat unterstrichen
verschwinden	verschwindet	verschwand	ist verschwunden
versinken	versinkt	versank	ist versunken
vertreten	vertritt	vertrat	hat vertreten
werfen	wirft	warf	hat geworfen
zusammenstoßen	stößt zusammen	stieß zusammen	ist zusammengestoßen

Alphabetische Liste der wichtigsten Verben mit eigener Konjunktiv-II-Form

Infinitiv	3. P. Sing. Präteritum	3. P. Konjunktiv II
bleiben	blieb	bliebe
dürfen	durfte	dürfte
geben	gab	gäbe
gehen	ging	ginge
haben	hatte	hätte
können	konnte	könnte
kommen	kam	käme
lassen	ließ	ließe
müssen	musste	müsste
sein	war	wäre
werden	wurde	würde
wissen	wusste	wüsste

Alphabetische Wortliste

Die folgende Wortliste enthält den relevanten Wortschatz der Texte, Dialoge und Aufgaben der Kursbuch-Lektionen 19 bis 24.

- Nicht aufgenommen wurden Artikelwörter, Zahlwörter, grammatische und phonetische Fachbegriffe sowie Eigennamen von Personen und Städten.
- Nomen erscheinen mit ihrem Artikel und der Pluralform. Nomen, die nur im Singular oder Plural verwendet werden, sind entsprechend mit *(nur Sing.)* oder *(nur Pl.)* gekennzeichnet.
- Verben erscheinen nur im Infinitiv. Eine Liste der wichtigsten neu hinzugekommenen Verben mit Unregelmäßigkeiten finden Sie auf Seite 209.
- Zur Erleichterung des Auffindens im Text sind hinter jedem Eintrag nicht nur Lektion und Seite, sondern auch die jeweilige Text- oder Aufgabennummer angegeben; zum Beispiel bedeutet „alternativ L19, 14/1a", dass das Wort „alternativ" zum ersten Mal in Lektion 19, auf Seite 14 und dort in der Aufgabe 1a erscheint.
- Wörter, die auf der Liste zum *Zertifikat Deutsch* stehen, sind mit • markiert. Sie sind besonders wichtig für Sie.
- Wörter, die nur oder vorwiegend in Österreich oder der Schweiz gebräuchlich sind, sind mit *(A)* für Österreich bzw. *(CH)* für die Schweiz markiert.
- Verwendete Abkürzungen: Adv. (= Adverb), Adj. (= Adjektiv), Akk. (= Akkusativ), Dat. (= Dativ), Dekl. (= Deklination), etw. (= etwas), Gen. (= Genitiv), Inf. (= Infinitiv), Pl. (= Plural), Sing. (= Singular), ugs. (= umgangssprachlich)

A

abbiegen L20, 25/6a
abbilden L21, 36/1a
Abenteuergeschichte, die, -n L19, 16/1
Aberglaube, der *(nur Sing.)* L23, 64/1a
• Abfahrt, die, -en L22, 52/2a
• Abfall, der, Abfälle L19, 15/4a
Abfalltonne, die, -n L19, 15/4a
• Abgas, das, -e *(meist Pl.)* L19, 14/1a
abgewinnen L19, 9/2a
abhalten (Versammlung) L19, 15/4c
abhalten (von + *Dat.*) L24, 70/1a
• abhängig sein (von + *Dat.*) L23, 60/2a
• ablehnen L22, 47/2d
Ablehnung, die, -en L19, 15/2b
ablesen L21, 42/1d
• abnehmen *(sinken)* L21, 39/3a
• abnehmen (Blut) L22, 47/2a
• abnehmen (Hut) L23, 65/3
Abreise, die, -n L22, 53/3
abreißen L19, 10/1
• abschließen (Versicherung) L20, 26/1b
Absicherung, die, -en L22, 49/4
Abstellkammer, die, -n L21, 32/1
Abstimmung, die, -en L20, 28/1
abtrennen L20, 29/2
Abtrennung, die, -en L20, 29/3a
Abwechslung, die, -en L19, 11/3d
abziehen (Geld) L22, 49/4
Achterbahn, die, -en L21, 38/1a
Aerobic, das *(nur Sing.)* L24, 74/1b
Ägyptologe, der, -n / Ägyptologin, die , -nen L24, 72/3a
Akteur, der, -e L21, 37/3
• aktiv (politisch) L20, 28/1
• aktuell L24, 72/1b
• Alarm, der *(nur Sing.)* L19, 14/1a
• Alkohol, der *(nur Sing.)* L21, 36/1b
Alkoholvergiftung, die, -en L21, 36/1b
alle ... Jahre (Tage, Monate *usw.*) L23, 56/1a
allein *(nur)* L21, 36/1c
• allgemein L24, 74/1b
Alm, die, -en L22, 54/2a
Alpenverein, der, -e L21, 32/1
Altbau, der, -ten L21, 32/1
• alternativ L19, 14/1a
• Altersheim, das, -e L21, 41/4b
Altglas, das *(nur Sing.)* L19, 14/1b
• amerikanisch L21, 38/1a
• Amt, das, Ämter L23, 58/1c
Amtssprache, die, -n L23, 59/5
• (sich) amüsieren L23, 66/1
Anblick, der, -e L22, 54/2a
anderswo L21, 35/5a
anerkennen L20, 22/1a
angeln L19, 12/1b
angreifen L21, 38/1a
Anlass, der, Anlässe L23, 64/1a
anlässlich L21, 36/1c
Anliegen, das, - L20, 27/4a
• annehmen *(glauben)* L22, 44/2
annehmen (Form) L23, 64/1a
• Annonce, die, -n L20, 30/1
Anreise, die, -n L22, 53/3
• ansehen L20, 24/2
• Ansicht, die, -en L21, 32
anstechen (Fass) L21, 36/1c
ansteigen L19, 14/2a
• Antrag, der, Anträge L22, 49/4
(sich) antun L24, 70/1a
• Anwalt, der, Anwälte L20, 26/2

Anweisung, die, -en L21, 42/1c
Anwohner, der, - / Anwohnerin, die, -nen L19, 15/4a
anzeigen (Grad) L24, 74/1b
• anzünden L23, 64/2a
• Apfelsine, die, -n L20, 30/1
• Arabisch *(Sprache)* L20, 30/1
• Arbeitnehmer, der, - / Arbeitnehmerin, die , -nen L20, 22/1a
Arbeitsbedingung, die, -en L22, 49/4
Arbeiterbewegung, die, -en L20, 28/1
Arbeitserlaubnis, die *(nur Sing.)* L20, 22/1a
Arbeitskraft, die, -kräfte L20, 22/1a
Arbeitsleben, das *(nur Sing.)* L19, 9/2a
Arbeitslosengeld, das *(nur Sing.)* L22, 49/4
Arbeitslosenhilfe, die *(nur Sing.)* L20, 22/1a
• Arbeitslosigkeit, die *(nur Sing.)* L20, 22/1a
Arbeitsruhe, die *(nur Sing.)* L23, 64/1a
Arbeitswelt, die, -en L23, 64/1a
Arbeitszweig, der, -e L19, 9/2a
Arztbesuch, der, -e L20, 26/2
Astrologe, der, -n / Astrologin, die, -nen L24, 76/1
Astrologie, die *(nur Sing.)* L24, 68/1a
Astronomie, die *(nur Sing.)* L24, 68/1a
• Asyl, das *(nur Sing.)* L20, 22/1a
Asylbewerber, der, - / Asylbewerberin, die, -nen L20, 22/1a
Athlet, der, -en / Athletin, die, -nen L24, 74/1b
• auf einmal L22, 54/2a
aufbauen L19, 9/2a
aufbrechen L19, 16/2a
• Aufenthaltserlaubnis, die *(nur Sing.)* L20, 22/1a
• Aufenthaltsgenehmigung, die, -en L20, 22/1a
auffahren (dicht) L20, 25/6a
auffallen L21, 38/1a
auffüllen (mit + *Dat.*) L19, 18/1b
• aufgeben (Staatsangehörigkeit) L20, 22/1a
• aufgeregt L22, 52/2a
Aufkommen, das *(hier nur Sing.)* L22, 50/1b
• aufnehmen (bei sich) L21, 40/1b
aufnehmen (Unfall) L20, 24/3
aufrufen (Internetadresse) L21, 37/5
Aufstieg, der, -e L24, 73/3a
aufwachsen L19, 8/1b
• Auf Wiederhören! L20, 27/4c
aufziehen (Nebel) L19, 9/2a
• Augenblick, der, -e L24, 72/2a
Ausbildungsförderung, die, -en L20, 22/1a
sich ausdenken L19, 16/2a
ausdrücken L19, 15/2b
Ausgangspunkt, der, -e L24, 73/3a
• ausgeben L21, 36/1c
ausgehen (von + *Dat.*) L23, 60/2
sich auskennen L19, 9/2a
ausleihen L24, 72/1a
• Ausnahme, die, -n L23, 64/1a
• mit Ausnahme von L23, 64/1a
• auspacken L21, 32
ausprobieren L22, 46/1
ausrauben L19, 16/2a
• sich ausruhen L19, 12/1b
Aussage, die, -n L19, 16/1
• außerhalb + *Gen.* (*od.* von + *Dat.*) L19, 10/2
von außerhalb L19, 10/2
Aussiedler, der, - / Aussiedlerin, die , -nen L20, 22/1a
Aussprache, die, -n L20, 30/1
ausspülen L19, 18/1b
auswandern L20, 22/1a
auswendig (lernen, können) L21, 42/1d
Auszug, der *(hier nur Sing.) (aus einer Wohnung)* L21, 40/1b
Autofahrer, der, - / Autofahrerin, die, -nen L20, 24/3
Autohändler, der, - L19, 15/4b
• automatisch L20, 22/1b
Autorennen, das, - L19, 15/4b
Autounfall, der, -unfälle L20, 24
Axt, die, Äxte L22, 48/2

B

Babysitter, der, - L21, 40/1b
• baden L19, 12/1b
Badeparadies, das, -e L23, 56/1a
Bahnverbindung, die, -en L19, 15/4a
Band, der, Bände *(Buch)* L24, 72/2b
Bankgeschäfte *(nur Pl.)* L19, 15/4a
Bär, der, -en / Bärin, die, -nen L24, 78/1b
barfuß (gehen, sein) L19, 12/1b
Basketball, das *(nur Sing.) (Spiel)* L24, 74/1a
Basketballer, der, - / Basketballerin, die, -nen L24, 74/1b
Bauernhof, der, -höfe L19, 10/2
Baulärm, der *(nur Sing.)* L19, 14/2a
bayrisch L21, 37/5
• Beamte, der, -n / Beamtin, die, -nen L19, 15/4b
• beantragen L20, 22/1a
Becken, das, - L19, 9/2a
Bedeutung, die, -en L20, 30/1
• Bedingung, die, -en L19, 10/2
beeindrucken L20, 28/1
beeindruckt sein L20, 28/1
• beeinflussen L20, 30/1
Befreiung, die *(nur Sing.)* L23, 64/1a
befreundet L21, 32/1
• behalten L20, 23/6b
• behandeln L19, 14/2a
Behandlung, die, -en L22, 47/2b
• behindert L24, 74/1a
• Behinderte, der / die, -n L24, 74/1a
Behindertensport, der *(nur Sing.)* L24, 74/1a
beibehalten L20, 22/1a
beichten L23, 64/2a
Beifahrer, der, - / Beifahrerin, die, -nen L20, 25/5a
Beifahrersitz, der, -e L20, 25/5a
Beispielsituation, die, -en L22, 54/1

beitragen (zu + *Dat.*) L24, 74/1b
• Bekannte, der / die, -n L22, 48/2
• bekommen (Kind) L24, 71/3
beladen (voll) L19, 16/2a
• beleidigt L24, 78/1b
Bergbau, der *(nur Sing.)* L20, 28/1
Bergbauer, der, -n L22, 48/1
Berghütte, die, -n L22, 53/3
Bergstation, die, -en L22, 52/2a
Bergtour, die, -en L21, 32/1
Bergwelt, die, -en L23, 56/1a
Berufsgruppe, die, -n L23, 64/1a
Berufspendler, der, - L19, 15/4a
Berufswunsch, der, -wünsche L24, 71/3
berühren *(emotional)* L24, 69/1c
beschriften L20, 25/5a
Beschützer, der, - / Beschützerin, die, -nen L23, 64/1a
• bestrafen L23, 66/1
betrachten L22, 47/2b
betreten L19, 11/4a
• betreuen L21, 40/1b
Betreuung, die, -en L21, 41/4b
betrunken *(Adj.)* L21, 38/1a
beurteilen L21, 34/1a
Beute, die *(nur Sing.)* L19, 16/2a
• Bevölkerung, die, -en *(meist Sing.)* L20, 28/1
Bevölkerungsschicht, die, -en L24, 68/1a
• bevor L19, 14/2a
Bewegung, die, -en *(Initiative)* L19, 14/1a
• beweisen L24, 70/1a
bewusst L23, 64/1a
Bezeichnung, die, -en L23, 60/1a
• Beziehung, die, -en *(Verhältnis)* L21, 42/1a
Beziehung, die, -en *(Partnerschaft)* L24, 77/3b
• Bibel, die, -n L23, 64/2a
Bierkrug, der, -krüge L21, 38/1a
Bierzelt, das, -e L21, 36/1c
Bildung, die *(nur Sing.)* *(Konstruktion)* L20, 29/3a
• Billet, das, -s *(CH)* L20, 30/1
Biografie, die, -n L20, 28
bislang L24, 74/1b
• bleiben (+ *Inf.*) L24, 75/3
bleich L22, 54/2a
blinken L20, 25/6a
Blinker, der, - L20, 25/5a
• Blitz, der, -e L23, 66/1
blitzschnell L19, 9/2a
• blühen L19, 8/1b
• Blut, das *(nur Sing.)* L22, 47/2a
• bluten L22, 47/2b
• bös- L19, 16/5
Branche, die, -n L22, 51/3
Brandung, die, -en L19, 9/2a
• Braten, der, - L21, 35/3a
Brathendl, das, - *(regional)* L21, 36/1b
Brauch, der, Bräuche L23, 64
• brauchen (+ *Zeitangabe*) L24, 70/1a
• brauchen + zu + *Inf.* L20, 22/1a
Brauchtum, das, -tümer L23, 64/1a
• Bremse, die, -n L20, 25/5a
• bremsen L22, 53/4c
Bremslicht, das, -lichter L22, 53/4c
• brennen (Licht) L22, 53/4c
• Briefträger, der, - / Briefträgerin, die, -nen L19, 11/3d
• Briefumschlag, der, -umschläge L20, 30/1
Broschürentext, der, -e L20, 28/2
brüllen L19, 16/2a
• Bücherei, die, -en L24, 72/1
Buchtitel, der, - L24, 72/2
Buddhist, der, -en / Buddhistin, die, -nen L23, 64/2a
buddhistisch L23, 64/2a
• bundesdeutsch L23, 61/2b
Bundesebene, die, -n L23, 60/2a
• Bundesland, das, -länder L20, 29/2
Bundesliga, die *(nur Sing.)* L24, 74/1b
• Bundesregierung, die, -en L23, 60/2a
• Bürgerinitiative, die, -n L19, 13/1a
• Bürgermeister, der, - L19, 10/2
• Bürgersteig, der, -e L20, 30/1
Bürgerversammlung, die, -en L19, 15/4
Büroangestellte, der / die, -n L20, 28/1
bürokratisch L20, 22/1a

C

Campus, der, - *(meist Sing.)* L24, 70/1a
chatten L19, 15/4b
Chip, der, -s L21, 38/1a
Christ, der, -en / Christin, die, -nen L23, 64/2a
Chronik, die, -en L22, 50/1
• Club, der, -s (*auch* Klub) L22, 54/3b
contra (*auch* kontra) L22, 47/2b
• Cousin, der, -s / Cousine, die, -n L20, 30/1

D

• dabei *(dazu)* L21, 38/1a
ein Dach über dem Kopf (haben) L19, 9/2a
Dachboden, der, -böden L21, 32/1
• dadurch L19, 15/4a
• dagegen *(hingegen)* L20, 30/1
• dagegen sein L19, 14/2a
Damenflorett, das *(nur Sing.)* L24, 74/1b
• damit *(Subjunktion)* L20, 24/3
• danken L23, 57/2a
• dänisch L19, 10/2
darinnen *(veraltet)* L22, 54/2a
• dauernd L20, 23/5
dazuerfinden L21, 33/2b
dazugeben L19, 18/1b
Deck, das, -s L19, 16/2a
Definition, die, -en L23, 60/1
Deich, der, -e L19, 8/1b
Deichbau, der *(nur Sing.)* L19, 9/2a
Demokrat, der, -en / Demokratin, die, -nen L20, 29/2
• Demokratie, die, -n L23, 60
• demokratisch L23, 60/2a
• denn L19, 10/1
Dessert, das, -s L20, 30/1
• desto ... (*siehe* je ..., desto ...) L23, 60/2a
detailliert L19, 16/1
• deutlich L20, 30/1
• dick L22, 53/4c
• Diebin, die, -nen L21, 38/1a
Diebstahl, der, -stähle L21, 38/1a

Diener, der, - / Dienerin, die, -nen L22, 53/4c
• Diskothek, die, -en L23, 56/1a
Donner, der, - L23, 66/1
Doping, das *(nur Sing.)* L24, 75/2a
dörflich L23, 64/1a
dorthin L23, 59/4a
dramatisch L19, 10/1
dranbleiben (am Telefon) L20, 27/4b
Drehbuch, das, -bücher L21, 42
• (sich) drehen L19, 9/2a
Dreieck, das, -e L20, 24/2
• dumm L22, 53/2b
Düne, die, -n L19, 9/2a
• dünn L22, 53/2b
• Durchsage, die, -n L23, 62/1a
Durchschnitt, der, -e *(meist Sing.)* L22, 47/2b
im Durchschnitt L22, 47/2b
• durchschnittlich L21, 33/2a

E

Ebbe, die *(nur Sing.)* L19, 9/2a
• eben *(Adv.)* L24, 74/1b
Ebene, die, -n L23, 60/2a
Edelstein, der, -e L24, 78/1b
Egoismus, der *(nur Sing.)* L24, 71/5b
• Ehe, die, -n L21, 40/1b
Ehekrise, die, -n L24, 73/3a
• ehrlich L19, 14/2a
ehrlich gesagt L19, 14/2a
einbrechen L21, 38/1a
Einbruch, der, -brüche L21, 39/3a
einbürgern L20, 22/1a
einfach, zweifach, dreifach *usw.* L24, 74/1b
einfahren L19, 16/2a
• Einfahrt, die, -en L23, 62/1b
• einfallen L21, 36/1a
• Einfluss, der, Einflüsse L20, 29/2
(sich) eingraben L19, 13/2b
• einiges L22, 49/4
Einkaufsmöglichkeit, die, -en L21, 34/1b
einleiten L23, 56/1a
einliefern L21, 36/1c
Einreise, die, -n L20, 22/1a
Einsatz, der, -sätze L24, 74/1b
• einschalten L20, 24/2
• einschlafen L22, 54/2a
einschlagen L21, 38/1a
Einschnitt, der, -e L23, 64/1a
(sich) einschreiben (für ein Studium) L24, 70/1a
einstellen *(stoppen)* L19, 15/4a
• Eintrittskarte, die, -n L20, 30/1
• einverstanden sein L19, 14/2a
Einwanderer, der, - / Einwanderin, die, -nen L20, 30/1
einwandern L20, 30
Einwohnerzahl, die, -en L19, 10/2
• Einzelheit, die, -en L19, 16/1
Einzug, der *(hier nur Sing.)* L24, 74/1b
Elektrizität, die *(nur Sing.)* L19, 14/2a
Element, das, -e L19, 15/2b
empfindlich L19, 14/2a
enden L19, 17/4a
endlos L19, 9/2a
Energiegewinnung, die *(nur Sing.)* L19, 10/2
Energiequelle, die, -n L19, 14/2a
Energieverbrauch, der *(nur Sing.)* L19, 14/2a
Engagement, das, -s L20, 28/1
sich engagieren L20, 28/1
engagiert sein L20, 28/1
Engel, der, - L23, 64/1a
• entgegenlaufen L19, 16/2a
entkommen L21, 33/1a
• entlassen L22, 49/4
• (sich) entschuldigen L21, 38/1a
entsprechen L23, 60/2a
• entstehen (Kosten) L19, 15/4a
Entstehung, die *(hier nur Sing.)* L22, 50/1b
Entstehungsgeschichte, die, -n L19, 10/1
• entweder ... oder ... L22, 51/3
• sich entwickeln L23, 64/1a
Entwicklung, die, -en L21, 39/3c
erblicken L22, 54/2a
erbringen (Leistung) L24, 74/1b
• erfahren (dass) L21, 41/4b
• erfahren (über + Akk.) L19, 11/3d
Erfolgsgeschichte die, -en L22, 54/3
Ergänzung, die, -en L24, 71/5c
Erhalt, der *(nur Sing.)* L23, 56/1a
• erkennen L20, 30/1
erklären (Krieg) L19, 17/2b
• Erlaubnis, die (nur Sing.) L20, 22/1a
Erlebnis, das, -se L19, 13/4b
erleiden L21, 36/1b
ermöglichen L22, 47/2b
ermutigen L24, 70/1a
erneuerbar L19, 14/2a
Erntedankfest, das, -e L23, 64/1a
Eröffnungskonzert, das, -e L23, 57/2b
Erstaunen, das *(nur Sing.)* L24, 73/3a
erstaunt L21, 38/1a
erstellen L24, 76/1b
ertragen L21, 40/1b
ertrinken L23, 66/1
erwachen L22, 54/2a
• erwarten (Kind) L24, 78/1b
erwünscht L24, 70/1a
• Erzählung, die, -en L24, 72/2b
• erziehen L23, 58/1c
ethnisch L20, 22/1a
• EU (= Europäische Union) L20, 22/1a
EU-Bürger, der, - / EU-Bürgerin, die, -nen L20, 22/1a
• eventuell L20, 24/2
• ewig *(Adj.)* L19, 9/2a

F

Fahrchip, der, -s L21, 38/1a
Fahrersitz, der, -e L20, 25/5a
Fahrvergnügen, das *(nur Sing.)* L20, 30/3a
• auf jeden Fall L20, 24/3
fällen L22, 48/2
fallen (schwer, leicht) L24, 70/1a
Falte, die, -n L24, 70/1a
Familienleben, das *(nur Sing.)* L24, 73/3a
Familienmitglied, das, -er L24, 73/3a
Fan, der, -s L22, 54/3b
Fanclub, der, -s L22, 54/3b
Fang, der *(nur Sing.)* L19, 9/2a

Fass, das, Fässer L21, 36/1c
Faust, die, Fäuste L24, 74/1b
Faustball, der *(nur Sing.)* L24, 74/1b
FC (= Fußballclub), der *(hier nur Sing.)* L21, 32/1a
fechten L24, 74/1a
Fechten, das (nur Sing.) L24, 74/1a
Fechter, der, - / Fechterin, die, -nen L24, 74/1b
• Feierabend, der, -e L22, 49/4
feierlich L23, 56/1a
• Feind, der, -e L19, 16/2a
Feinmechaniker, der, - / Feinmechanikerin, die, -nen L21, 32
Felsen, der, - L22, 54/2a
Felsenspitze, die, -n L22, 54/2a
Feriengast, der, -gäste L22, 45/3a
Ferienwohnung, die, -en L21, 32/1
Feriensaison, die, -s L19, 10/2
Ferienzeit, die, -en L22, 51/3
Ferkel, das, - L24, 72/3a
Fernsehserie, die, -n L21, 33/2a
• fest *(Adj.)* L19, 12/1b
Festessen, das, - L19, 16/2a
Festgelände, das, - L21, 36/1c
Festland, das *(nur Sing.)* L19, 9/2a
festlich L21, 36/1c
Festtag, der, -e L21, 36/1c
Festwoche, die, -n L21, 36/1b
Festzelt, das, - L21, 36/1a
• Feuerwehr, die, -en L23, 62/1b
feurig L22, 54/2a
• Figur *(Film)*, die, -en L21, 40/1
filmen L21, 38/1a
• Finnisch *(Sprache)* L20, 30/2a
finster (Gesicht) L24, 73/5c
Fischfang, der *(nur Sing.)* L19, 9/2a
Fischverarbeitung, die, - L19, 9/2a
• fit L22, 46/1
• (sich) fit halten / machen L24, 74/1b
Fitness, die *(nur Sing.)* L24, 74/1a
Fitnessteam, das, -s L24, 74/1b
Florett, das, -e L24, 74/1b
Flotte, die, -n L19, 16/2a
Flüchtling, der, -e L20, 22/1a
flüstern L21, 42/1c
Flut, die *(hier nur Sing.)* L19, 9/2a
• folgen L23, 56/1a
Folklore, die *(nur Sing.)* L23, 64/1b
• fordern L19, 15/4a
Formalität, die, -en L20, 23/4
formen L19, 9/2a
fortschrittlich L23, 60/1a
Fotoassistent, der, -en / Fotoassistentin, die, -nen L21, 32
• Französische, das *(nur Sing.)* L20, 30/1
• frech L22, 53/2b
Freifahrt, die, -en L21, 38/1a
• Freiheit, die, -en L22, 49/6
Freizeitangebot, das, -e L21, 34/1b
Fremdenverkehr, der *(nur Sing.)* L19, 10/2
freudig L19, 16/2a
Freundlichkeit, die *(hier nur Sing.)* L24, 71/5b
• frieren L19, 12/1b
Friese, der, -n / Friesin, die, -nen L19, 8/1
friesisch L19, 16/2a
Friesisch *(Sprache)* L19, 8/1a
Frühjahr, das, -e L19, 11/4a
• Führung, die, -en L19, 11/4a
in Fülle L22, 54/2a
• Fundbüro, das, -s L22, 52/2b
• sich fürchten (vor + *Dat.*) L21, 33/2a
Fußballfeld, das, -er L24, 72/3a
• Fußgänger, der, - / Fußgängerin, die, -nen L20, 24/1a

G

• Gang, der, Gänge *(Auto)* L20, 25/5b
Gangschaltung, die, -en L20, 25/5a
• ganz und gar (nicht) L24, 73/3a
• Gas geben L20, 24/1a
Gaspedal, das, -e L20, 25/5a
Gastarbeiter, der, - / Gastarbeiterin, die, -nen L20, 22/1a
gastfreundlich L21, 35/5b
• Gastfreundschaft, die *(nur Sing.)* L23, 57/2a
Gasthof, der, -höfe L23, 58/1
Gastronomie, die *(nur Sing.)* L21, 34/1b
• Gebiet, das, -e L20, 29/2
• Gebrauchsanweisung, die, -en L19, 16/1
• Geburtsort, der, -e L24, 76/1b
Geburtszeit, die, -en L24, 76/1b
Gedichtband, der, -bände L24, 72/2b
• Gefahr, die, -en L19, 12/2a
gefangen nehmen L19, 17/2b
Gefängnis, das, -se L20, 29/2
Geheimnis, das, -se L24, 73/3a
Geist, der *(nur Sing.) (Verstand)* L22, 47/2b
geistig L21, 40/1b
gekennzeichnet (durch + *Akk.*) L23, 64/1a
Gelände, das, - L21, 36/1c
gelaunt (gut, schlecht) L22, 51/3
• gelten als L21, 36/1c
Gemeinde, die, -n L19, 10/2
Gemeinderat, der, -räte L23, 60/2a
Gemeinsamkeit, die, -en L19, 10/2
Gemütlichkeit, die *(nur Sing.)* L20, 30/3a
• genehmigen L19, 11/4a
• Genehmigung, die, -en L20, 22/1a
Genfer Flüchtlingskonvention, die *(nur Sing.)* L20, 22/1a
genügen L22, 47/2b
geografisch L19, 9/2a
gequält L24, 73/5c
Geräteturnen, das *(nur Sing.)* L24, 74/1b
• Gericht, das, -e *(Behörde)* L20, 26/2
• geschehen L24, 77/5
• Geschirr, das *(hier nur Sing.)* L19, 18/2a
Geselligkeit, die *(nur Sing.)* L23, 64/1a
• Gesetz, das, -e L23, 60/1a
Gesprächspartner, der, - / Gesprächspartnerin, die, -nen L24, 76/1a
gestalten L19, 9/2a
Gestirn, das, -e L24, 78/2
Gesundheitszentrum, das, -zentren L22, 45/3a
• Gewerkschaft, die, -en L20, 28/1
gewinnen (Mitbürger) L20, 22/1a

- gewinnen (Preis) L20, 23/3
Gewinnung, die *(nur Sing.)* L19, 14/2a
gewiss- *(Adj.)* L23, 64/1a
- Gewitter, das, - L23, 66/1
- Gewohnheit, die, -en L19, 18/2a
- gewohnt L22, 54/2a
Gezeiten *(nur Pl.)* L19, 9/2a
- Gift, das, -e L19, 14/1a
giftig L22, 47/2b
glänzend L19, 12/1b
global L19, 16/1
Glut, die, -en L22, 53/4c
Goldschmuck, der *(nur Sing.)* L19, 16/2a
Golf, das *(nur Sing.)* L24, 75/2a
Golfclub, der, -s L24, 75/2a
Gondel, die, -n L22, 51/3
Gondelbahn, die, -en L22, 51/3
- Gott, der *(hier nur Sing.)* L19, 16/2a
- Gott, der, Götter L24, 78/1b
Gottesdienst, der, -e L23, 56/1a
Gotteshaus, das, -häuser L23, 65/3
gottlos L23, 66/1
Grad, der, -e *(Niveaustufe)* L24, 74/1b
Grand Hotel, das, -s L22, 50/1b
- Gras, das *(nur Sing.)* L22, 48/2
Greis, der, -e / Greisin, die, -nen L22, 53/4c
- Griechisch *(Sprache)* L20, 30/1
Grillgut, das *(nur Sing.)* L22, 53/4c
- Großvater, der, -väter L22, 48/2
- großzügig L21, 35/5b
- gucken L24, 73/5c
- gültig (sein) L23, 60/1a
Gürtel, der, - L24, 74/1b
Gymnastik, die *(nur Sing.)* L22, 47/2a

H

- es (leicht, schwer) haben L22, 48/1
Haftpflichtversicherung, die, -en L20, 26/1a
- Hähnchen, das, - L21, 36/1b
Halbjahr, das, -e L19, 10/1
Hallig, die, -en L19, 9/2a
- halt *(Partikel)* L20, 28/1
- halten *(stehen bleiben)* L20, 24/1a
- halten (für + *Akk.* / *Adv.*) L22, 50/2
- halten (von + *Dat.*) L22, 47/2d
- halten (Vortrag) L22, 50/1a
- sich halten (Bräuche) L23, 64/1a
von Hand L22, 48/2
- Handarbeit, die, -en L22, 48/1
- sich handeln (um + *Akk.*) L22, 46/1
Handelsherr, der, -en L19, 16/2a
Handelsschiff, das, -e L19, 16/2a
Handlung, die, -en L21, 42/1b
Handwerk legen L19, 17/2b
harmlos L22, 47/2b
- hassen L19, 16/2a
- hässlich L19, 14/2a
- häufig L21, 41/2
Hauptaussage, die, -n L19, 16/1
- Hauptpreis, der, -e L24, 72/3a
- Hauptstraße, die, -n L19, 15/4a
Hausbesitzer, der, - / Hausbesitzerin, die, -nen L24, 72/3a
Hausratversicherung, die, -en L20, 26/1a
hautnah L24, 69/1c
heftig L21, 38/1a
- Heilige, der / die, -n L23, 64/1a
Heilmethode, die, -n L22, 46/1
Heilpraktiker, der, - / Heilpraktikerin, die, -nen L22, 45/3a
heim (können) L22, 54/2a
- Heim, das, -e (für alte Menschen) L21, 41/4b
Heimatland, das, - länder L20, 22/1a
heimatlich L22, 54/2a
Heimreise, die, -n L20, 23/6b
Heimspiel, das, -e L21, 32/1
- Heimweh, das *(nur Sing.)* L22, 54/1
- es heißt ... (etw. zu tun) L23, 56/1a
Hektar, der, - L19, 10/2
Helfer, der, - / Helferin, die, -nen L23, 57/2a
herauskommen L22, 54/2a
herausragend L23, 64/1a
herb L19, 18/1b
Herkunftsland, das, -länder L22, 46/1
herrschen (über + *Akk.*) L19, 16/2a
hervorragend L24, 74/1b
schweren Herzens L21, 41/4b
Herzattacke, die, -n L21, 40/1b
Herzkrankheit, die, -en L21, 41/4b
- heutig- L19, 9/2a
hierher L19, 14/2a
Erste Hilfe L20, 24/2
hilfsbereit L21, 40/1b
Hilfsbereitschaft, die *(nur Sing.)* L24, 71/5b
hinausspringen L22, 54/2a
- hindern (an + *Dat.*, zu + *Inf.*) L19, 10/2
Hindu, der / die, -s L23, 64/2a
hinduistisch L23, 64/2a
hindurch (das Jahr) L22, 51/3
hineingeben L19, 18/1b
- hinhören L24, 73/3a
hintereinander L21, 38/1a
hinterlassen L20, 30/1
hinweisen (auf + *Akk.*) L22, 51/5
Hochsprung, der *(nur Sing.)* L24, 74/1b
Hof, der, Höfe *(Bauernhof)* L19, 9/2a
Höhe, die, -n L22, 48/1
hohes Alter L20, 28/1
Höhenrücken, der, - L23, 59/4a
- holländisch L19, 16/2a
Hörbuch, das, -bücher L24, 72/2b
Horizont, der, -e L19, 9/2a
Horoskop, das, -e L24, 73/3a
Hosentasche, die, -n L21, 38/1a
Hügel, der, - L19, 10/1
Hürde, die, -n L24, 74/1b
Hütte, die, -n L22, 53/3

I

Identität, die, -en L21, 42/1a
für immer L21, 40/1b
immerfort L22, 54/2a
importieren L20, 30/3b
improvisieren L21, 42/1d
Indianer, der, - / Indianerin, die, -nen L24, 78/1b

Info *(Kurzform v. Information)*, die, -s L24, 74/1b
Initiative, die, -n L24, 73/3a
• innerhalb + *Gen.* (*od.* von + *Dat.*) L23, 56/1a
• Insel, die, -n L19, 9/2a
• insgesamt L21, 36/1b
intensiv L21, 40/1b
• Interesse, das, -n L21, 42/1a
Internetseite, die, -n L19, 16/1
interpretieren L24, 76/3a
• irgendein- L23, 63/3
• irgendjemand L23, 63/2
• irgendwann L23, 63/2
• irgendwas L23, 63/2
• irgendwelch- L23, 63/2
• irgendwie L21, 33/2a
• irgendwo L23, 63/2
• irgendwohin L23, 63/3
• islamisch L23, 64/2a

J

Jahrmarkt, der, -märkte L23, 64/1a
Jahrzehnt, das, -e L20, 28/1
jahrzehntelang L20, 28/1
• je ..., desto ... L23, 60/2a
je ..., umso ... L23, 61/3
jeweilig L24, 71/5b
Judo, das *(nur Sing.)* L24, 74/1a
Jugendbuch, das, -bücher L24, 72/2b
• jugendlich L24, 73/3a
• Jugoslawien L23, 59/4a
Junior, der, -en / Juniorin, die, -nen L24, 74/1b

K

Kabinett, das, -e L23, 60/2a
Kajüte, die, -n L19, 16/2a
Kampf, der, Kämpfe L19, 16/2a
• kämpfen (für + *Akk.*, gegen + *Akk.*) L19, 10/1
Kämpfer, der, - / Kämpferin, die, -nen L24, 74/1b
Kampfsport, der *(nur Sing.)* L24, 74/1b
Kampfsportart, die, -en L24, 74/1b
Kandis, der *(nur Sing.)* L19, 18/1b
Kanne, die, -n L19, 18/1b
kapern L19, 16/2a
Kaplan, der, Kapläne L22, 53/4c
Kartenlegen, das *(nur Sing.)* L24, 76/1b
Kassierer, der, - / Kassiererin, die, -nen L21, 38/1a
• Katastrophe, die, -n L19, 14/1a
• katholisch L23, 64/1a
Kehrseite, die, -n L19, 10/2
Kerze, die, -n L23, 64/2a
kilometerlang L19, 15/4a
Kinderbuch, das, -bücher L24, 72/2b
Kinderlied, das, -er L19, 8/1b
• Kiosk, der, -e L19, 10/2
• Kirche, die, -n *(Konfession)* L23, 64/1a
Kirchenchor, der, -chöre L19, 15/4b
Kirchenpatron, der, -e L23, 64/1a
kirchlich L23, 64/1a
Kirchtag, der, -e L23, 56/1a
Kirchweih, die, -en *(Kirmes)* L23, 64/1a
Kirchweihe, die, -n L23, 64/1a
Kirmes, die, Kirmessen L23, 64/1a
• Kissen, das, - L22, 54/2a
Klappentext, der, -e L24, 72/3
• kleben L22, 53/4c
Kleinigkeit, die, -en L19, 10/2
Kleinwagen, der, - L21, 32/1
• klettern L24, 78/2
• klingeln L24, 76/2
Klub, der, -s (*auch* Club) L22, 54/3b
• knapp L23, 59/4a
• kochen *(intransitiv)* L19, 18/1b
Kochrezept, das, -e L19, 16/1
Koexistenz, die *(nur Sing.)* L23, 56/1a
• Kofferraum, der, -räume L20, 25/5a
Kohlkopf, der, -köpfe L22, 53/4c
Kojote, der, -n L24, 78/1b
Kombi, der, -s L21, 32/1
• komisch L24, 73/3a
Kommentar, der, -e L24, 75/3
kommunal L23, 60/2a
Kommune, die, -n L23, 60/1a
Kompliment, das, -e L20, 27/4b
Konfession, die, -en L23, 65/4
konfrontieren L22, 47/2b
Kongress, der, -e L23, 57/2b
Kongresszentrum, das, -zentren L23, 57/2b
Königreich, das, -e L23, 59/4a
Konkurrenz, die, -en L22, 48/1
• konservativ L23, 60/1a
kontinuierlich L19, 14/2a
kontra (*auch* contra) L22, 47/2b
• Kontrolle, die, -n L20, 29/2
• konzentriert (sein) L22, 53/2b
• Koran, der, -e L23, 64/2a
Korb, der, Körbe L21, 32
Körperpartie, die, -n L24, 74/1b
Körperverletzung, die, -en L21, 38/1c
• Kraft, die, Kräfte L19, 10/1
• in Kraft treten L23, 60/2a
Kraftfahrzeug, das, -e L20, 26/1a
Kraftfahrzeugversicherung, die, -en L20, 26/1a
• kräftig L19, 18/1b
kräftigen L24, 74/1b
• Kraftwerk, das, -e L19, 13/2a
Kram, der *(nur Sing.)* L23, 64/1a
Krammarkt, der, -märkte L23, 64/1a
Krankengymnast, der, -en / Krankengymnastin, die, -nen L22, 45/3a
Krankengymnastik, die *(nur Sing.)* L22, 47/2a
Krankenhausaufenthalt, der, -e L20, 26/2
Krankenversicherung, die, -en L20, 26/1a
• Krankenwagen, der, - L20, 24/3
Krebs *(Tier)*, der, -e L19, 13/2b
• Kreis, der, -e L24, 76/1b
Kriegsende, das *(nur Sing.)* L20, 28/1
Kriegsflotte, die, -n L19, 16/2a
Kriegsschiff, das, -e L19, 16/2a
Kriegszeit, die, -en L24, 70/1a
Kriminalität, die *(nur Sing.)* L21, 33/2a
Kriminalitätsstatistik, die, -en L21, 39/3b

• Kriminalstatistik, die, -en L21, 39/3
• Krise, die, -n L20, 22/1a
Kristall, der, -e L24, 78/1b
• kritisch L20, 28/1
• kroatisch L20, 22/1b
• Kroatisch *(Sprache)* L23, 59/5
Krug, der, Krüge L21, 38/1a
krumm L22, 53/4c
kühlen L22, 53/4c
Kuhstall, der, -ställe L22, 45/3a
Kulturangebot, das, -e L21, 34/1b
Kundenkreis, der, -e L24, 76/1b
Kunsthandwerk, das *(nur Sing.)* L23, 63/2
Kunsthandwerksmarkt, der, -märkte L23, 63/2
Kunstturnen, das *(nur Sing.)* L24, 74/1b
Kur, die, -en L22, 45/3a
• Kurve, die, -n L22, 52/2b
kurz darauf L21, 38/1a
• vor kurzem L21, 40/1b
• küssen L21, 38/1a
• Küste, die, -n L19, 8
Kutsche, die, -n L19, 10/2
• Kuvert, das, -s *(A)* L20, 30/1

L

• lächeln L24, 70/1a
Lächeln, das *(nur Sing.)* L24, 70/1a
landen (im Gefängnis) L20, 29/2
Landesebene, die, -n L23, 60/2a
• Landeshauptmann, der, -männer *(A)* L23, 56/1a
Landeshauptstadt, die, -städte L21, 37/5
Landesparlament, das, -e L23, 60/2a
Landesrat, der, -räte L23, 60/2a
• Landesregierung, die, -en L23, 56/1a
landestypisch L19, 18/2b
• Landtag, der, -e L23, 56/1a
Landwirt, der, -e L22, 45/3a
• Landwirtschaft, die *(nur Sing.)* L19, 9/2a
Langsamkeit, die *(nur Sing.)* L24, 71/5b
• Lärm, der *(nur Sing.)* L19, 14/1a
Last, die, -en L22, 43/2
Lateinisch *(Sprache)* L20, 30/1
im Lauf + *Gen.* L20, 30/1
Laut, der, -e L20, 23/6
mein, dein *usw.* Leben lang L20, 28/1
• Lebensgefahr, die, -en L20, 22/1a
lebensgefährlich L19, 9/2a
lebenslang L24, 70/1a
Lebensraum, der, -räume L19, 11/4a
Lebensrhythmus, der, -rhythmen L19, 9/2a
Lebenssituation, die, -en L22, 51/5
Lebensstandard, der, -s L21, 32/1
Lebensstation, die, -en L20, 29/3c
Lebensversicherung, die, -en L20, 26/1a
Lebensweise, die, -n L20, 22/1a
• leicht *(Adv.)* L21, 39/3a
Leichtathletik, die *(nur Sing.)* L24, 74/1a
Leid, das, -en L24, 69/1c
• leisten (erste Hilfe) L20, 24/2
• Leistung, die, -en (soziale) L22, 48/1
• leitend (Angestellte/r) L21, 32
Leiter, die, -n L21, 38/1a
• Leitung, die, -en (telefonisch) L20, 27/4c
Leitungswasser, das *(nur Sing.)* L20, 26/1a
Lenkrad, das, -räder L20, 25/5a
Lesestrategie, die, -n L19, 16/1
letztendlich L24, 70/1a
Leuchtturm, der, -türme L19, 11/3d
Lexikonartikel, der, - L23, 64/1a
• liberal L23, 60/1a
• liebevoll L21, 38/1a
• Lift, der, -e (*od.* -s) *(Skilift)* L22, 52/2a
• Löffel, der, - L19, 18/1b
• losschicken L19, 17/2a
lossegeln L19, 17/2b
• frische Luft, die *(nur Sing.)* L22, 49/4

M

• Macht, die, Mächte L20, 29/2
• an der Macht sein L20, 29/2
Magenbluten, das *(nur Sing.)* L22, 47/2b
mähen L22, 48/2
majestätisch L23, 56/1a
Alle Mann ... *(Ausruf)* L19, 16/2a
Männchen, das, - L23, 66
• männlich L24, 74/1b
• Mannschaft, die, -en L20, 29/2
• Märchen, das, - L23, 66/2
Medaille, die, -n L24, 74/1b
Medien *(nur Pl.)* L24, 73/3c
Meditation, die, -en L23, 64/2a
meditieren L23, 65/2b
medizinisch L22, 47/2a
Meeresboden, der, -böden L19, 13/2b
Meerestier, das, -e L19, 12/1b
Meereswelle, die, -n L19, 13/2b
• Mehrheit, die, -en L20, 29/2
• mehrmals L22, 53/4c
Meinungsaustausch, der *(nur Sing.)* L19, 14/2
• Meister, der, - / Meisterin, die, -nen *(Sport)* L24, 74/1b
Meisterschaft, die, -en L24, 74/1b
• melden L20, 24/2
melken L22, 45/3a
Melkmaschine, die, -n L22, 48/2
• Metall, das, -e L19, 15/4a
• Methode, die, -n L22, 46/1
Millionendorf, das *(hier nur Sing.)* L21, 33/2a
• Minderheit, die, -en L23, 56/1a
• Minister, der, - / Ministerin, die, -nen L23, 60/2a
• Ministerpräsident, der, -en / Ministerpräsidentin, die, -nen L23, 60/2a
in Minutenschnelle L19, 9/2a
Missionar, der, -e L23, 59/4a
Mist, der *(nur Sing.)* *(Schimpfwort)* L22, 52/2b
Mitbürger, der, - / Mitbürgerin, die, -nen L20, 22/1a
• mitfahren L22, 53/3
• mitnehmen L22, 51/3
mitreißend L24, 73/3a
• Mitte (der 50er Jahre) L20, 29/2

Mittelalter, das *(nur Sing.)* L23, 59/4a
Modenschau, die, -en L23, 57/2b
Moslem, der, -s / Moslemin, die, -nen L23, 64/2a
motivieren L24, 68/1a
Motorsäge, die, -n L22, 48/2
Möwe, die, -n L19, 8/1b
mühsam L22, 48/2
Müllgebühr, die, -en L19, 15/4a
Muschel, die, -n L19, 12/1b
mutig L24, 73/3a

N

• nachdenken (über + *Akk.*) L19, 17/2b
• Nähe, die *(nur Sing.)* L20, 29/2
• sich nähern L19, 16/2a
Naht, die, Nähte (aus allen Nähten platzen) L21, 33/2a
• nass L19, 12/1b
Nationalpark, der, -s L19, 11/4a
• Nationalrat, der, -räte *(A, CH)* L23, 60/2a
Naturerlebnis, das, -se L19, 13/4b
• natürlich *(Adj.)* L22, 47/2a
Naturmedizin, die *(nur Sing.)* L22, 47/2b
Navaho-Indianer, der, - L24, 78/1b
Navahos *(nur Pl.) (Indianer)* L24, 78/1b
Nebenrolle, die, -n L19, 10/2
Neuanfang, der, -anfänge L24, 70/1a
• neugierig L24, 69/1c
• neulich L19, 14/2a
• nicht nur ..., sondern auch ... L22, 51/3
nicht zuletzt L24, 70/1a
• Niederländisch *(Sprache)* L19, 8/1a
niederschlagen L21, 38/1a
niedlich L24, 73/5c
• nirgends L23, 63/2
nirgendwohin L23, 63/3
Niveau, das, -s L20, 30/1
• Nordamerika L24, 78/1b
• norddeutsch L19, 8/1a
• Norddeutsche, der / die, -n L21, 33/2a
• Nordsee, die *(nur Sing.)* L19, 8
• nützlich L20, 27/4b

O

Oberbürgermeister, der, - / Oberbürgermeisterin, die, -nen L21, 36/1c
oberhalb L23, 59/4a
Ochse, der, -n L21, 36/1b
offensichtlich L21, 38/1a
Öffentliche Nahverkehr, der *(nur Sing.)* L19, 15/4b
Oktoberfest, das *(hier nur Sing.)* L21, 33/2a
Ölfleck, der, -e L19, 12/1b
Olympiade, die, -n L20, 29/3a
Olympische Spiele *(nur Pl.)* L20, 29/2
• Operation, die, -en L22, 47/2b
• operieren L21, 41/4b
• Opposition, die, -en L23, 60/2a
optimal L24, 70/1a
optisch L21, 33/2a
(sich) orientieren L23, 64/1a
orthodox L23, 65/4
örtlich L23, 64/1a
Ortsname, der, -en L23, 58/1a
Ortstafel, die, -n L23, 58/1a
Ortszentrum, das, -zentren L22, 50/1b
• ... Ost L24, 73/3a
Ostfriesland L19, 18/1b
• Ostsee, die *(nur Sing.)* L19, 16/2a

P

• packen L22, 53/4c
Pädagoge, der, -n / Pädagogin, die , -nen L24, 74/1b
Pappe, die, -n L22, 53/4c
Paradies, das, -e L23, 56/1a
• parken (Auto) L23, 63/2
• Parkhaus, das, -häuser L23, 63/2
parlamentarisch L23, 60
Parlamentswahl, die, -en L23, 61/3
• Pass, der, Pässe L20, 22/1a
Patientengespräch, das, -e L22, 47/2
pausenlos L22, 53/4c
peinlich L22, 52/2b
pensioniert L19, 15/4b
Perspektive, die, -n L24, 73/3a
Perücke, die, -n L20, 30/1
Pfalz, die L20, 29/2
Pfeffersack, der, -säcke *(Schimpfwort)* L19, 16/2a
Pfeife, die, -n L24, 73/5c
pflanzlich L22, 47/2a
Pflegefall, der, -fälle L24, 70/1a
• pflegen (Menschen) L22, 47/2b
pflegen (Tradition) L23, 56/1a
Pilgerfahrt, die, -en L23, 64/2a
pilgern L23, 64/2a
Pirat, der, -en L19, 16/2a
Piste, die, -n L22, 45/3a
Plakat, das, -e L20, 28/2
Planetarium, das, Planetarien L24, 78
plappern L22, 53/4c
• Plastik, das *(nur Sing.)* L19, 15/4a
platzen L21, 33/2a
Plejaden *(nur Pl.)* L24, 78/2
• Pneu, der, -s *(CH)* L20, 30/1
Po, der, -s L24, 74/1b
Polizeibericht, der, -e L21, 38/1
Pony, das, -s L23, 62/1b
• Portemonnaie, das, -s L20, 30/1
porträtieren L24, 69/1c
Porzellan, das *(nur Sing.)* L19, 18/1b
Porzellantasse, die, -n L19, 18/1b
Postgeschäfte *(nur Pl.)* L19, 15/4a
Poststelle L19, 10/2
• praktisch *(so gut wie)* L24, 70/1a
Pressekonferenz, die, -en L21, 39/3b
Preuße, der, -n / Preußin, die, -nen L21, 33/2a
Preußen L20, 29/2
Prinzessin, die, -nen L21, 36/1c
pro *(für)* L22, 47/2b
problematisch L22, 50/2
problemlos L20, 22/1a
Prognose, die, -n L24, 76/1b
Programmpunkt, der, -e L23, 57/2a
Propaganda, die *(nur Sing.)* L20, 28/1
protestantisch L23, 65/4
• protestieren L19, 14/1a

• Psychologie, die *(nur Sing.)* L24, 70/1a
• Punkt (12 Uhr) L21, 36/1c

Q

Qualifikation, die, -en L24, 74/1b
Quatsch, der *(nur Sing.)* L24, 76/2
Quelle, die, -n L19, 14/2a

R

im Rahmen L19, 11/4a
Rand, der, Ränder L24, 72/3a
rasten L19, 11/4a
• raten (jemandem raten etw. zu tun) L21, 41/4b
Ratespiel, das, -e L24, 75/5
raussuchen (= heraussuchen) L20, 27/4b
• reagieren L21, 42/1a
• Reaktion, die, -en L24, 70/1a
Realpolitik, die *(nur Sing.)* L20, 30/3a
rebellieren L24, 73/3a
• Recherche, die, -n L21, 37/5
recherchieren L21, 37/5
• zu Recht L21, 33/2a
Rechtsschutzversicherung, die, -en L20, 26/1a
Rechtsstreit, der *(nur Sing.)* L20, 26/2
Recycling, das *(nur Sing.)* L19, 14/1a
• Regel, die, -n L20, 22/1a
• regelmäßig L22, 49/4
Regie, die *(nur Sing.)* L21, 42/1c
Regieanweisung, die, -en L21, 42/1c
Regierungschef, der, -s L23, 56/1a
Regierungspartei, die, -en L23, 60/2a
Regime, das, -s L24, 73/3a
regional L23, 64/1a
• Reifen, der, - L20, 25/5a
Reihenhaus (-häuschen), das, -häuser (-häuschen) L20, 28/1
• rein *(Adv.) (völlig)* L23, 59/4a
Reinling, der, -e *(regional)* L23, 62/1b
• Reisebüro, das, -s L21, 40/1b
Reisemöglichkeit, die, -en L23, 58/3
• Rekord, der, -e L21, 36/1
religiös L23, 64/1a
• rennen L24, 72/2a
Rennschwein, das, -e L24, 72/2a
Rentenalter, das *(nur Sing.)* L24, 70/2
Rentenversicherung, die, -en L20, 26/1a
• reparieren L21, 32/1
Requisite, die, -n L21, 42/1d
• retten L19, 17/4c
das Leben retten L22, 47/2b
Rettung, die, -en L19, 9/2a
Rettungsdienst, der, -e L19, 9/2a
Rhythmus, der, Rhythmen L19, 9/2a
• Richtung, die, -en L19, 16/2a
• in Richtung L19, 16/2a
Ringelschwanz, der, -schwänze L24, 73/5c
Ringelspiel, das, -e L23, 62/1b
Ringelspielrunde, die, -n L23, 62/1b
ringen L24, 74/1a
Ringen, das *(nur Sing.)* L24, 74/1a
Ringkampfsport, der *(nur Sing.)* L24, 74/1b
ringsumher L22, 54/2a
Ritus, der, Riten L23, 65/3
Rollenbiografie, die, -n L21, 40/1b
• Romanisch *(Sprache)* L22, 48/2
rüber (= herüber) L20, 28/1
Rückspiegel, der, - L20, 25/5a
• rückwärts L20, 25/6a
rühren L22, 48/2
• Rumänien L20, 22/1a
Rummel, der *(nur Sing.)* L21, 36/1c
Runde, die, -n L23, 62/1b
runtergehen (= heruntergehen) L22, 53/2b
Rüssel, der, - L24, 72/2a
rüstig L24, 70/1a

S

Saargebiet, das L20, 29/2
Saarland, das L20, 20
Saarländer, der, - / Saarländerin, die, -nen L20, 29/2
saarländisch L20, 28/1
Sachbuch, das, -bücher L24, 72/2b
saftig L21, 35/3a
Sage, die, -n L23, 66/2
Säge, die, -n L22, 48/2
• Sahne, die *(nur Sing.)* L19, 18/1b
Sahnewölkchen, das, - L19, 18/1b
saisonabhängig L22, 51/3
salzig L19, 11/3d
Sandburg, die, -en L19, 13/4a
sandig L19, 12/1b
Sandwüste, die, -n L19, 12/1b
• Schaden, der, Schäden L20, 24/2
Schadenfreude, die *(nur Sing.)* L20, 30/3a
Schadensersatz, der *(nur Sing.)* L20, 26/2
Schadensfall, der, -fälle L20, 26/1b
schädlich L19, 14/1a
• schalten (in den 1., 2. *usw.* Gang) L20, 25/5b
Schar, die, -en L19, 11/4a
• Schatten, der, - L21, 36/1c
Schattenseite, die, -n L21, 36/1c
Schaubild, das, -er L23, 61/2b
• sich scheiden lassen L21, 40/1b
• Schein, der, -e (Geld) L23, 63/2
• scheinen (+ zu + *Inf.*) L24, 70/1a
• Schicht, die, -en L24, 68/1a
Schiedsrichter, der, - / Schiedsrichterin, die, -nen L24, 75/3
Schiffsbau, der *(nur Sing.)* L19, 9/2a
schildern L24, 73/3a
• schimpfen L23, 66/1
• schlagen (Rekord) L21, 36/1c
• schließlich L21, 40/1b
• schlimm L20, 28/1
Schluck, der, -e L19, 18/1b
• Schmuck, der *(nur Sing.)* L19, 16/2a
Schmutz, der *(nur Sing.)* L19, 14/1
Schnaps, der, Schnäpse L19, 16/2a
Schnecke, die, -n L19, 13/2b
• Schnee, der *(nur Sing.)* L22, 52/2a
Schneefeld, das, -felder L22, 54/2a
Schneesport, der *(nur Sing.)* L22, 52/2a
• schön *(Adv.) (angenehm)* L19, 18/1b

Schoß, der, Schöße L24, 73/5c
Schreibung, die, -en L20, 30/1
• schuld sein (an + *Akk.*) L20, 27/4b
Schulmedizin, die *(nur Sing.)* L22, 46/1
Schulsprecher, der, - / Schulsprecherin, die, -nen L19, 15/4b
• (sich) schützen (vor + *Dat.*) L19, 9/2a
Schutzpatron, der, -e L23, 64/1a
• schwach L22, 53/2b
Schwager, der, - / Schwägerin, die, -nen L21, 32
• schwanger L24, 78/1b
Schwangerschaft, die, -en L24, 70/1a
Schwanz, der, Schwänze L24, 73/5c
schwärmen L21, 35/5b
• schweigen L23, 64/2a
Schwein, das, -e L24, 72/2a
• schwer (Unfall, Krankheit) L20, 26/2
Schwert, das, -er L19, 16/2a
• Schwiegertochter, die, -töchter L21, 40/1b
• Schwierigkeit, die, -en L21, 40/1b
See, die *(nur Sing.)* L19, 9/2a
Seele, die, -n L22, 47/2b
Seeräuber, der, - L19, 16
Seeweg, der, -e L19, 17/2b
Segelkurs, der, -e L19, 15/4b
segeln L19, 12/1b
Segelschiff, das, -e L19, 17/2a
• sehen (nach + *Dat.*) *(sich kümmern um)* L20, 24/2
sehenswert L21, 37/5
Sehnsucht, die, -süchte L19, 8/1b
seitdem *(Subjunktion)* L19, 14/2a
seitdem *(Adv.)* L21, 36/1c
• zur Seite fahren, gehen *usw.* L20, 24/2
Sek. (= Sekunde) L24, 74/1b
Selbstständigkeit, die *(nur Sing.)* L20, 28/1
selektiv L19, 16/1
seltsamerweise L21, 38/1a
Seminar, das, -e L24, 70/1a
Seminarbetrieb, der *(nur Sing.)* L24, 70/1a
Sendereihe, die, -n L24, 69/1c
senil L21, 40/1b
• senkrecht L22, 53/2b
setzen (Grenzen) L23, 56/1a
setzen *(platzieren)* L24, 78/1b
Sicht, die *(nur Sing.)* L19, 16/2a
in Sicht sein L19, 16/2a
sichtbar L19, 12/1b
Siebengestirn, das *(hier nur Sing.)* L24, 78/2
siedeln L23, 59/4a
Siedler, der, - L23, 59/4a
Silber, das *(nur Sing.)* L19, 16/2a
Silbermedaille, die, -n L24, 74/1b
Silberschmuck, der *(nur Sing.)* L19, 16/2a
• sinken L21, 39/3a
Sinn, der, -e L19, 12/1c
sinnvoll L21, 41/4b
Sitte, die, -n L23, 64/1a
sitzend (Tätigkeit) L22, 49/4
Ski, der, -er L22, 45/3a
Skibrille, die, -n L22, 52/2b
Skikurs, der, -e L22, 45/3a
Skilift, der, -e (*od.* -s) L22, 53/2b
Skipiste, die, -n L22, 45/3a
Skispringen, das *(nur Sing.)* L24, 75/3
• Slawe, der, -e / Slawin, die, -nen L23, 59/4a
• Slowakei, die L24, 72/1b
• Slowene, der, -n / Slowenin, die, -nen L23, 58/1c
• Slowenien L23, 56/1a
• slowenisch *(Adj.)* L23, 56/1a
• Slowenisch *(Sprache)* L23, 56/1a
• Smog, der *(nur Sing.)* L19, 14/1a
Smogalarm, der *(nur Sing.)* L19, 14/1a
SMS, die, - L22, 52/2
Snowboard, das, -s L22, 51/3
so was von ... *(ugs.)* L22, 53/2b
sobald L22, 54/2a
• Soldat, der, -en L20, 28/1
• Sonder- L24, 70/1a
• Sonderrolle, die, -n L24, 70/1a
Sonnenschein, der *(nur Sing.)* L22, 54/2a
Sonnenuntergang, der, -gänge L19, 13/4a
• Soße, die, -n L20, 30/1
sowie L21, 38/1a
Sozialdemokrat, der, -en / Sozialdemokratin, die, -nen L20, 28/1
Sozialhilfe, die *(nur Sing.)* L20, 22/1a
Sozialpädagoge, der, -n / Sozialpädagogin, die, -nen L19, 15/4b
Sozialversicherung, die, -en L20, 22/1a
• sparen L19, 14/1a
Spaßmeile, die, -n L23, 56/1a
(sich) spiegeln L24, 73/3a
Spieler, der, - / Spielerin, die, -nen L24, 75/3
spinnen L24, 70/1a
Spinning, das *(nur Sing.)* L24, 74/1b
Spitze, die, -n L22, 54/2a
Spitzenposition, die, -en L24, 77/3b
Sponsor, der, -en L24, 74/1b
Sportart, die, -en L24, 74/1a
Sportgymnasium, das, -gymnasien L24, 74/1b
Sportler, der, - / Sportlerin, die, -nen L24, 75/2a
Sportschule, die, -n L22, 52/2a
Sportverein, der, -e L24, 74/1
sprachlich L23, 56/1b
Sprechmelodie, die, -n L24, 73/5
• Sprichwort, das, -wörter L19, 18/1a
Springbrunnen, der, - L24, 72/2a
Sprint, der, -s L24, 74/1b
• Spritze, die, -n L22, 47/2b
• Spur, die, -en L19, 12/1b
• Sprung, der, Sprünge L24, 74/1b
Staatsangehörige, der / die, -n L20, 22/1a
• Staatsangehörigkeit, die, -en L20, 22/1a
Staatsbürger, der, - / Staatsbürgerin, die, -nen L23, 60/1a

Staatsbürgerschaft, die, -en L20, 22/1b
Staatschef, der, -s L23, 60/2a
Staatsgebiet, das, -e L23, 60/2a
• Stadion, das, Stadien L24, 68/1a
Städtchen, das, - L23, 56/1a
Stadtverwaltung, die, -en L19, 15/4a
Staffel, die, -n *(Sport)* L24, 74/1b
Stall, der, Ställe L19, 10/1
stammen (aus + *Dat.*) L20, 20/1a
Stand, der, Stände *(gesellschaftlich)* L23, 64/1a
ständig L19, 11/4a
• stehen auf *(Ampel)* L20, 24/1a
• steigen (in den Wagen) L24, 75/3
(sich) steigern L22, 54/2a
Steinkohle, die, -n L20, 29/2
Steinkohlebergbau, der *(nur Sing.)* L20, 29/2
Step, der *(nur Sing.)* L24, 74/1b
• Stern, der, -e L24, 76/1b
Sternbild, das, -er L24, 78/1
• Steuer, die, -n *(Abgabe an den Staat)* L22, 49/4
Stichwort, das, -wörter L20, 29/3a
• still L22, 54/2a
Stille, die *(nur Sing.)* L19, 12/1b
• Stimme, die, -n *(Wahl)* L23, 60/2a
• stimmen (für + *Akk.*, gegen + *Akk.*) L20, 28/1
• Stoff, der, -e *(Gewebe)* L19, 16/2a
• Stoff, der, -e *(Substanz)* L22, 47/2b
Stövchen, das, - L19, 18/1b
straffen L24, 74/1b
Straftat, die, -en L20, 22/1a
Strafzettel, der, - L23, 63/2
Strandkorb, der, -körbe L19, 12/1b
Strategie, die, -n L19, 16/1
Strich, der, -e L23, 63/5a
strikt L21, 41/4b
• Strom, der *(nur Sing.)* L19, 14/1a
Stromverbrauch, der (nur Sing.) L19, 14/1a
Struktur, die, -en L23, 56/1b
Studienabschluss, der, -schlüsse L24, 70/1a
• Studio, das, -s *(Sportstudio)* L24, 74/1b
• Sturm, der, Stürme L19, 8/1b
Sturmflut, die, -en L19, 9/2a
Sturmgebraus, das *(nur Sing.)* L19, 8/1b
stürmisch L19, 10
• (sich) stürzen (auf + *Akk.*, in + *Akk.*) L19, 16/2a
Suchbegriff, der, -e L21, 37/5
südwestlich L19, 11/4a
• Summe, die, -n L20, 26/1b
surfen (auf dem Wasser) L19, 11/1b

T

eines Tages L19, 17/2b
tagsüber L23, 56/1a
Talhof, der, -höfe L22, 48/2
Talstation, die, -en L22, 51/3
Tank, der, -s L20, 25/5a
• tanken L24, 75/3
Tanne, die, -n L22, 54/2a
• Tanz, der, Tänze L23, 56/1a
• Tat, die, -en L21, 38/1a
• Täter, der, - / Täterin, die, -nen L21, 38/1a
• Technik, die, -en L19, 14/2a
Teegeschirr, das, -e L19, 18/2a
Teelöffel, der, - L19, 18/1b
zu gleichen Teilen L19, 16/2a
• (sich) teilen L19, 16/2a
teilhaben L24, 69/1c
teilweise L20, 22/1a
Teilzeit, die, -en L22, 49/4
• telefonieren L20, 24/2
Tempel, der, - L23, 64/2a
für teures Geld L19, 17/2a
Textbaustein, der, -e L23, 66/1
Thai Bo, das *(nur Sing.)* L24, 74/1b
• tief (runter) L22, 53/2b
bis tief in die Nacht L19, 16/2a
Tiefschnee, der *(nur Sing.)* L22, 52/2b
Tierpfleger, der, - / Tierpflegerin, die, -nen L19, 15/4b
• Titel, der, - L24, 72/2
Tombola, die, -s L24, 72/3a
Tonne, die, -n L19, 15/4a
Tourismus, der *(nur Sing.)* L19, 9/2a
Tourismusbranche, die *(nur Sing.)* L22, 51/3
touristisch L23, 56/1b
Tracht, die, -en L23, 56/1a
tragisch L24, 73/3a
Trainer, der, - / Trainerin, die, -nen L24, 75/3
Traktor, der, -en L22, 48/2
• Transport, der, -e L21, 36/1c
• transportieren L22, 48/2
• trennen L19, 14/1b
• treten L22, 53/4c
• treu L24, 69/1c
• sich treu bleiben L24, 69/1c
• Trottoir, das, -s *(CH)* L20, 30/1
• trotz + *Gen.* L23, 64/1a
Turnclub, der, -s L24, 74/1
turnen L24, 74/1a
Turnen, das *(nur Sing.)* L24, 74/1a
Turnier, das, -e L24, 74/1b
TV (= Television) L24, 69/1c

U

u. a. (= unter ander-) L20, 22/1a
üben (Verhalten) L23, 64/1a
überallhin L19, 15/4b
überfallen L19, 17/2a
überfluten L19, 10/1
• überholen L20, 25/6a
• übernachten L19, 10/2
• überqueren L20, 24/1a
Übersee *(ohne Artikel, nur Sing.)* L19, 18
übersehen L20, 25/6a
• übersetzen L23, 59/5
Übersetzung, die, -en L19, 8/1b
übertreiben L21, 35/4a
überwiegend L23, 64/1a
• Überzeugung, die, -en L20, 22/1a
• der Überzeugung sein L24, 76/1b
• üblich L19, 18/2a
• übrig *(Adj.)* L24, 73/3a
übrig lassen L19, 10/1
• um … zu … L20, 22/1a
• umarmen L21, 38/1a
umfallen L19, 14/2a
umgehen (mit + *Dat.*) L19, 14/2a
Umgehungsstraße, die, -n L19, 15/4a

umrühren L19, 18/1b
Umstrukturierung, die, -en L23, 64/1a
umweltfeindlich L19, 14/1a
umweltschädlich L19, 14/1a
Umweltschmutz, der *(nur Sing.)* L19, 14/1
Umweltschutz, der *(nur Sing.)* L19, 9/2a
Umweltschutzbewegung, die, -en L19, 14/1a
Umweltschützer, der, - L19, 14/2a
Umweltschutzprojekt, das, -e L19, 9/2a
Umzug, der, Umzüge *(Festumzug)* L23, 56/1a
• unabhängig L22, 51/5
unaufhörlich L19, 9/2a
• unbemerkt L19, 16/2a
• Unfall, der, Unfälle L20, 24
Unfallbericht, der, -e L20, 27/4b
unfallfrei *(Adv.)* L20, 27/4b
Unfallgegner, der, - L20, 24/3
Unfallversicherung, die, -en L20, 26/1a
Unfallzeuge, der, -n L20, 24/1a
• ungünstig L19, 10/2
• unklar L19, 11/5
• unsicher L19, 16/2a
unsicher machen L19, 16/2a
Unsinn, der *(nur Sing.)* L19, 14/2a
untergehen (Sonne) L19, 16/2a
Unterscheidung, die, -en L22, 46/1
unterstreichen L19, 15/2b
Unterstützung, die, -en L20, 26/2
unvorsichtig L20, 25/6a
Urlaubsantrag, der, -anträge L22, 49/4
Urlaubsziel, das, -e L23, 56/1a
seit Urzeiten *(nur Pl.)* L19, 9/2a
usw. (= und so weiter) L20, 22/1a

V

v. a. (= vor allem) L23, 64/1a
Variante, die, -n L24, 73/5a
• (sich) verändern L22, 50/2
• verantwortungsvoll L19, 14/2a
verarbeiten L22, 48/2
Verarbeitung, die *(nur Sing.)* L19, 9/2a
• verbessern L20, 23/3
• verbinden (mit + *Dat.*) L20, 27/4b
Verbrauch, der *(nur Sing.)* L19, 14/1a
verdoppeln L19, 15/4a
verehren L23, 64/1a
• Verfahren, das, - L22, 46/1
Verfilmung, die, -en L22, 54/3b
• im Vergleich zu L21, 39/3a
• vergleichen (mit + *Dat.*) L19, 9/2b
• Vergnügen, das *(nur Sing.)* L23, 62/1b
Vergnügung, die, -en L23, 64/1a
Vergnügungspark, der, -s L23, 56/1a
• verhaften L21, 38/1a
Verhaftung, die, -en L21, 39/3a
sich verirren L24, 78/2
Verkehrsverein, der, -e L22, 45/3a
• Verkehrszeichen, das, - L20, 25/6a
Verlangen, das *(nur Sing.)* L22, 54/2a
verlegen (auf / in + *Temporal-Angabe*) L23, 64/1a
• verletzen L21, 38/1a
• verletzt L20, 24/2
• Verletzte, der / die, -n L20, 24/2
• sich verlieben L22, 53/2b
verloren gehen L23, 62/1b
vermitteln L22, 45/3a
• vermuten L22, 48/1
vermutlich L22, 45/3b
• Versammlung, die, -en L19, 15/4
verschicken L22, 52/2a
verschmutzen L19, 14/1a
verschwinden L21, 38/1a
• (sich) versichern (gegen + *Akk.*) L20, 26/1b
• Versichertenkarte, die, -n L19, 11/5
• Versicherung, die, -en L20, 24/2
Versicherungsnummer, die, -n L20, 27/4b
Versicherungsschein, der, -e L20, 26/1b
Versicherungssumme, die, -n L20, 26/1b
versinken L19, 9/2a
versorgen L20, 24/3
Versorgung, die *(hier nur Sing.)* L23, 60/2a
verständigen L21, 38/1a
Verständnis, das *(nur Sing.)* L24, 72/3a
verstärkt *(Adv.)* L19, 14/2a
vertreten (Position) L19, 15/4b
• verursachen L19, 9/2a
• verurteilen L20, 22/1a
• Verwaltung, die, -en L23, 60/2a
(sich) verwandeln (in + *Akk.*) L24, 78/1b
verwirklichen L24, 70/1a
verwirrt (sein) L21, 40/1b
verzehren L21, 36/1b
Vetter, der, - L20, 30/1
• Videokamera, die, -s L21, 38/1a
• Vieh, das *(nur Sing.)* L22, 48/2
• Visum, das, Visa L20, 22/1a
• Vogel, der, Vögel L19, 12/1b
Volksabstimmung, die, -en L20, 28/1
Volksfest, das, -e L21, 36/1
Volksleben, das *(nur Sing.)* L23, 64/1a
Volksmusik, die, -en L23, 56/1a
Volkstanz, der, -tänze L23, 56/1a
voll *(Adv., ugs.)* L22, 52/2b
Vorabend, der, -e L23, 66/1
• vorbeifahren L20, 24/3
vorbeiziehen L24, 75/3
Vorfahre, der, -n L20, 22/1a
• Vorfahrt, die *(nur Sing.)* L20, 24/1a
Vorhersage, die, -n L24, 77/4
vorhersagen L24, 77/4
Vorjahr, das, -e L21, 39/3a
vorletzt- L21, 36/1c
• Vormittag, der, -e L21, 36/1c
sich vornehmen L24, 70/1a
• Vorort, der, -e L21, 32/1
vorspielen L21, 42/1d
• Vortrag, der, Vorträge L22, 50/1a

W

• Wagen, der, - L21, 32/1
wahlberechtigt L23, 60/2a
• wählen *(politisch)* L20, 22/1b

• wahrscheinlich L22, 44/2
Waldsterben, das *(nur Sing.)* L20, 30/3a
Warft, die, -en L19, 10/1
Warnblinker, der, - L20, 24/2
Warndreieck, das, -e L20, 24/2
• warnen (vor + *Dat.*) L23, 66/1
• was für L22, 44/2
was ... alles ... ? L22, 44/1
waschecht L21, 34/1
Wasserversorgung, die *(hier nur Sing.)* L23, 60/2a
Watt, das, -en *(meist nur Sing.)* L19, 9/2a
Wattenmeer, das, -e L19, 9/2a
Wattwandern, das *(nur Sing.)* L19, 9/2a
Wattwanderung, die, -en L19, 12/1
Wechselgeld, das *(nur Sing.)* L21, 38/1a
• weder ... noch ... L22, 51/3
wegen L20, 22/1a
• weiblich L24, 74/1b
• weich L19, 12/1b
weit und breit L19, 16/2a
Weite, die, -n L19, 9/2a
Weiterfahrt, die, -en L19, 10/2
Weitsprung, der *(nur Sing.)* L24, 74/1b
Welle, die, -n L19, 8/1b
Weltanschauung, die, -en L20, 30/3a
Weltcup, der, -s L24, 74/1b
weltlich L23, 64/1a
Weltschmerz, der *(nur Sing.)* L20, 30/3a
Wende, die *(hier nur Sing.) (DDR)* L24, 73/3a
wenig später L21, 38/1a
die wenigsten L24, 70/1a
• werden (aus + *Dat.*) L24, 70/1a
• werfen L19, 15/4a
werfen (aus der Wohnung) L21, 40/1b
• wertvoll L19, 16/2a
• wesentlich L22, 53/2b
Wettbewerb, der, -e L24, 73/4
Wettkampf, der, -kämpfe L24, 74/1b
• wichtig sein + *Dat.* (*od.* + zu + *Inf.*) L21, 41/4b
• wiederkommen L22, 51/3
Wiege, die, -n L19, 8/1b
Wiegenlied, das, -er L19, 8/1b
• Wiese, die, -n L21, 36/1c
Wiesn, die *(Name)* L21, 36/1c
wild L19, 9/2a
Windenergie, die *(nur Sing.)* L19, 14/2a
windig L19, 9/2b
Windkraft, die *(nur Sing.)* L19, 9/2a
Windkraftanlage, die, -n L19, 9/2a
Windkraftenergie, die *(nur Sing.)* L19, 14/2a
Windkraftwerk, das, -e L19, 14/2a
Windmühle, die, -n L19, 14/2a
Windrad, das, -räder L19, 9/2a
Winterhalbjahr, das, -e L19, 10/1
Wintersport, der *(nur Sing.)* L22, 50/1b
wirken L22, 47/2b
• Wirkung, die, -en L19, 18/1a
• Wirt, der, -e L21, 36/1b
wirtschaftlich L20, 28/1
einmal, zweimal *usw.* die Woche L19, 15/4b
Woge, die, -n L19, 8/1b
Wohnmobil, das, -e L21, 32/1a
Wortschatz, der, -schätze *(meist Sing.)* L23, 60/2a
wünschenswert L22, 50/2
Wurm, der, Würmer L19, 13/2b
Würstl, das, - *(regional)* L21, 36/1b

Z

• zahlreich L24, 70/1a
zaubern L20, 23/3
Zebrastreifen, der, - L20, 24/1a
zu Zeiten + *Gen.* L22, 48/2
• Zeuge, der, -n / Zeugin, die, -nen L20, 24/1a
ziehen *(kommen, fahren)* L19, 8/1b
• ziehen (eine Sache) L19, 16/2a
ziehen (Tee) L19, 17/1b
• ziehen *(umziehen)* L21, 40/1b
Zitat, das, -e L21, 33/2a
zubereiten L19, 18/2b
Zubereitung, die *(nur Sing.)* L19, 18/1b
Zubereitungsart, die, -en L19, 18/2a
zueinander stehen L21, 42/1a
Zug, der, Züge *(Festzug)* L21, 36/1c
zukommen (auf + *Akk.*) L24, 77/3b
• in Zukunft L19, 14/2a
zumeist L23, 64/1a
• zunehmen *(steigen)* L21, 39/3a
zunehmend L21, 40/1b
• zurückkehren L20, 29/2
• zurückrufen L20, 27/4c
• (sich) zurückziehen L19, 13/2b
Zusammenbruch, der, -brüche L24, 73/3a
• zusammenfallen (mit + *Dat.*) L23, 64/1a
Zusammenfassung, die, -en L19, 16/1a
• zusammengehören L23, 63/2
• zusammenhalten L24, 74/1b
• zusammenstoßen L20, 24/1a
• zuschauen L19, 13/4a
zuschreiben L19, 18/1a
zustimmen L22, 47/2d
Zustimmung, die *(hier nur Sing.)* L19, 15/2b
zutreffen L24, 76/1b
Zuwanderer, der, - / Zuwanderin, die, -nen L20, 22/1a
zuwandern L20, 22/1a
Zweig, der, -e *(Branche)* L19, 9/2a
zweisprachig L23, 56/1a
Zweisprachigkeit, die *(nur Sing.)* L23, 56/1a
• zwischen (1999 und 2002) L19, 16/2a

Quellennachweis

Kursbuch

S. 8/9: Hintergrundbild und Vignette: Georg Quedens, Norddorf-Amrum • Nordseestrand: S. 8: Georg Quedens, Norddorf • 9: Deich: Mauritius (Otto), Mittenwald • S. 10: Hallig: Mauritius, Mittenwald • S. 11: Mann: MEV, Augsburg • S. 11: Frau: EKS - Klett Edition Deutsch, Stuttgart • S. 12: Ebbe: Georg Quedens, Norddorf • S. 12: Flut: Georg Quedens, Norddorf • S. 13: Strand: Corel Corporation, Unterschleißheim • S. 15: Windräder: Ulrike Albrecht, Tübingen • S. 16: Flagge: Corbis Digital Stock, London • S. 18: Tee: 2 Fotos: MEV, Augsburg • S. 20/21: Hintergrundbild und Vignette: Saarschleife: MEV, Augsburg • S. 21: 2 Fotos: EKS - Klett Edition Deutsch, Stuttgart • S. 23: Paar: EKS - Klett Edition Deutsch, Stuttgart • S. 24: Paar: EKS - Klett Edition Deutsch, Stuttgart • S.27: Büro: MEV, Augsburg • S. 28: Frau: EKS - Klett Edition Deutsch, Stuttgart • S. 28: Straßenbild: ullstein bild, Berlin • S. 32/33: Hintergrundbild und Vignette: ullstein bild, Berlin • S. 32: Mann: MEV, Augsburg • S. 33: Mann: EKS - Klett Edition Deutsch, Stuttgart • S. 33: Frau: EKS - Klett Edition Deutsch, Stuttgart • S. 34: München: MEV, Augsburg • S. 35: Marienplatz: Getty Images (Photodisc), München • S. 36: Fassanstich: DPA (Frank Leonhardt), Hamburg • S. 36: Festwirte: Mauritius (Schmid), Mittenwald • S. 38: Festzelt: MEV, Augsburg • S. 40: Beimer: Lindenstraße, Köln • S. 40: Wittich: Lindenstraße, Köln • S. 40: Scholz: Lindenstraße, Köln • S. 44/45: Hintergrundbild und Vignette: Kur- u. Verkehrsverein Pontresina, Pontresina • S. 44: Frau: EKS - Klett Edition Deutsch, Stuttgart • S. 44: Mann: EKS - Klett Edition Deutsch, Stuttgart • S. 45: Frau: EKS - Klett Edition Deutsch, Stuttgart • S. 45: Mann: MEV, Augsburg • S. 46: Anzeigen: Orthopädisches traumatologisches sportmedizinisches Zentrum, Spital Oberengadin; Zentrum für traditionelle chinesische Medizin, St. Moritz • S. 48: 5 Fotos: ullstein bild, Berlin • S. 50: 3 Fotos: Kur- u. Verkehrsverein Pontresina, Pontresina • S. 54: Buch: Klett-Archiv, Stuttgart • S. 56/57: Hintergrundbild und Vignette: Tourismus Villach Warmbad, Villach-Landskron • S. 56: Karte: Geoatlas (RF), Hendaye • S. 56: Schild: Angela Kilimann, Zorneding • S. 57: Wörthersee: Mauritius (Weinhäupl),Mittenwald • S. 57: Kutsche: Tourismus Villach Warmbad, Villach-Landskron • S. 58: Schild: Angela Kilimann, Zorneding • S. 58: Mann: EKS - Klett Edition Deutsch, Stuttgart • S. 64: Lexikonartikel: Meyers Großes Taschenlexikon, Bibliographisches Institut & F.A. Brockhaus, Mannheim • S. 65: Tempel: Getty Images (Photodisc), München • S. 65: Synagoge: Corel Corporation, Unterschleissheim • S. 65: Kirche: MEV, Augsburg • S. 65: Tempel: Getty Images (Photodisc), München • S. 65: Moschee: Corel Corporation, Unterschleissheim • S. 66: Wörtherseemandel: EKS - Klett Edition Deutsch, Stuttgart • S. 68/69: Hintergrundbild und Vignette: Jena: Fotoagentur Version (Christian Ditsch), Köln • S. 68: Mann: EKS - Klett Edition Deutsch, Stuttgart • S. 68: Frau: Corbis, Düsseldorf • S. 69: Mann: EKS - Klett Edition Deutsch, Stuttgart • S. 69: Frau: EKS - Klett Edition Deutsch, Stuttgart • S. 70: Frau: Corbis, Düsseldorf • S. 71: Jena: PUNCTUM-Fotografie, Leipzig • S.72: Bücher: MEV, Augsburg • S. 72: „Das Muschelessen": Fischer Taschenbuchverlag, Frankfurt • S. 72: „33 Augenblicke des Glücks": dtv, München • S. 72: „Rennschwein Rudi Rüssel": Nagel & Kimche, Zürich • S. 72: „Am kürzeren Ende der Sonnenallee": Fischer Taschenbuchverlag, Frankfurt • S. 72: „Der Zimmerspringbrunnen": Kiepenheuer & Witsch, Köln • S. 72: „Die 50 Gedichte": Landpresse Verlag, Weilerswist • S. 73: „Rennschwein Rudi Rüssel": Nagel & Kimche, Zürich • S. 74: 8 Fotos: Corbis Digital Stock, London • S. 74: Turn- und Sportverein Jena: www.tusjena.de, TuS Jena e.V. • S. 76: Frau: EKS - Klett Edition Deutsch, Stuttgart • S. 77: Gruppe: MEV, Augsburg • S. 77: Frau: Corbis Digital Stock, London • S. 78: Wie die Sternbilder entstanden: www.planetarium-jena.de, Katrin Mann, Zeiss-Planetarium, Jena • S. 78: Sternenhaufen: Getty Images (Photodisc), München

Übungsbuch

S. 83: Haus: Ulrike Albrecht, Tübingen • S. 84: Nordseestrand: Georg Quedens, Norddorf • S. 85: Deich: Mauritius (Otto), Mittenwald • S. 84: Pellworm: www.nordsee-treff.de, Ralf Eggert Internetdienste • S. 85: Amrum: www.amrum.de, Amrum Touristik • S. 85: Schiff: Ulrike Albrecht, Tübingen • S. 88: Windräder: Ulrike Albrecht, Tübingen • S. 89: Windräder auf Pellworm: www.pellworm-energy.org/html/Windkraft_de.html, Medienbüro Barke & Partner, Köln • S. 94: Flagge: Corbis Digital Stock, London • S. 99: Saarschleife: MEV, Augsburg • S. 100: Paar: EKS - Klett Edition Deutsch, Stuttgart • S. 108: Kraftfahrzeug-Versicherung: www.a-v-d.de/sach/kfz.htm, AVD Allgemeiner-Versicherungs-Dienst, Dortmund • S. 117: Marienplatz: Getty Images (Photodisc), München • S. 119: Festwirte: Mauritius (Schmid), Mittenwald • S. 125: Wittich und Scholz: Lindenstraße, Köln • S.131: Mann: MEV, Augsburg • S. 131: Frau: MEV, Augsburg • S. 138: Grafik: dpa, Hamburg • S. 140: 2 Fotos: Kur- u. Verkehrsverein Pontresina, Pontresina • S. 143: Dorf: Kur- u. Verkehrsverein Pontresina, Pontresina • S. 144: Buch: Klett-Archiv, Stuttgart • S. 148: Kutsche: Tourismus Villach Warmbad, Villach-Landskron • S. 149: Schild: Angela Kilimann, Zorneding • S. 164: Frau: Corbis, Düsseldorf • S. 165: Pressemitteilung vom 16. August 2002: Statistisches Bundesamt, Wiesbaden • S. 165: Studieren über 50: Friedrich-Schiller-Universität Jena • S.168: „Rennschwein Rudi Rüssel": Nagel & Kimche, Zürich • S.170: Grafik: dpa, Hamburg

Alle übrigen Fotos: Jürgen Leupold, Stuttgart
Alle übrigen Zeichnungen: Dorothee Wolters, Köln

Trotz intensiver Bemühungen konnten nicht alle Rechte-Inhaber ermittelt werden.
Für entsprechende Hinweise ist der Verlag dankbar.